OS CONFLITOS DE PRINCÍPIOS CONSTITUCIONAIS NA TUTELA DE BENEFÍCIOS PREVIDENCIÁRIOS

LUIZ GUSTAVO BOIAM PANCOTTI

Especialista em Direito — PUC/SP.
Mestre em Direito — Unimes/Santos.

OS CONFLITOS DE PRINCÍPIOS CONSTITUCIONAIS NA TUTELA DE BENEFÍCIOS PREVIDENCIÁRIOS

EDITORA
LTr®
SÃO PAULO

Dados Internacionais de Catalogação na Publicação (CIP)
(Câmara Brasileira do Livro, SP, Brasil)

Pancotti, Luiz Gustavo Boiam

Os conflitos de princípios constitucionais na tutela de benefícios / Luiz Gustavo Boiam Pancotti. — São Paulo : LTr, 2009.

Bibliografia.
ISBN 978-85-361-1370-8

1. Benefícios (Direito previdenciário) — Brasil 2. Tutela jurisdicional — Brasil I. Título.

09-05056 CDU-34:331.368.415.681

Índice para catálogo sistemático:
1. Brasil : Tutela de benefícios previdênciários :
Efeitos jurídicos : Direito
34:331.368.415.681

Produção Gráfica e Editoração Eletrônica: **LINOTEC**
Capa: **JOAQUIM PEDRO DA SILVA NETO**
Impressão: **ASSAHI GRÁFICA E EDITORA**

EDITORA LTDA.
Rua Apa, 165 — CEP 01201-904 — Fone (11) 3826-2788 — Fax (11) 3826-9180
São Paulo, SP — Brasil — www.ltr.com.br

LTr 3868.9 **Junho, 2009**

Dedico este trabalho:
A Deus por ter me oferecido a oportunidade de viver, evoluir a cada dia.
A minha mulher Heloísa Helena e ao meu filho João Pedro Silva Pancotti, fontes de energia e motivação das minhas conquistas pessoais, e por terem acreditado e fornecido condições para que eu concluísse mais uma etapa desta vida.

José Antônio, Clarice, Benedito e Clóris: algumas pessoas marcam a nossa vida para sempre, umas porque nos vão ajudando na construção, outras porque nos apresentam projetos de sonho e outras ainda porque nos desafiam a construí-los.
Ainda não é tarde para lhes agradecer.

Em especial, ao meu orientador Dr. Oswaldo de Souza Santos Filho, por sua confiança, credibilidade em minha pessoa, bem como pela continuidade de sua amizade, mesmo após a finalização do programa de mestrado, e pelo aprendizado durante nossa convivência no campo acadêmico.
Professor, gratidão eterna!

Sumário

Apresentação

Estabelecendo a precisa distinção entre valores, princípios e regras, *Luiz Gustavo Boiam Pancotti* constrói seu importante estudo sobre *Os Conflitos de Princípios Constitucionais na Tutela de Benefícios Previdenciários.*

Sem perder de vista que o sistema jurídico, no seu todo considerado, deve conduzir-se para a justiça social, o valor dos valores do ordenamento, demonstra que a hermenêutica constitucional está jungida à compreensão dessa missão e a essa realidade confiada ao exame do estudioso do direito.

Por essa razão, devemos ter em mente, e o trabalho o demonstra com suficiente e objetiva claridade, que nenhum ordenamento jurídico se sustenta sem considerar objetivamente a hierarquia de valores estruturadora do direito posto.

O estudo conduz o leitor a uma adequada compreensão da paridade estabelecida pela Constituição de outubro de 1988 entre os direitos individuais e os direitos sociais que formam, por assim dizer, um todo que não pode ser fracionado. E para essa compreensão hão de se dirigir os esforços de exegese de tantos quantos sejam chamados a estudar, com olhar crítico, o sistema jurídico nacional.

A mole do conjunto é, de fato, a dignidade da pessoa humana vetor que, consoante ensina *Miguel Reale*, é o valor-fonte do ordenamento constitucional pátrio.

Acredito que o trabalho será de grande utilidade para a compreensão do sistema jurídico brasileiro no seu todo considerado.

Wagner Balera
Professor Titular de Direitos Humanos
da Pontifícia Universidade Católica de São Paulo.

Prefácio

O trabalho acadêmico do jovem mestre *Luiz Gustavo Boiam Pancotti, Os conflitos de princípios constitucionais na tutela de benefícios previdenciários*, com todos os méritos, torna-se agora uma obra ao alcance de todos aqueles operadores do direito e demais estudiosos preocupados com a evolução da previdência social pública brasileira.

O tema é árduo, mas, com habilidade e criatividade, o professor *Luiz Gustavo Boiam Pancotti* trabalha com a hermenêutica e os princípios constitucionais para encontrar a solução mais justa possível para aparentes conflitos constitucionais no Direito Previdenciário.

Nos dias de hoje, sabe-se que o dilema dos tribunais que julgam causas previdenciárias é justamente o conflito do interesse individual do segurado, aposentado ou pensionista, na busca justa pela proteção social, com o interesse coletivo da entidade de previdência social pública, que representa na verdade toda a massa de trabalhadores e empregadores contribuintes obrigatórios.

O autor nos dá no seu trabalho uma luz para o impasse entre a legalidade e o direito à melhor proteção, a retroatividade da norma mais benéfica e o ato jurídico perfeito, a flexibilidade da coisa julgada e a segurança jurídica: a prevalência no caso concreto do princípio dos princípios, a dignidade da pessoa humana.

No estudo do Direito Previdenciário, lembramos o Prof. *Miguel Reale*: "a justiça é um valor social inseparável do valor da pessoa".

Que esta obra seja um estímulo ao estudo do Direito Previdenciário na busca da justiça social para todos os brasileiros.

Oswaldo de Souza Santos Filho

Mestre e Doutor em Direito Previdenciário pela PUC-SP.
Procurador Federal da Advocacia Geral da União.

"Não existem métodos fáceis para resolver problemas difíceis."

René Descartes

INTRODUÇÃO

O que se pretende com este trabalho é desenvolver o estudo e a pesquisa sobre a solução do conflito dos princípios e os postulados da proporcionalidade e razoabilidade como instrumentos de solução para tais divergências de interpretação, sem a pretensão de esgotar o tema, cuja complexidade é notória.

O interesse pelo tema decorre da característica principiológica da nossa Constituição, aliada ao fato, ressaltado largamente por doutrina de vanguarda, de que existe nos ordenamentos jurídicos determinados princípios que, embora não enunciados no direito positivo, desempenham papel de importância definitiva no processo de aplicação do direito.

No primeiro capítulo, discute-se acerca do conceito de Sistema Jurídico. Diante de uma sistemática que envolve a ciência do Direito, nota-se a discussão existente na doutrina do direito (*Claus Wilhen-Canaris, Alf Ross, Hebert L. A. Hart, Hans Kelsen*) acerca do que vem a ser *ordenamento jurídico.* Neste mister, há o apontamento das principais características dos conceitos de sistema jurídico, bem como críticas sobre os seus aspectos. O Sistema Jurídico, neste projeto, será tratado não só como o estudo de regras, mas o conjunto destes com os princípios jurídicos que orientam determinado espaço territorial em um dado momento histórico. A necessidade deste capítulo mostrou-se em razão da posição que os princípios jurídicos assumem na ciência do Direito, enfocando a sua indispensável existência.

Em seguida, parte-se para o estudo da hermenêutica constitucional. Neste segundo capítulo, a preocupação é o tratamento adequado que as normas constitucionais, princípios e regras merecem ao ter ao ser interpretados. Aqui não são analisados tão somente os métodos tradicionais de interpretação, mas a operatividade dos princípios constitucionais, a ponderação de valores e a argumentação jurídica. No que tange à operatividade dos princípios, foi analisado os postulados norteadores dos novos métodos de interpretação constitucional, tais como os Princípios da Unidade da Constituição, da Interpretação Conforme a Constituição e da Concordância Prática. Por outro lado, a nova retórica perfilhada por *Chain Perelman* e a Tópica de *Theodor Viehweg* tiveram o merecido tratamento no item da argumentação jurídica.

De acordo com as lições de *Carlos Maximiliano* (1988:295): *o conjunto harmônico de regras positivas é apenas o resumo, a síntese, o substratum de um complexo de altos ditames, o índice materializado de um sistema orgânico, a concretização de uma doutrina, séries de postulados que enfeixam* ***princípios superiores****, constituem estes as diretivas ideias do humeneuta, os pressupostos científicos da ordem jurídica.*

Com efeito, os princípios jurídicos neste projeto têm o tratamento declinado no terceiro capítulo. A utilização dos "princípios constitucionais como premissa de argumentação jurídica torna o procedimento da interpretação constitucional racional e controlável, ao evitar que o intérprete aplicador lance mão de sua mera subjetividade, invocando ideia e valores que não estejam respaldados no texto constitucional" (FARIAS, 2000:40).

No quarto capítulo, enfrenta-se o problema dos conflitos entre princípios jurídicos. A colisão, seja de princípios constitucionais ou princípios gerais de direito, não possui regras de solução disciplinada no direito posto. É neste passo que se verifica a importância da hermenêutica, aliada à utilização dos princípios jurídicos, para a superação do problema apresentado, qual seja, a interpretação sistemática do ordenamento jurídico. Neste capítulo, analisa-se as regras claras e definitivas para a solução de conflitos ou antinomias entre as regras jurídicas, genericamente traçadas a partir da lição de *Norberto Bobbio, o critério cronológico, o critério hierárquico e o critério da especialidade.* Contudo, no que se refere à colisão ou ao conflito de princípios jurídicos, ou princípios e regras jurídicas, quer se trate de princípios constitucionais ou princípios gerais de direito, não há norma legal que discipline a solução. Acrescenta-se ao estudo deste capítulo a visualização de alguns casos práticos em que se verifica a colisão entre princípios na tutela de benefícios previdenciários.

Assim, ante o aparente conflito entre dois princípios de direito, qual deles adotar para a solução do caso concreto?

Este dilema com que se depara o operador do direito só pode ser superado com a utilização de técnicas que a hermenêutica fornece, aliada como manejo de conciliação a princípios gerais, por meio do princípio da proporcionalidade, para se fazer justiça em face do caso concreto. Neste sentido é o estudo do quinto capítulo.

Por fim, tentar-se-á demonstrar que a solução sempre se dará levando-se em conta o peso ou a importância relativa de cada princípio para escolher qual deles prevalecerá e qual deles será afastado em relação ao caso concreto. No critério de peso e importância entre princípios, é fundamental o emprego do princípio da proporcionalidade. O princípio da proporcionalidade (com origem na Europa Continental) destina-se a controlar a relação entre os fins objetivados e os meios efetivamente utilizados nas ações do Poder Público, limitando a esta justa proporção. O princípio da proporcionalidade integra o direito constitucional brasileiro, embora não expressos na Constituição, mas o intérprete deve recorrer a ele sempre que necessário para solucionar conflitos de direitos constitucionais.

Não se pode discordar de que o princípio da proporcionalidade deve orientar o juízo de ponderação do peso e da importância de cada um dos princípios em conflito, no sentido de que a não aplicação de um deles seja proporcionalmente menos intensa do que o benefício obtido.

1. Sistema Jurídico

Para que se inicie o estudo dos conflitos entre princípios constitucionais será necessário estabelecer conceitos prévios que servirão de orientação para o desenvolvimento do tema.

Dado o contexto dos princípios jurídicos na Ciência do Direito, é mister a apuração de sua localização dentro do sistema jurídico, para que, posteriormente, ateste a sua importante função.

1.1. CONSIDERAÇÕES INICIAIS

O Direito, originalmente, surge como o reconhecimento de ideais que representam os anseios da sociedade atrelados à oposição de determinadas condutas não aceitas. Assim, sua noção parte da ideia de sustentação da moral da indignação, com vistas à proteção da arbitrariedade (FERRAZ, 2003:31). A partir da organização da vida em sociedade, regular o comportamento do ser humano com vistas à paz é o meio para que se idealize uma convivência equilibrada e harmoniosa entre os seres.

O jusnaturalismo nasceu com os filósofos gregos, passando pela Idade Média e chegou até o início do século XX com *Del Vecchio* e *Stammler*. Trata-se do estudo do Direito fundado no pressuposto de que existe uma lei natural eterna e imutável, de origem divina, decorrente da natureza social do ser humano. Trata-se de princípios e leis universais, válidos desde sempre.

No século XIX, o positivismo dá um novo fundamento para o Direito, já que a vida em sociedade começa a ser sedimentada em um ideário político, baseada por ações políticas, não mais por Deus, pois o Homem é coordenado pelos seus instintos e limitado pela razão. Com vistas a legitimar o poder do rei, inicia-se o movimento de estatização do direito.

O empirismo é considerado o conhecimento obtido do exame do objeto, ora da norma jurídica e da norma social, ora do fenômeno jurídico produzido no meio social. Do empirismo jurídico nasceram duas escolas: a histórica e a exegética.

A Escola Histórica teve como seu precurssor *Savigny*, no século XIX. Para esta escola, o Direito consiste nos usos e costumes, bem como na tradição de seu povo. O legislador não cria o Direito por meio de normas, mas apenas a exterioriza por meio da lei, o Direito vivo no espírito do povo. O Direito nasce com o comportamento do povo, que depois de praticá-lo por reiteradas vezes, acredita que é necessário e justo. Depois de incorporados estes costumes na comunidade, os jurisconsultos o sistematizam nas normas. Somente depois desta sistematização é que os costumes poderão ser considerados válidos, eficazes e exigíveis.

A Escola Exegética, cujo apogeu se deu no século XVII com o Código Napoleônico, firmou conceitos e métodos de investigação compilando as leis que seriam confeccionadas de forma racional, representando a face humana do direito natural. Esta Escola trazia a vantagem da segurança e da certeza, já que o Direito se baseava na interpretação dos textos legais. O exegeta deveria entender o texto de lei e nada mais, salvo buscar a vontade do legislador em aplicar a lei. Sendo a lei uma única fonte de direito, as decisões judiciais eram aplicadas por meio de silogismos. A Escola Exegética teve forte influência não só no sistema *civil law*, como também no *comom law*, ou angloamericano, mas neste a sua aplicação foi secundária.

O positivismo do século XIX é encarado como empírico, porque reduz, substancialmente, o conhecimento humano ao conhecimento sensível, à metafísica, à ciência, ao espírito, à natureza, com as relativas consequências práticas. Com a evolução dos seres humanos e a busca da melhor maneira de regular a vida em sociedade, entram em conflito as escolas e, mediante a luta pela existência da mais eficiente, o naturalismo sucumbe, desaparecendo da cena do Direito. Por isso, acredita-se que o positivismo é o resultado de um progresso histórico. Trata-se, porém, de um progresso concebido de forma natural, quer nos meios, quer no fim, para o bem-estar.

O estudo do ser humano, portanto, será tomado a partir das ideias do positivismo moderno, com críticas e propostas de uma nova interpretação do sistema jurídico.

1.2. DIREITO COMO CIÊNCIA

A ciência busca organizar e sistematizar o conhecimento do homem. O cientista é um ser preocupado com a veracidade e a comprovação de seu conhecimento, o que faz com que construa uma série de enunciados e regras rigorosas, que permitem a descoberta e a prova desse conhecimento. A partir das constatações, os cientistas realizam, de forma coesa, organizada e determinada, a explicação da razão da existência dos fatos, apresentando as suas conclusões (RIZZATTO, 2001:21).

A atividade humana baseada no pensamento consuma-se com o ápice do desenvolvimento mental. Somente pela utilização de um método de investigação em busca da verdade é que se obtém o conhecimento necessário.

Assim, com a obtenção do conhecimento por meio das percepções e pensamentos é que se vislumbra a experiência: produto do nosso entendimento. É por meio dela que se atesta a ciência (CASSIRER, 2005:338).

Ocorre que o conhecimento científico avança na observação descomprometida, livre e sistemática dos fenômenos naturais.

O cientista age com base no princípio de que, até nos casos mais complicados, acabará conseguindo encontrar um simbolismo adequado que lhe permita descrever suas obrigações em uma linguagem universal e de compreensão geral. Ele aceita o princípio de uma ideia normativa que confere ao seu trabalho coerência lógica e unidade sistemática.

Nessa esteira, a Ciência do Direito, ou a Jurisprudência — tomada esta palavra na sua acepção clássica —, tem por objeto de estudo o *fenômeno jurídico*, tal como ele se encontra historicamente realizado (REALE, 1998:16-17).

Por isso, o Direito é considerado uma ciência, pois tem por finalidade o estudo do homem em todos os aspectos valorativos de sua personalidade, já que visa à investigação de um dever-ser jurídico, ou seja, o estudo das normas jurídicas, em abstrato, a formulação de um pensamento acerca do fenômeno jurídico que se constitui em um procedimento de descoberta e estudo do comportamento humano numa sociedade de regras.

A Ciência, portanto, está ligada a inquietudes e questionamentos lógicos e que se referem aos problemas que não são solucionados apenas por ideias ou concepções emitidas de maneira esparsas, mesmo que sem certo nexo, para o intérprete mais desavisado. Tais indagações, por este prisma, somente serão resolvidas na medida em que o caminho percorrido seja coerente, racional e, importante, conhecido por todos; vale frisar, um caminho científico. Assim, qualquer um que se propuser a utilizar o mesmo percurso possivelmente encontrará resultados semelhantes aos já consignados. Isto é Ciência! E a Ciência do Direito, neste sentido, também está adstrita a estes parâmetros previamente estabelecidos.

A Ciência Jurídica considerada como uma espécie da ciência social, portanto subespécie das ciências humanas, há de ser analisada e entendida sob o fundamento de escala de valores que é atribuído ao objeto do estudo. Por este raciocínio, mesmo que a Ciência Jurídica, no que concerne aos seus experimentos, esteja submetida a rigorosos métodos científicos de estudo, é certo que uma carga valorativa deve sempre estar presente, mesmo porque tal prerrogativa é inerente às ciências humanas.

O pensamento jurídico é tecnológico e específico, voltado para o problema da capacidade da decisão normativa, através da investigação dos instrumentos jurídicos de e para o controle do comportamento (FERRAZ JUNIOR, 1980:87).

Na ciência moderna, o conhecimento avança pela especialização, ao passo que tanto quanto mais rigoroso for, mais restrito é o objeto que incide o estudo. Criam-se novas disciplinas para resolver os problemas produzidos pelas antigas disciplinas e por essa via reproduz-se o mesmo modelo de cientificidade. Trata-se de um conhecimento sobre as condições de possibilidade que está projetado no mundo, a partir de um espaço-tempo local (BOAVENTURA DE SOUSA SANTOS, 2002).

1.3. CIÊNCIA DO DIREITO E SISTEMA JURÍDICO

Partindo-se do conjunto de ideias acima, ou seja, de que o Direito é uma ciência,(1) será inimaginável conceber o estudo do conjunto de regras postas sem vislumbrar a organização do poder em torno das instituições públicas, administrativas e políticas, bem como o exercício legal e legítimo do poder, sob a égide da cidadania democrática, com vistas à convivência harmoniosa da coletividade.

Assim, a estrutura do Estado Democrático do Direito pauta-se pela existência de uma regra máxima fundamental que visa a estabelecer a existência de normas elementares da organização do poder, os elementos socioideológicos e elementos limitativos do Poder Público em detrimento dos particulares. "Encontra-se sempre uma Constituição como uma expressão jurídica do enlace entre poder e comunidade política ou entre sujeitos e destinatários do poder" (JORGE MIRANDA, 1996:13). *Bobbio*, em sua obra *Teoria do Ordenamento Jurídico*, p. 59, ao se referir a ordenamento jurídico, reflete que "norma fundamental, enquanto por um lado atribui aos órgãos constitucionais poder de fixar normas válidas, impõe a todos aqueles aos quais se referem as normas constitucionais o dever de obedecê-las".

A visão do sistema jurídico neste trabalho será a partir do estudo das regras estruturais do Estado Democrático de Direito brasileiro, tomado do neoliberalismo de *Adam Smith*, pautado pelo pós-positivismo jurídico de *Ronald Dworkin* e *Robert Alexy*.

Neste contexto, este estudo parte da noção de que o sistema normativo deve ser observado como o conjunto de regras e princípios que orienta determinado espaço territorial em um dado momento histórico.

Como ensina *Hans Kelsen* na sua obra *Teoria Pura do Direito*, o Direito positivo se limita ao estudo da norma jurídica, desprovida de influência externa, como a moral, religião, filosofia etc. Por outro giro, a partir de uma visão pós-positivista, idealizada e difundida por *Ronald Dworkin* e *Robert Alexy*, a teoria

(1) A sociologia funcionalista de *Durkheim* decreta que o direito é um fato social, com destaque para as características da exterioridade, generalidade, universalidade e coercibilidade da norma social.

jurídica admite a conexão da lei com fatores externos, tais como a moral, ética, sociologia, filosofia, religião etc. Neste diapasão, esta é a linha a ser adotada como parâmetro de estudo.

Com efeito, conhecida como a ciência do "dever-ser", o Direito é o que *descreve certas normas como direito vigente, descreve como certas realidades sociais, um certo conteúdo de ideias normativas como realmente experimentadas e realmente eficazes* (ALF ROSS, 2000:33). A vida humana não pode ser concebida por ações individualmente isoladas, em razão de a própria vida em sociedade não permitir esta conclusão. Por isso, esta interação mútua acarreta o surgimento de regras comuns dotadas de consciência denominada "jogo" social (*idem*:37).

Como mencionado anteriormente, não é unânime a consciência de que o direito deve ser tomado como uma ciência. Para os sociólogos, o direito é visto como um fato social que visa a organizar a vida da coletividade de forma pacífica e harmoniosa.

Ocorre, porém, que a maioria dos estudiosos considera o estudo do sistema jurídico como uma ciência. Na cristalina lição de *Rizzatto Nunes*, a ciência do Direito:

> "(...) não tem de dar conta apenas das normas jurídicas e sua aplicação ou não, mas também tem de lidar com fatos sociais, aspectos sociológicos, econômicos, culturais e até climáticos, com diferenças regionais e territoriais, bem como com valores éticos e morais."

Acrescenta ainda o autor que:

> "(...) investigar causas de elaboração das normas jurídicas, em especial as leis, bem como a sua adequação ao meio social. Todas essas normas e valores devem respeitar em sua dignidade de ser humano, no meio social e na natureza em que vive."

E ao final decreta:

> "A Ciência do Direito em sua acepção mais ampla é uma ciência ética por excelência."

Diante deste viés teórico da ciência jurídica, a Constituição passa a ter um maior grau de importância, além daquele já concebido. Admitindo-se, pois, fatores externos como parâmetro de interpretação da regra jurídica, passa-se a alcançar finalidades e a obter resultados hermenêuticos antes não visualizados pelos positivistas.

Com efeito: apesar de a Constituição de um Estado reunir e sistematizar dados sociológicos para projetar normas dotadas de eficácia jurídica, exteriorizando anseios sociais e políticos (SILVA, 1999:26), a exegese da norma não pode ficar desprovida destes elementos que a originaram, sob pena de não conseguir concretizar o resultado supremo do Direito, que é a Justiça.

Wagner Balera (2006:24), *apud Lourival Vilanova*, explica que:

"O Direito é, essencialmente, um esforço humano no sentido de realizar o valor da justiça. Essa dimensão social existe na norma jurídica. Pois, a norma não se reconduz a uma mera forma de se relacionar atos, com total indiferença para o valor."

Destarte, a noção de sistema jurídico a ser tomada neste trabalho terá como ponto de partida a regra geral, autônoma e abstrata (regras jurídicas e princípios), influenciada por fatores externos que servirão de instrumentos de sua aplicação no caso concreto almejando a obtenção da Justiça.

Com o fim de estabelecer um parâmetro sobre o conceito do que vem a ser o sistema jurídico, diante desta perspectiva apresentada, serão analisadas algumas teorias que idealizam a correta noção que se deve tomar sobre a teoria geral do direito, com vistas à sua autonomia e cientificidade.

1.4. SISTEMA JURÍDICO NA ÓTICA POSITIVISTA DE HANS KELSEN

Visando a colecionar o maior número de informações, será visto neste item o estudo de sistema jurídico a partir da visão de *Hans Kelsen*, na sua *Teoria Pura do Direito*, aperfeiçoada na interpretação de *Norberto Bobbio* na sua *Teoria do Ordenamento Jurídico*.

O foco principal do estudo da ciência jurídica é a norma, fonte primária do conhecimento jurídico. O sistema jurídico positivo é puro, pois ao observar as normas jurídicas, afasta-se de todos os valores irracionais, isentos de "toda ideologia política e de todos os elementos da ciência natural".

Por meio da utilização de um procedimento metódico formulado numa teoria geral *apenas dirigido ao direito*, buscou *Kelsen* (1995:1), no anseio de justificar a cientificidade do Direito, isolar o objeto de sua pesquisa para lhe conferir a autonomia desejada. Daí a utilização da expressão da pureza metódica de *Kelsen*.(2)

(2) O positivismo de Kelsen é decorrente da ideia de transposição, para o Direito, dos requisitos científicos propostos para as ciências exatas e naturais com o início da era moderna, requisitos esses baseados na valoração extrema da razão pela crença iluminista. A busca de objetividade científica, com ênfase na realidade observável e não na especulação filosófica, apartou o Direito da moral e dos valores transcendentes, cf. BARROSO, Luis Roberto. *A nova interpretação constitucional. Ponderação, direitos fundamentais e relações privadas*, 2006. p. 24.

Para esta teoria, o método é formado por elementos de características próprias, sem que esteja misturado com algo diferente, precisamente no dizer de *Hans Kelsen*, através de uma "pureza metódica", capaz de pesquisar uma metodologia que isole a ciência do direito de outras ciências sociais.

A evolução do método, para esta teoria, é realizada em duas etapas:

A primeira procurou afastá-la de quaisquer influências sociológicas, liberando-a da análise dos aspectos fáticos que porventura estivessem ligados ao direito.

A segunda etapa retira do âmbito da apreciação da ciência jurídica as ideologias e os aspectos valorativos, ou seja, toda e qualquer investigação moral e política, relegando-os à ética, à política, à religião e à filosofia da justiça.

O jurista não tem de aprovar ou desaprovar a norma jurídica, por meio de considerações morais, mas tão somente conhecer e descrever esta norma. Segundo a teoria da pureza metódica, o direito deve ser exposto como é, sem que se leve em conta a sua justiça ou injustiça.

Assim, a grande aspiração kelsiana seria obter o conhecimento preciso do direito, sendo que, para tanto, confinou uma perspectiva puramente normativista, dando-lhe, assim, uma delimitação exata do direito, tornando quase impossível essa rigorosa atitude metódica, que se deve manter alheia a aspectos axiológicos e sociais, tendo como fim único a apreciação da norma jurídica.

A metodologia kelseniana pretende dizer que a teoria jurídica é pura, pois parte de uma neutralidade valorativa, axiológica, em razão de o objeto da ciência do direito ser dotado de normas estatais em um dado sistema. Trata-se da estatização do direito, ou seja, a lei é a fonte principal por excelência do direito. Por isso, *Kelsen* se opunha ao direito natural, já que o mundo dos fatos em nada tem a ver com o mundo das normas.

O direito é uma ordem coercitiva, *no sentido de que reage contra as situações consideradas indesejáveis, por serem socialmente perniciosas* (KELSEN, 1995:35). Neste quadro ilustrado por *Kelsen*, o Estado tem papel repressor, isto é, reprimir o ilícito e nada mais. A sanção somente vem após a violação da norma.

A pureza metódica de *Kelsen* traduz uma ideia puramente liberalista. O seu critério é de validade da regra dentro do ordenamento jurídico e não de justiça, em que pese afirmar que a justiça se encontra no direito. Entretanto, do critério de validade da norma não decorre o conceito de justiça. Na sua visão, a justiça é discutida em filosofia do direito e não em ciência jurídica.

O direito natural não fundamenta o direito positivo.(3) O direito positivo é fruto do próprio direito positivo. A norma superior fundamental localizada no sistema, no nosso caso a Constituição, é que fundamenta a eficácia e validade das demais normas existentes no direito positivo.

---

(3) Insta salientar que Boaventura sustenta que a teoria dos direitos naturais voltou após a Segunda Guerra Mundial, mas advinda do direito positivo, o que hoje é chamado de direitos humanos.

Para *Kelsen*, a Ciência do Direito é um sistema fechado e isento de contradições. Trata-se de sistema não passível de lacunas, pois, segundo ele, é impossível pensar em lacuna, se não há norma positiva nem negativa (ou proibindo ou permitindo) dentro do ordenamento.

Argumenta que o sistema jurídico é isento de contradições porque "as normas de um ordenamento têm um certo relacionamento entre si, e esse relacionamento é o relacionamento de compatibilidade, que implica a exclusão da incompatibilidade" (BOBBIO, 1999:80). Destarte, não existe conflito entre normas ou princípios, mas sim há conflitos de interpretação.

Senão vejamos:

Caso no ordenamento jurídico exista mais de uma norma jurídica que dispõe sobre o mesmo assunto, apenas uma delas deverá ser considerada como válida. São as denominadas antinomias. *Bobbio*, com base na conceituação de sistema jurídico, pela perspectiva de *Kelsen*, sugere as seguintes soluções:

Se o conflito for definido pela existência de normas incompatíveis, aquelas que não podem ser ambas verdadeiras dão ensejo às relações de incompatibilidade normativa que se verificarão nestes três casos:

1) entre uma norma que ordena fazer algo e uma norma que proíbe fazê-lo (contrariedade);

2) entre uma norma que ordena fazer e uma que permite não fazer (contrariedade);

3) entre uma norma que proíbe fazer e uma que permite fazer (contraditoriedade).

Para que possa ocorrer antinomia são necessárias duas condições:

As duas normas devem pertencer ao mesmo ordenamento. O problema de uma antinomia entre duas normas pertencentes a diferentes ordenamentos nasce quando eles não são independentes entre si.

As duas normas devem ter o mesmo âmbito de validade. Distinguem-se quatro âmbitos de validade de uma norma: temporal, espacial, pessoal e material. Não constituem antinomia duas normas que não coincidam com respeito a:

- validade temporal: "É proibido fumar das cinco às sete" não é incompatível com "É permitido fumar da sete às nove";
- validade espacial: "É proibido fumar na sala de cinema" não é incompatível com "É permitido fumar na sala de espera";
- validade pessoal: "É proibido, aos menores de 18 anos, fumar" não é incompatível com "É permitido aos adultos fumar";
- validade material: "É proibido fumar charutos" não é incompatível com "É permitido fumar cigarro".

Após essas especificações, pode-se definir novamente a antinomia jurídica como aquela situação que se verifica entre duas normas incompatíveis, pertencentes ao mesmo ordenamento e tendo o mesmo âmbito de validade. As antinomias, assim definidas, podem ser, por sua vez, distintas em três tipos diferentes, conforme a maior ou menor extensão do contraste entre as duas normas:

1) se as duas normas incompatíveis têm igual âmbito de validade, a antinomia pode-se chamar, seguindo a terminologia de *Alf Ross*, total-total: em nenhum caso uma das duas normas pode ser aplicada sem entrar em conflito com a outra;

2) se as duas normas incompatíveis têm âmbito de validade em parte igual e em parte diferente, a antinomia subsiste somente para a parte comum, e pode chamar-se parcial-parcial: cada uma das normas tem um campo de aplicação no qual o conflito não existe;

3) se de duas normas incompatíveis uma tem um âmbito de validade igual ao da outra, porém, mais restrito, ou, em outras palavras, se o seu âmbito de validade é, na íntegra, igual a uma parte do da outra, a antinomia é total por parte da primeira norma com respeito à segunda, e somente parcial por parte da segunda com respeito à primeira, e pode-se chamar total-parcial.

Para a solução das antinomias, *Bobbio* apresenta três critérios: o critério cronológico, o critério hierárquico e o critério da especialidade. O critério cronológico, chamado também de *lex posterior*, é aquele com base no qual, entre duas normas incompatíveis, prevalece a norma posterior: *lex posterior derogat priori*. O critério hierárquico, chamado também de *lex superior*, é aquele pelo qual, entre duas normas incompatíveis, prevalece a hierarquicamente superior: *lex superior derogat inferiori*. O terceiro critério, dito justamente da *lex specialis*, é aquele pelo qual, de duas normas incompatíveis, uma geral e uma especial (ou excepcional), prevalece a segunda: *lex specialis derogat generali*.

No que tange às antinomias entre princípios, *Bobbio* as denomina impróprias: "as antinomias de princípio não são antinomias jurídicas propriamente ditas, mas podem dar lugar a normas incompatíveis. É lícito supor que uma fonte de normas incompatíveis possa ser o fato de o ordenamento estar minado por antinomias de princípio" (1999:123).

Diferentemente do que se pensa, não há real colisão entre princípios, mas somente aparente colisão entre princípios enquanto proposição, isto é, na sua interpretação. A ciência do direito é uma formulação compreensiva da estrutura axiomática e hierárquica do conjunto da ordem jurídica onde as normas estão coerentes e sistematicamente ordenadas.

O sistema jurídico de *Kelsen* é dotado de unidade. A ciência jurídica busca uma coerência dentro do sistema, sendo que só o positivismo jurídico e o realismo fornecem uma teoria geral do direito.

Ademais, o sistema jurídico positivo de *Kelsen* é dinâmico, ou seja, as relações de validade entre as normas jurídicas ocorrem mediante o estabelecimento de uma autoridade produtora de normas, cuja validade e existência dependem da norma superior.

Neste contexto, na ciência do direito idealizada *Hans Kelsen*, o Estado centraliza o poder de coação e aplica quando necessário: é a ideia de segurança máxima. Só a ordem jurídica positivada pode autorizar e legitimar o uso da força.

É neste ponto que *Kelsen* defende a pureza da ciência do direito, pois a teoria é formal, uma vez que não se parte do fundamento moral para se definir a norma, esta é a razão da pureza do seu método para designar que o direito é uma ciência. Não se discute na teoria a justiça ou injustiça, já que não pode formular juízos subjetivos.

A ciência deveria só discernir o conteúdo da norma. Só o direito produz direito.

A crítica que se faz a essa teoria é que, atrelado à interpretação jurídica, o método puro do direito consiste na sua especificidade consciente da legalidade, como afirmou o próprio *Hans Kelsen*, "legalidade específica do seu objeto".

Desta forma, o consequente positivismo exagerado e restrito como forma de interpretação jurídica gera ofensa a qualquer forma de equidade, limitando o operador do direito à forma de aplicação do direito, o dirigismo do legislador.

1.4.1. Críticas de **Claus-Wilhelm Canaris** *à proposta de* **Hans Kelsen**

Salienta-se que, em nenhum momento de suas ideias, *Canaris* fez críticas expressas e declaradas contra *Kelsen*, apenas manifestou seus pensamentos que em nada se coadunam com o positivismo denominado "puro" (1996:27).

Ao contrário do que preconiza *Kelsen*, *Canaris* inicia o seu discurso a partir do dogma de que o direito é uma ciência, para que, *a posteriori*, passe a delinear sobre o conceito de sistema jurídico.

Para buscar o conceito de sistema jurídico, extrai, em primeiro plano, características gerais de *adequação valorativa* e a *unidade interior da ordem jurídica*. Estas características genéricas decorrem da ideia dos valores de justiça e de igualdade.

A adequação valorativa vem como uma forma de *reconduzir o conjunto da justiça, como uma referência a uma forma determinada de vida social, a soma dos princípios racionais* (CANARIS, 1996:14). Isto exige dos legisladores, bem como dos operadores da lei, que ajuste a norma genérica, abstrata e autônoma com os fins sociais que garantam a justiça e a igualdade no direito, ou seja, *estão adstritos a proceder com adequação* (CANARIS, 1996:18).

A unidade interior da ordem jurídica *procura garantir a ausência de contradições na ordem jurídica*, visando à realização da tendência generalizadora da justiça por meio da aplicação do princípio da igualdade. Como desdobramento do princípio da igualdade, garante-se a ordem no direito, pois não existem *valores singulares desconexos* no sistema, mas valores estáveis, previsíveis e determinados que garantam a denominada segurança jurídica (*idem:*19:22).

Cristóvam (2006:49), ao estudar o conceito de sistema jurídico proposto por *Canaris*, diz que *qualquer conceito de sistema jurídico que não seja capaz de expressar a adequação valorativa e a unidade interior do Direito deve ser afastado, porquanto não se alcança o cumprimento pleno das funções a que se destina.*

Esta é a razão da crítica ao pensamento metodológico kelseniano.

Para *Canaris*, o sistema denominado "puro" é impróprio para traduzir a ideia de unidade interior e adequação de uma ordem jurídica, pois elenca categorias puramente formais que fazem cair por terra o pensamento de uma ordem jurídica. Ademais, estes conceitos puros de sistema jurídico limitam os valores para a elaboração científica do direito, tornando, como diz o próprio *Kelsen*, num sistema jurídico fechado. Fato este que tolhe a aplicação adequada da regra ante aos anseios sociais, já que no sistema fechado não se permite a existência de lacuna.

Esta é a razão de *Canaris* defender um sistema jurídico aberto, pois, na sua incompletude, há capacidade de evolução e modificação dos valores que informam os princípios jurídicos, tornando os critérios de justiça adequáveis a cada época. Trata-se, portanto, de um sistema jurídico *inacabável*, pois está sempre em marcha de evolução, com a inserção de novos valores jurídicos, formando uma dinâmica que acompanha os avanços da sociedade globalizada.

A importância da obra de *Canaris* à Teoria do Direito coloca em voga os debates acerca das antinomias dos princípios jurídicos, denominada pelo autor de "quebras sistemáticas", tema do presente estudo que merecerá a real importância na ocasião certa.

1.5. SISTEMA JURÍDICO PARA HERBERT LIONEL ADOLPHUS HART

Em sua imemorável obra *O conceito de Direito*, *Herbert L. A. Hart* idealiza o sistema jurídico como o conjunto de regras jurídicas, sendo estas consideradas espécies do gênero regras sociais.

Os seus estudos não estão voltados para a estruturação do ordenamento jurídico, a exemplo de *Hans Kelsen*, mas para a hermenêutica.

O Direito seria a identificação do conteúdo obrigatório das regras, que significa reconhecer a conduta humana facultada. O pensamento de *Hart* fundamenta-se na sua elaboração teórica acerca do significado do fenômeno jurídico, bem como na identificação ou na prescrição legal dos comportamentos que devem ou não ser obrigatórios. Não se preocupa somente em estudar as normas jurídicas com vistas à imperatividade pela aplicação da sanção em razão do descumprimento da norma (*regra primária*), mas também o estudo das maneiras pela quais essas regras podem ser criadas, modificadas, extintas, declaradas legais ou acerca de regras cujo desrespeito confere ao seu titular o direito subjetivo de exercer a prerrogativa nela prevista na regra primária (*regra secundária*).

As *regras primárias* seriam regras de conduta ou regras que impõem obrigações, e as *regras secundárias* são aquelas que indicam as formas pelas quais as regras primárias podem ser instrumentalizadas pelos poderes públicos ou privados. Segundo *Hart, as regras de primeiro tipo impõem deveres, as regras do segundo tipo atribuem poderes, públicos ou privados* (HART, 1996:91).

Demonstra, porém, as insuficiências destas regras no que tange às dúvidas que poderão surgir na solução de determinados casos concretos. Para isto, *Hart* exige a aplicação de *regras de adjudicação* pela autoridade, que são da seguinte ordem: *regras de reconhecimento, regras de alteração* e *regras de julgamento*.

"As regras de reconhecimento estabelecem um critério ou critérios segundo os quais uma norma primária é identificada (...) e está diretamente relacionada à validade das outras regras do sistema, assim como estas regras é que definem os critérios de validade do sistema (...)" (p. 102). As *regras de reconhecimento* conferem unidade e adequação ao sistema jurídico e vêm representadas pelas disposições de uma constituição escrita. Assim, a validade das regras primárias do sistema está condicionada à satisfação de todos os critérios dispostos na *regra de reconhecimento* (CRISTÓVAM, 2006:53).

As *regras de alteração* conferem poderes a pessoas ou órgãos para que modifiquem, retirem ou acrescentem novas regras do sistema jurídico.

Ocorre, porém, inconveniente na aplicação deste modelo de sistema de regras primárias e secundárias, qual seja, a autotutela. Isto porque a ausência de um instituto com o poder de determinar, de maneira definitiva, as ações ou omissões decorrentes da aplicação da regra primária acarretaria o uso da força pelas próprias razões. Assim, segundo *Hart*, seria necessária a existência de uma *regra de julgamento*, segundo a qual seria confiado a um órgão a função julgar os casos de violação das regras primárias e secundárias, aplicando-lhes a respectiva punição (*idem*:103-106).

As regras de reconhecimento, as regras de alteração e as regras de julgamento encaminham-se para a identificação de um modelo de compreensão de critérios em que o papel das *regras poderes* e das *regras coercitivas* podem ultrapassar os seus limites de suportabilidade ou ampliar significativamente os poderes do julgador. Isto permite uma postura judicial acentuadamente livre que viabiliza por demais a discricionariedade judicial.

O sucessor de *Hart* na cátedra de *Jurisprudence* em Oxford, *Ronald Dworkin*, fez dela a base de seu discurso crítico, de onde partiu para suas formulações sobre Direito e modernidade.

Uma das principais críticas feitas a *Hart*, especialmente por *Ronald Dworkin*, reside no fato de buscar soluções para os problemas somente nas regras jurídicas existentes no sistema jurídico. Para *Dworkin*, os princípios que fundamentam a moralidade política liberal não se limitam àqueles que estão previstos na Constituição, legislações infraconstitucionais, bem como nas decisões dos tribunais, mas a descoberta de princípios implícitos previstos no ordenamento por meio do processo hermenêutico. A função dos tribunais nos casos controversos não será a de criar um novo direito em decorrência de uma norma primária, mas sim a de descobrir, por meio da interpretação, o direito que se acha implícito. Para *Dworkin*, princípio é um padrão que deve ser observado para assegurar a exigência de justiça e equidade.

Em que pese as veementes críticas realizadas por *Dworkin*, não podemos olvidar que *Hart* reconhece o direito como um fato institucional, o que lhe garante uma determinada autonomia e cientificidade ao separar as regras de obrigação jurídica e as regras de obrigação moral, apesar de guardarem algumas semelhanças.

1.6. SISTEMA JURÍDICO PERANTE RONALD DWORKIN

Como mencionado acima, *Ronald Dworkin* é o sucessor de *Hart* em sua cátedra da Universidade de Oxford e um dos principais representantes da filosofia jurídica anglossaxônica.

Dworkin é um contundente crítico às escolas positivistas e utilitaristas; baseando-se na subordinação dos princípios individualistas, em face das necessidades coletivas e dos fins sociais do direito, pretende construir uma teoria geral do direito que não exclua nem o argumento moral nem o argumento filosófico.

Neste sentido, a sua teoria geral do direito pós-positivista[(4)] não deve separar a ciência descritiva do direito da política jurídica. A sua teoria jurídica se fundamenta na distinção entre normas e princípios, sendo este o instrumento de que o operador deve se utilizar para recusar ou efetivar a aplicação daquele diante do caso concreto. Este, segundo ele, é o critério para a identificação do direito.

(4) O pós-positivismo é a designação provisória e genérica de um ideário difuso, no qual se incluem a definição das relações entre valores, princípios e regras, aspectos da chamada nova hermenêutica constitucional, e a teoria dos direitos fundamentais, edificada sobre o fundamento da dignidade da pessoa humana (BARROSO, 2003:336).

A crítica ao positivismo estabelecida por *Dworkin* está na concepção de que o direito nega a sua separação com a moral, e que não se socorre de princípios de justiça material pré-estabelecidos. A questão da distinção entre o direito e a moral é o objetivo fundamental de seu "ataque geral contra o positivismo" (DWORKIN, 2002:35).

O repúdio ao positivismo baseia-se em uma distinção entre normas, princípios e diretrizes políticas. Segundo *Dworkin*, o positivista somente tem em conta a aplicação da norma na maneira do tudo ou nada (*all or nothing*). Isto é, diante da validade da norma, caso estejam preenchidos os seus requisitos, a sua aplicação será imediata e indiscutível. Caso contrário, não confere os pressupostos de validade da norma dentro do ordenamento jurídico, afasta-se de plano a sua incidência diante do caso *sub exame*.

O modelo positivista é estritamente normativo porque só pode identificar regras abstratas e deixa fora de análise os princípios e as diretrizes políticas que ou fundamentaram a criação da própria norma, ou servem como parâmetro de sua aplicação.

Ocorre que, junto às normas, existem princípios e diretrizes políticas que podem ser identificadas por seu conteúdo e força argumentativa. O critério da identificação dos princípios e das diretrizes não pode ser apenas encarado na sua origem social, mas objetivos sociais que devem ser alcançados se considerados benéficos. Os princípios fazem referência à justiça, dando relevância aos padrões de racionalidade (bom senso), equidade e eficácia, adquirindo, assim, uma maior dimensão que a regra não tem.

Assim, ao contrário dos positivistas que visam somente ao estudo da regra estatal, o estudo da ciência jurídica perfilhado por *Dworkin* tem por objeto a análise das *normas* e dos *princípios*, sendo considerados elementos estruturais do sistema jurídico.

Enquanto as normas partem do pressuposto de tudo ou nada, os princípios dão razões para decidir em um sentido diverso do estabelecido pelas normas. O conteúdo material do princípio — seu peso específico — é o que determina quando deve ser aplicado em uma situação concreta por meio da discricionariedade judicial (DWORKIN, 2002:53).

Os princípios contêm fundamentos que deverão ser observados em conjunto com os outros fundamentos oriundos de outros princípios. Esta análise dos princípios como fontes orientadoras do sistema é que demonstra a maior dimensão que estes têm em relação às normas. Este é o fundamento pelo qual *Dworkin* informa que as regras jurídicas podem ser desatendidas pelo juiz quando viola um princípio que, em dado caso específico, a aplicação daquela, de forma isolada, não atinge os fins sociais benéficos desejados.

As críticas feitas à teoria de *Dworkin* são várias, dentre elas seriam de que esta se trata de uma nova versão do jusnaturalismo, em oposição ao positivismo de *Hart*. O que se percebe, porém, é que *Dworkin* não representa o jusnaturalismo, uma vez que ele não acredita na existência de um conjunto de princípios unitários, universais e imutáveis.

Verifica-se que a argumentação jurídica utilizada pelos tribunais norte-americanos para fundamentar seus precedentes são baseados em princípios especificamente morais. Em consequência, a argumentação jurídica depende da argumentação moral, no sentido de que os princípios morais têm papel muito importante na argumentação jurídica, especialmente nos casos difíceis.

Neste caso, a separação entre o direito e a moral como fundamento do positivismo jurídico é frágil, porque, segundo *Dworkin*, não se pode separar a argumentação jurídica da argumentação moral.

Dworkin sustenta seu discurso partindo do pressuposto de que a argumentação moral se caracteriza pela construção de um conjunto consistente de princípios que justificam e dão sentido às intuições diante dos princípios sociais, afastando a pureza metódica dos positivistas.

A moral penetra no mundo do direito por meio de um procedimento obscuro que os princípios morais e as regras jurídicas parecem constituir um sistema coerente do ponto de vista material ou valorativo; assim, a decisão jurídica encontra fundamento na argumentação moral.

Os princípios desenvolvidos por *Dworkin* servem para justificar a existência de certos deveres jurídicos baseados na existência de regras morais, isto é, uma justaposição entre direito e moral que permite uma redefinição de Direito. Esta é a razão pela qual se defende que, em confronto de argumentos principiológicos, prevalecerá aquele que, diante do caso concreto, possuir uma dimensão ou peso maior.

1.7. A TEORIA JURÍDICA DE ROBERT ALEXY *COMO DESDOBRAMENTO DO RACIOCÍNIO DE* DWORKIN

A teoria jurídica de *Alexy* tem como fonte o raciocínio jurídico de *Dworkin*, demonstrando, assim, pontos de semelhança, mas que com ele não se confunde.

Para *Alexy*, o esqueleto do sistema jurídico é apresentado pelo tripé: *regras*, *princípios jurídicos* e *argumentação jurídica* (procedimento), sendo elas espécies do gênero *normas jurídicas*.

As *regras* são normas jurídicas que possuem mandamentos definitivos que visam a assegurar o direito de forma plena. Na mesma esteira do positivismo, *Alexy* preceitua que as regras serão aplicáveis na maneira do "tudo ou nada", ou seja, se uma regra é válida, deve ser aplicada da forma prevista, nem mais nem menos, conforme procedimento de subsunção.

Os *princípios* também são dotados de *dimensões* e *pesos* distintos uns dos outros, da mesma forma que não são determinantes para uma decisão, como o *all or nothing* das regras. Ocorre que, para *Alexy*, os princípios não se limitam apenas a buscar os fins sociais benéficos previstos na norma, mas são *mandamentos de otimização*, isto é, segundo as várias previsões estabelecidas pelas regras jurídicas e as infinitas situações fáticas a virem a existir, os princípios atuam como critério de solução para resolver casos concretos de difíceis respostas.

A *argumentação jurídica* constitui um procedimento que visa a assegurar a racionalidade da aplicação das regras isoladamente ou desta em conjunto com os princípios jurídicos por meio de um discurso prático. O discurso da *razão jurídica racional* deverá ser encarado como uma proposta de justificar os critérios utilizados para a solução de casos difíceis.

Sendo o *procedimento* apontado por *Alexy* como uma justificação jurídica de uma escolha que dá pela motivação com fins à persuasão do seu destinatário, isto faz crer que este procedimento de argumentação jurídica é, antes de qualquer coisa, atuação de hermenêutica.

Com efeito, a resposta jurídica a ser ofertada diante da apreciação do caso concreto é sempre pela interpretação jurídica. A primeira etapa da tarefa interpretativa será feita em conformidade com o direito em vigor, isto é, com base na legislação vigente. Caso o sistema não ofereça uma legislação apta a resolver o caso da forma em que se apresenta, a interpretação passará a uma segunda fase: a interpretação na busca da equidade, ou seja, a interpretação feita pela *ratio decidendi*, isto é, espécie julgada (PERELMAM, 2005:622-629).

Este é o procedimento ou argumentação jurídica, a que se refere *Alexy*, para a solução dos denominados *hard cases*. A argumentação jurídica tem por fundamento um procedimento racional jurídico de justificação, em que se baseia a decisão jurídica, ou seja, interpretação *ratio decidendi*.

A hermenêutica jurídica há de ser analisada em consonância com o estudo da ciência jurídica, bem como a estrutura do sistema jurídico, com maior atenção ao tópico da solução para os conflitos de princípios constitucionais. Enfim, a argumentação jurídica será mais bem estudada na ocasião devida.

1.8. DISCUSSÕES ACERCA DA CONCEITUAÇÃO DE SISTEMA JURÍDICO

Inicialmente, ao observar as propostas dos elementos que estruturam a ciência jurídica, invariavelmente se nota que os cientistas admitem que deva ser estudada dentro de um dado *sistema*.

Assim, independente da teoria a ser adotada para a conceituação da ciência jurídica, é unânime a opinião de que o estudo dela é concretizado a partir da existência de um sistema. A ciência constrói o seu raciocínio mediante um *sistema* que terá como finalidade a busca da verdade por meio de um método de investigação ordenado e coeso.

Diante das teorias jurídicas acima delineadas, verifica-se a imensa dificuldade de se definir neste estudo qual é o conceito de sistema jurídico.

Para que se apure o conceito formal de sistema jurídico, é imperioso esmiuçar o sentido etimológico, bem como o significado do vocábulo *sistema*.

Sistema vem a ser um grupo de teorias que constituem princípios fundamentais de uma concepção unitária, dentro do campo de uma ciência ou do conhecimento em geral (SANTOS, 3º vol., 1963:1198).

Rizzatto define *sistema* como uma construção científica composta por um conjunto de elementos que se inter-relacionam mediante regras, formando uma estrutura (2001:190).

Pois bem, note-se, a *prima facie*, que é clara a noção de que o *sistema* sempre representa o conceito de unidade. Dizer, porém, que o sistema jurídico representa a ideia de unidade não satisfaz os propósitos deste estudo.

Com a finalidade de buscar maior precisão com o tema proposto, não podemos nos limitar a dizer que o *sistema jurídico* é simplesmente uma unidade pelo conjunto de normas jurídicas. Defender-se-á, neste trabalho, a ruptura do pensamento padrão por meio da ideologia racionalista e idealista predominante em todos os campos do saber.

Assim, tentar-se-á deixar de lado a ideia de sistema jurídico fundamentado no positivismo empírico. Com efeito, acredita-se que positivismo lógico não foi senão um episódio, por meio do qual o saber se ergueu pela inclusão no discurso filosófico sobre a validação de enunciados com valor de leis (LYOTARD, 2000:100).

Note-se que em nenhum momento busca-se a introdução de um inédito conceito de sistema jurídico, mas apenas se justifica a necessidade de lançarmos mão de alguns parâmetros que, diante das novas necessidades sociais, a sua adoção não a satisfaz. Frise-se que a dinâmica que envolve as relações sociais do mundo globalizado não pode deixar de ser influenciada pela moral que embasa a motivação das condutas humanas, bem como as normas que visam a regular o comportamento do ser humano com vistas à paz social.

É cristalina a lição de *Boaventura de Sousa Santos*, em artigo publicado na internet "Os Processos da Globalização", ao dizer que:

> "A globalização política (hegemônica) tem suas bases em três componentes do Consenso de Washington: consenso do Estado fraco (o Estado deve ser fraco para que a sociedade civil seja forte, ainda que, para que isso aconteça, o Estado deva regular sua desregulação criando as normas e instituições que futuramente irão reger o novo modelo de regulação social); consenso da democracia liberal (ideias de liberdade individual política e econômica que devem ser impostas a diferentes culturas); *consenso sobre o primado do direito e do sistema judicial (é preciso que haja instituições independentes e universais que gerem ordem e previsibilidade às relações do sistema internacional).*" (grifo nosso)

Assim, diante desta perspectiva que se quer dar a este estudo, não se pode deixar de considerar a forte influência que a Moral faz no mundo do Direito, e, destarte, as ideias sobre sistema jurídico de *Ronald Dworkin* e *Robert Alexy*.

A estrutura criada por *Alexy* de que o sistema jurídico compreende as regras, os princípios e o procedimento responde o questionamento sobre o Direito e a Moral por meio da teoria da argumentação, que compreende a argumentação jurídica, incluída dentro de um gênero maior, a argumentação moral. Por isso, afirma que a primeira pode ser tratada como um caso especial da segunda.

Sua teoria sustenta, portanto, a existência de regras especiais, presentes nos discursos jurídicos, que seriam complementadas por regras nos discursos morais em geral. Os princípios teriam um aspecto duplo que colocaria simultaneamente os elementos do universo do Direito e os da moral.

Logo, o Direito não apresentaria uma autonomia como elemento de uma ordem social, ou seja, o Direito pode ser compreendido como regras de uma teoria da argumentação moral, porque os princípios jurídicos guardam em si uma dimensão de moralidade.

Alexy, ao incorporar os princípios na sistemática jurídica, invoca a racionalidade da justificação jurídica, e estabelece um conjunto mínimo de princípios que *pode conferir adequadamente validade a conteúdos da razão prática incorporadas ao sistema jurídico no mais alto grau de hierarquia e como Direito positivo de aplicação direta* (ALEXY, 2000:173).

De acordo com este raciocínio, ousa-se lançar um conceito de sistema jurídico que não está imune à crítica, devendo ser encarado como uma sugestão que servirá de fomento a novos debates, a partir de um pensamento lógico-dedutivo e das premissas estabelecidas neste capítulo, a saber: *o sistema jurídico é uma unidade estrutural que integra o estudo de uma ciência social aplicada à moralidade, formada pelo conjunto coeso e harmônico de normas dotadas de juridicidade que se inter-relacionam, formando uma conexão lógica com vistas à paz social.*

1.9. RELEVÂNCIA DOS PRINCÍPIOS NO ESTUDO DO SISTEMA JURÍDICO

Como visto acima, os princípios juntamente com as regras e a argumentação jurídica fazem parte do gênero *norma*. Portanto, o estudo do princípio neste trabalho será encarado como norma jurídica, garantindo-lhe, pelo menos, o mesmo grau de importância das regras legais.

Ocorre que diante das formulações de valores que embasam a normatividade dos princípios, a estes devem ser conferidas prevalência e preferência em detrimento das regras do sistema jurídico, situando-se no ponto mais alto do sistema (RIZZATTO, 2003:355).

Diante da normatividade dos princípios e da sua real importância, influencia efetivamente o estudo da ciência jurídica, pois o princípio, na resolução de qualquer caso concreto, desce das altas esferas do sistema jurídico para ser aplicado e solucionar o problema debatido na sua concretude (RIZZATTO, 2003:355).

Revela-se, portanto, perigoso afirmar que, em razão do disposto no art. 4º da Lei de Introdução do Código Civil e no art. 126 do Código de Processo Civil, os princípios ficam situados num plano secundário ou hierarquicamente inferior dentro do sistema jurídico, alegando ser lícita a sua aplicação somente nos casos de lacuna na lei.

Esta é a visão positivista que se pretende deixar de lado neste trabalho.

Ocorre que as regras legalmente constituídas pelo Estado foram inseridas no sistema jurídico posteriormente aos princípios, uma vez que estes a originaram. Claro, as regras postas estão assentadas nos princípios. Caso uma determinada regra seja suprimida do ordenamento jurídico, restará sob ela o princípio que embasou a sua criação.

Assim, é possível concluir com *Cinthia Maria Fonseca Espada* (2007:43) que, no pós-positivismo jurídico, os princípios adquiriram a dignidade de normas jurídicas vinculantes, vigentes, válidas e eficazes. Os princípios são estruturalmente iguais aos valores, introduz-se novamente a moral no Direito e a ideia de justiça volta a estar presente na interpretação jurídica. Neste contexto, a realização dos direitos fundamentais passa a ser o centro das preocupações dos juristas.

2. Hermenêutica Constitucional

2.1. *HERMENÊUTICA JURÍDICA*

Como visto no capítulo anterior, a argumentação jurídica, antes de tudo, nada mais é do que recurso de hermenêutica, uma vez que a *ratio decidendi* da norma se trata de interpretação jurídica. Desta forma, antes de iniciarmos o estudo dos aparentes conflitos de princípios, verifica-se a necessidade de se estudar a hermenêutica jurídica, bem como os elementos que a compõe — método e interpretação.

Cabe sempre verificar que Método e Interpretação integrados resultam na hermenêutica. Esta é a teoria científica da arte de interpretar, nos dizeres de *Carlos Maximiliano*.

Hermenêutica é a arte e a ciência da interpretação, principalmente das obras das autoridades numa matéria. Assim, no caso em estudo, teremos em *prima facie* a análise da hermenêutica do direito ou hermenêutica jurídica, para que, após, se reflita sobre a hermenêutica constitucional.

Segundo o mestre, a interpretação possui técnica própria e é orientada por princípios e regras que se desenvolveram e aperfeiçoaram. A arte, por sua vez, ficou adstrita em seu desenvolvimento a uma ciência geral, no caso do Direito, aos postulados da Sociologia.

Assim, a Hermenêutica Jurídica tem por objeto o estudo e a sistematização dos princípios científicos e leis correlatas que disciplinam o instituto jurídico para determinar o sentido e o alcance das expressões do direito.

As leis positivas são formuladas em termos gerais, fixam regras abstratas, consolidam princípios, estabelecem normas, em linguagem clara e precisa, ampla, sem descer às minúcias.

Aquele que realiza o estudo da lei deve pesquisar a relação que existe na lei, em abstrato, ao caso concreto; entre a norma jurídica e o fato social, interpretando e aplicando o direito. O sujeito que executa a aplicação da hermenêutica é chamado de exegeta ou hermeneuta.

O exegeta extrai da norma tudo aquilo que a mesma contém. Isto quer dizer que o exegeta, utilizando-se de métodos de interpretação, determinará o sentido e o alcance da norma jurídica com o fim de verificar qual será a sua aplicação no caso concreto.

2.2. *ELEMENTOS*

A hermenêutica jurídica, portanto, é composta por métodos e interpretação. A análise de cada elemento será objeto de itens distintos.

2.2.1. *Método*

A explicação e a conceituação de Método, na Ciência Jurídica, invocam lições de filosofia e de teoria geral de direito.

Etimologicamente, a palavra método vem do grego *meth'odos*, que significa o bom caminho, o caminho real. Em termos de pesquisa científica, o método é o caminho, a ferramenta, o meio através do qual se reproduz o saber científico.

De acordo com o Dicionário da Língua Portuguesa de *Aurélio Buarque de Holanda, método* nada mais é do que "a ordem que se segue na investigação da verdade, no estudo de uma ciência ou para alcançar um fim determinado; modo de proceder; processo ou técnica de ensino".

O sentido filosófico do vocábulo *método* quer dizer todo modo sistemático e geral de trabalhar que segue normas precisas, com a finalidade de alcançar um bom êxito, ou uma finalidade desejada, ou seja, conjunto dos processos habituais de um grupo para alcançar um determinado fim.

Com vistas à teoria geral de direito, há várias formas que visam à busca da formulação de *método*. Este trabalho, no entanto, limitar-se-á apenas aos métodos com aplicação conjunta às formas e técnicas de interpretação jurídica, pois, caso contrário, haverá digressão que nada contribuirá para o estudo do tema, nos termos e limites propostos.

2.2.2. *Interpretação*

2.2.2.1. *Breve histórico*

Ao iniciar a redação desta monografia, percebeu-se que não poderia deixar de mencionar alguns momentos históricos de grande relevância para o estudo. Por isso, com o fim de melhor entendermos o desenvolvimento do tema, fizemos, de forma breve e sucinta, apontamentos sobre os quais a interpretação jurídica se apresenta de maneira relevante.

Na antiguidade, nem todo postulado jurídico era passível de interpretação, exemplo disto era a conhecida proibição de Justiniano de que se interpretassem as normas do seu *Corpus Juris*, pois a jurisprudência romana e a grega eram baseadas na interpretação da lei feita pelo próprio imperador, como bem assinala *Tércio Sampaio Ferraz Jr.* (2003:31): "a proibição de interpretar não era uma supressão mas um limite".

Em texto clássico e de grande importância histórica, denominado *Origem da hermenêutica*, de 1900, *Wilhem Dilthey* assevera que: "arte de interpretar nasceu na *Grécia*, fruto da necessidade de ensinar". Após as jurisprudências de Roma e da antiga Grécia, desenvolveram-se regras de técnicas de interpretação do direito, sendo que a pioneira foi a *disputationes* dos glosadores. Com o advento das escolas jusnaturalistas da Era Moderna, tomou-se um caráter sistemático da forma de interpretar, pois a consciência de que a ciência jurídica é uma teoria hermenêutica é relativamente recente.

No século XVIII, interpretar o direito significava a inserção da norma analisada na totalidade do sistema. Assim, é o que *Tércio Sampaio* (1980:35) menciona, numa fase do seu pensamento; antes de 1814, para *Savigny*, interpretar era mostrar aquilo que a lei diz, ou seja, aquilo que o texto da lei declarava como regra. Em razão disso, a análise da interpretação dos postulados jurídicos ocorriam mediante quatro técnicas, a saber: gramatical, lógica, sistemática e a histórica.

A partir de 1814, em novo posicionamento, *Savigny* começa a esboçar um modelo hermenêutico. Não analisava tão somente as técnicas interpretativas, procurava também a busca de um critério para a interpretação autêntica. Isto faz com que *Savigny* conclua que interpretar é compreender o pensamento do legislador manifestado no texto da lei.

A partir disso surgiram duas perspectivas:

a) o reconhecimento da vontade do legislador; e

b) a vontade da lei como núcleo do sentido da norma.

Aquela é chamada de doutrina subjetiva e esta doutrina objetiva. A doutrina subjetiva diz que a interpretação é basicamente uma compreensão do pensamento do legislador exteriorizado por intermédio da norma. Para a doutrina objetiva, a norma tem o seu sentido próprio, insubordinado à compreensão que o legislador desejou.

Tércio Sampaio, ao problematizar a polêmica entre as duas doutrinas, diz que o subjetivismo favorece o autoritarismo, ao privilegiar a figura do legislador, e o objetivismo estabelece um domínio de uma equidade duvidosa do interprete sobre a própria norma, pois se pode chegar a uma conclusão temerária de que a interpretação da norma é dada apenas pelos Tribunais.

Com a evolução do estudo da interpretação, no século XIX, surgiu a fase em que a interpretação deixa de ser uma questão técnica da atividade do jurista para ser um ponto de reflexão, tendo como finalidade a formação de um conhecimento especulativo, puramente racional, ou seja, a teoria propriamente dita.

2.2.2.2. *Considerações gerais e conceito*

Interpretar não é uma expressão afeta exclusivamente ao ramo do Direito, mas sim tudo aquilo que possa ser do conhecimento humano. Assim, a capacidade de interpretar algo é inerente à atividade humana, por isso *Hans Kelsen* diz que *a interpretação é uma ação mental*.

Conclui-se, portanto, a impossibilidade da automação da interpretação, ou seja, a realização de interpretação por meio de máquinas, ainda que dotadas de inteligência artificial. Trata-se de conduta exclusivamente do ser humano, um trabalho puramente intelectual.

O objeto da interpretação é sempre uma manifestação objetiva do pensamento, é dizer, uma vontade que assume uma forma representativa no mundo fenomênico. Dito de outro modo, o que se interpreta são objetivações do espírito.

A palavra intérprete, adverte *Fernando Coelho* (1981:182), tem origem latina — *interpres* —, que designava aquele que descobria o futuro nas entranhas das vítimas:

> "Tirar das entranhas ou desentranhar era, portanto, o atributo do *interpres*, de que deriva a palavra-chave interpretar, o significado específico de desentranhar o próprio sentido das palavras da lei, deixando implícito que a tradução do verdadeiro sentido da lei é algo bem guardado, entranhado, portanto, em sua própria essência".

Carlos Maximiliano Pereira dos Santos (1988:45) dizia que interpretar é explicar, esclarecer, dar o significado do vocábulo, atitude ou gesto; reproduzir por outras palavras um pensamento exteriorizado; mostrar o sentido verdadeiro de uma expressão; extrair da frase, sentença ou norma tudo o que na mesma contém.

Data maxima venia, não podemos nos limitar a dizer que a interpretação jurídica é um simples ato de explicar ou dar significado a vocábulo.

Vicente Ráo (1999:65) oferece um conceito peculiar e satisfatório de interpretação jurídica. Diz ele que a interpretação jurídica é a operação lógica que, obedecendo aos princípios e leis científicas ditadas pela Hermenêutica, visa a integrar o conteúdo orgânico do direito, apura o sentido e os fins das normas jurídicas, ou apura novos preceitos normativos, para o efeito de sua aplicação às situações de fato incidentes na esfera do direito. A atualidade destas afirmações é magnífica.

A interpretação aplica-se apenas aos objetos culturais. Cultura, no nosso entender, é toda realidade transformada pelo ser humano. Todo bem cultural possui uma significação, haja vista comportar valores, requerendo, portanto, uma integração do homem com o bem interpretado. Entretanto, o mesmo não acontece com os fenômenos da natureza, regido pela lei da causalidade, não portando em si nenhum conteúdo, nenhum valor. Isto está intimamente ligado ao método formológico, onde há a necessidade de se separar o estudo da ciência do estudo dos fenômenos naturais.

O processo interpretativo em geral corresponde ao problema epistemológico do entender, pois, partindo da distinção entre ação e evento, pode-se provisoriamente caracterizar a interpretação como a ação na qual o resultado ou evento útil é entender ou buscar soluções através da compreensão.

O processo interpretativo exige sempre a presença de dois elementos, quais sejam: o objeto a conhecer e o sujeito cognoscente. Urge trazer à colação as preciosas palavras de *Betti* (*apud* RÁO, 1999:354), *verbis*:

> "Estes dois termos do processo, sujeito e objeto, são os mesmos dois termos encontrados em todo processo cognoscitivo, embora venham caracterizados por particulares qualificações derivadas de que não se trata de um objeto qualquer, senão precisamente de uma objetivação do espírito e que a finalidade do sujeito está voltada a conhecer, a reconhecer naquela objetivação o pensamento animado, em repensar a concepção, ou em reconstruir a intuição que ali se revela."

Dessa forma, o trabalho do exegeta consiste em buscar e descobrir o sentido das manifestações objetivas do pensamento.

Assim, o direito como conjunto de normas válidas, em um determinado local e em um dado momento histórico, apresenta-se tanto como fenômeno cultural, quanto como manifestação objetiva do pensamento, necessitando, portanto, de interpretação.

De uma forma mais simples, podemos dizer que a interpretação jurídica é um ato intelectual sobre um preceito jurídico, em que se analisam os seus aspectos objetivos e o seu alcance, para ser aplicada de maneira correta e justa.

Assim, algumas indagações são imprescindíveis para a problematização proposta: o que se busca? Onde se pretende chegar?

2.2.2.3. *Finalidade de interpretação*

A ciência do direito, analisada a partir de um modelo hermenêutico, tem por objetivo interpretar textos e buscar as suas reais intenções, tendo em vista a sua finalidade prática e é esta finalidade prática que domina a tarefa interpretativa. Por isso, o propósito básico de um operador de direito não é simplesmente compreender um texto, mas também lhe dar a força e o alcance necessários, subsumindo-o às questões de fato, lastreadas na noção da ética, da moral e do justo. Não basta apenas conhecer, mas conhecer tendo em vista as formas de aplicabilidade da norma, enquanto modelo abstrato e genérico do dever-ser.

A interpretação jurídica busca o significado do conteúdo da norma, da sentença, e dentre outros instrumentos jurídicos, como dos contratos, por exemplo.

O significado da norma jurídica nada mais é do que o direito previsto pela lei ou pelo princípio jurídico, oferecendo possibilidade à obtenção da justiça, resolvendo uma problemática ou um conflito de interesses.

O objeto da interpretação jurídica constitui o próprio direito que se encontra na norma jurídica. Esta norma jurídica é, por sua vez, representada nos seus corpos verbais (textos das leis, Constituição, princípios jurídicos, contratos, regimentos etc.), sendo objeto também da interpretação jurídica.

Salientamos, ainda, que a interpretação jurídica não se deva limitar a buscar tão somente o sentido e alcance do direito contido na norma interpretada, mas a sua própria realização no plano prático.

Dessa forma, as funções da interpretação, segundo *Maria Helena Diniz* (2001:35), *apud Machado Neto*, são:

a) conferir a aplicabilidade da norma jurídica às relações sociais que lhe deram origem;

b) estender o sentido da norma a relações novas, inéditas ao tempo de sua criação; e

c) temperar o alcance do preceito normativo, para fazê-lo corresponder às necessidades reais e atuais de caráter social.

Nada mais é necessário acrescentar a estas conclusões, porque estabelecem com propriedade o alcance, o sentido e a finalidade da interpretação jurídica, como resultado do exercício de hermenêutica.

2.2.2.4. *O que está sujeito à interpretação jurídica?*

Todas as normas estão sujeitas à interpretação jurídica, sem exceção: atos normativos (leis, princípios jurídicos, Constituição), atos administrativos (decretos, portarias, resoluções, comunicados etc.), atos judiciais (despachos, sentenças e decisões interlocutórias) e negócios jurídicos (declaração unilateral de vontade ou contratos).

Nos dizeres de *Tércio Sampaio Ferraz Jr.* (1980:68), "é hoje um postulado quase universal da ciência jurídica a tese de que não há norma sem interpretação, ou seja, toda norma é, pelo simples fato de ser posta, passível de interpretação".

Assim, não existe mais a aplicação do brocardo *in claris cessat interpretatio*, uma vez que, por mais claro que seja o texto normativo, este poderá sofrer atuação do intérprete, conferindo-lhe valores distintos de apreciação.

2.3. *NOVA INTERPRETAÇÃO CONSTITUCIONAL*

Não se poderia deixar de conferir maior importância ao trabalho de hermenêutica realizado no corpo da Constituição, já que se trata do texto normativo de maior importância do Estado Democrático de Direito. Conforme leciona *Konrad Hesse* (1983:36): "Para o Direito constitucional a importância da interpretação é fundamental pois, dado o caráter aberto e amplo da Constituição, os problemas de interpretação surgem com maior frequência que em outros setores do ordenamento cujas normas são mais detalhadas".

A Constituição, portanto, será observada neste estudo como uma unidade política do ordenamento jurídico, cujo conteúdo é qualificado mediante os valores fundamentais e ideológicos, vistos como um processo de integração estatal, elaborada de forma consciente, organizada e planificada.

Dessa forma, ao falarmos de interpretação constitucional, falamos de *uma conclusão constitucionalmente correta através de um procedimento racional e controlável, criando, desse modo, certeza e previsibilidade jurídica, e não a simples decisão pela decisão* (HESSE, 1983:37). Evidente que não podem ser deixados de lado os cânones da interpretação jurídica positivista (gramatical, lógica, histórica etc.), uma vez que existem normas na nossa Constituição providas de baixos valores, como, por exemplo, a exigência de determinados requisitos para que aquele investido na magistratura obtenha a vitaliciedade. Neste caso, a pura subsunção da norma ao caso concreto espancaria qualquer dúvida, ou seja, ultrapassado o prazo de dois anos e não existindo nenhum óbice, adquire-se aquela garantia constitucional.

Ocorre que, tendo em vista ser a Constituição uma proposta de unidade política dentro de um sistema jurídico que vem sendo elaborada por um processo histórico que necessita de colaboração da sociedade, as normas constitucionais não se prestam a um único sentido, haja vista a sua amplitude em razão dos valores que a embasam. Assim, buscar-se-á o sentido das normas constitucionais na solução dos casos concretos, como, por exemplo, os princípios da dignidade da pessoa humana e da liberdade.

Note-se que não será proposta neste trabalho nenhuma teoria pré-estabelecida sobre métodos de interpretação da Constituição, em que pese ser esta a finalidade do objetivismo positivista de *Betti*. O que se pretende é ofertar a solução constitucionalmente mais adequada diante do caso concreto (BARROSO, 2003:332).

Com efeito, *Jerzy Wróbleswski* (1985:22) explica que interpretação quer dizer *a determinação de um significado de uma expressão linguística quando existem dúvidas referentes a este significado em um caso concreto.*

Apenas conceitualmente, não no processo real, cabe distinguir a interpretação constitucional do seguinte: "compreender", e com isso, "concretizar" só será possível com relação a um problema concreto. O intérprete tem de relacionar o problema e a norma que pretende entender se quiser determinar o seu conteúdo concreto, aqui e agora. Esta determinação, assim como a "aplicação da norma no caso concreto", constitui um processo único e não a aplicação sucessiva a uma determinada suposição de algo pré-existente, genérico, compreensível em si mesmo (HESSE, 1983:44).

Com efeito, a interpretação da Constituição tem de assegurar, além dos valores básicos de uma sociedade, a certeza de uma segurança apta a garantir a efetivação jurídica destes valores através da interpretação.

Nesta linha é a proposta de hermenêutica constitucional de *Luis Roberto Barroso* (2003:335), ao dizer que será ela baseada na:

- normatividade dos princípios;
- ponderação de valores; e
- teoria da argumentação.

Isto sem deixar de lado as regras de *soluções subsuntivas* acima mencionadas.

No que tange à normatividade dos princípios, já nos referimos a ela quando estudamos a relevância dos princípios no sistema jurídico, ou seja, os princípios como espécie do gênero norma jurídica. No próximo capítulo, o estudo dos princípios será mais detalhado, sob esta ótica. Depois, visualizar-se-á alguns princípios utilizados como instrumentos de hermenêutica.

No que se refere à ponderação de valores, entende-se que se trata de uma técnica de decisão aplicável às situações jurídicas, em que sua solução não é possível pela singela subsunção da norma ao caso concreto, denominado pela doutrina como *hards cases*, mas sim nos casos em que várias normas da mesma hierarquia poderão dar ensejo à sua aplicação. Assim, o intérprete deverá sopesar os valores em questão para, então, aplicar o de maior importância.

Com relação à argumentação jurídica, esta nada mais é do que a justificação da aplicação correta dos princípios na solução do caso concreto, hábil a demonstrar um raciocínio jurídico coeso, lógico e consistente que aponte como a mais correta.

2.3.1. *Operatividade dos princípios constitucionais*

De acordo com a linha adotada de sistema jurídico na proposta deste trabalho, os princípios jurídicos são normas jurídicas, uma vez que aqueles são espécies destes. Assim, na esteira da sugestão de *Barroso* (2003:330-331), a base da hermenêutica constitucional far-se-á, em primeiro plano, pelos estudos dos princípios na ciência jurídica.

Pois bem, cabem, neste passo, apenas os estudos dos princípios jurídicos que servem de instrumentos para a realização da hermenêutica, isto é, *premissas conceituais, metodológicas ou finalísticas que devem anteceder, no processo intelectual do intérprete, a solução concreta da questão posta* (BARROSO, 2003:359).

Como explica *Konrad Hesse* (1983:48), *os princípios da interpretação constitucional correspondem à missão de orientar e canalizar o processo de relação, coordenação e valoração dos pontos de vista ou considerações que devem levar à solução do problema.*

Independente dos critérios de instrumentalização da hermenêutica por intermédio dos princípios, pretende-se fixar como premissa que a Constituição deve ser interpretada como um todo, dentro de uma unidade de sentido, com prevalência dos valores contidos nos princípios dos arts. 1º a 4º, bem como do art. 5º a 17, sem qualquer tipo de grau de hierarquia entre os mesmos.

Neste sentido, o resultado interpretativo da Constituição só é possível tomando-se em consideração o seu todo, ou seja, numa interpretação sistêmica, sendo inadmissível concluir qualquer tipo de conjectura a partir de uma leitura de um artigo isolado, sob pena de se obter uma indesejável resposta à solução de um caso concreto.

No dizer de *Luis Barroso* (2003:376):

> "A nova interpretação constitucional assenta-se em um modelo de princípios, aplicáveis mediante ponderação, cabendo ao intérprete proceder à interação do fato e da norma e realizar escolhas fundamentadas, dentro das possibilidades e limites oferecidos pelo sistema jurídico, visando à solução justa para o caso concreto".

Adota-se neste trabalho a sistematização dos princípios orientadores que servirão de instrumentos para a adequada interpretação constitucional, dentre eles:

a) princípio da unidade da Constituição;

b) princípio da efetividade das normas;

c) princípio da interpretação conforme à Constituição.

Não se ignora propostas outras de listagens de princípios, como a de *Gilmar Ferreira Mendes, Inocêncio Mártires Coelho* e *Paulo Gustavo Gonet Branco.*[5]

Passa-se, nos estreitos limites deste trabalho, à análise daqueles acima elencados.

---

(5) Tais princípios, para a maioria dos autores, são da unidade da Constituição, da concordância prática, da correção funcional, da eficácia integradora, da força normativa da Constituição e da máxima efetividade. Afora esses princípios, apontam-se, ainda, embora não sejam ligados exclusivamente à exegese constitucional, o princípio da proporcionalidade ou razoabilidade, o da interpretação conforme a Constituição e o da presunção da constitucionalidade das leis. Cf. MENDES, Gilmar Ferreira *et al. Curso...* São Paulo: Saraiva, 2007. p. 103.

2.3.1.1. *Princípio da unidade da Constituição*

Este princípio traduz o que se estava tentando dizer anteriormente, ou seja, mister se faz que o hermeneuta traga à baila conclusões constitucionais harmônicas, já que integrantes de um sistema, visando a elidir qualquer tipo de contradições ou antinomias.

Isto quer dizer que a aplicação das normas constitucionais na solução do caso concreto deverá se dar de forma que evite contradições, com vistas à convivência harmoniosa entre seus preceitos. Ocorre que, para que este instrumento de interpretação tenha eficácia adequada, deverá ser atribuído aos princípios constitucionais envolvidos de modo que uma possa ceder espaço à outra, sem que seja extirpada do sistema jurídico.

Com efeito, uma vez integrantes do mesmo sistema jurídico, as normas constitucionais possuem a mesma força, o que faz concluir que não existe hierarquia entre elas, cabendo ao hermeneuta o equilíbrio, *in concreto*, entre os comandos que tutelam valores ou interesses que eventualmente se contraponham.

No sistema jurídico brasileiro, não existe norma jurídica acima da Carta Política de 1988. Assim, nega-se a possibilidade de normas constitucionais serem consideradas inconstitucionais quando da sua interpretação resultar conflito de normas, salvo se oriundas do Poder Constituinte Derivado. O Poder Constituinte Originário não conhece limites jurídicos, bem como não está subordinado ou condicionado a outras normas. As normas originárias da Constituição consistem em valores fundamentais tomados pelos representantes do povo. Não há, portanto, na Constituição brasileira de 1988 normas superiores ou inferiores ou hierarquia, devendo-se, como visto, interpretá-la como uma unidade de sentido.

O Supremo Tribunal Federal, em voto do Ministro Moreira Alves, em sessão do Tribunal Pleno, na Ação Direta de Inconstitucionalidade n. 815/DF, julgada em 28 de março de 1996, publicado no Diário da Justiça em 10 de maio de 1996, p. 15.131, assim decidiu, *in verbis*:

> "Ação Direta de Inconstitucionalidade. Parágrafos 1º e 2º do artigo 45 da Constituição Federal. — *A tese de que há hierarquia entre normas constitucionais originárias dando azo a declaração de inconstitucionalidade de umas em face de outras e incompossível com o sistema de Constituição rígida.* — Na atual Carta Magna "compete ao Supremo Tribunal Federal, precipualmente, a guarda da Constituição" (artigo 102, "caput"), o que implica dizer que essa jurisdição lhe é atribuída para impedir que se desrespeite a Constituição como um todo, e não para com relação a ela, exercer o papel de fiscal do Poder Constituinte originário, a fim de verificar se este teria, ou não, violado os princípios de direito suprapositivo que ele próprio havia incluído no texto da mesma Constituição. — Por outro lado, as cláusulas pétreas não podem ser invocadas para a sustentação da tese da inconstitucionalidade de normas constitucionais inferiores em face de normas constitucionais

superiores, porquanto a Constituição as prevê apenas como limites ao Poder Constituinte derivado ao rever ou ao emendar a Constituição elaborada pelo Poder Constituinte originário, e não como abarcando normas cuja observância se impôs ao próprio Poder Constituinte originário com relação às outras que não sejam consideradas como cláusulas pétreas, e, portanto, possam ser emendadas. Ação não conhecida por impossibilidade jurídica do pedido."

No direito alemão, inspirado nos ideais jusnaturalistas, admite-se que uma norma da constituição originária seja declarada inconstitucional, com base em outra norma da constituição que se coloque mais próxima dos chamados "direitos naturais do homem".[(6)].

Esta é a razão de se dizer que a colisão ou os conflitos entre os princípios constitucionais são aparentes, nunca reais. Os princípios constitucionais são integrantes de um sistema *unitário*, portanto, este sistema será sempre isento de contradições.

2.3.1.2. *Princípio da efetividade das normas*

As normas constitucionais não devem somente possuir eficácia jurídica, mas também social, uma vez que o fundamento dos valores expressos na Constituição é oriundo de uma realidade social. Assim, os fatores econômicos e culturais em um momento histórico de uma sociedade são ingredientes que influenciam na elaboração de uma Constituição. Nos dizeres de *José Afonso da Silva* (1999:22):

> "(...) são resultados de algo que se encontra em relação direta e viva com as forças sociais, em determinado lugar e em determinada conjuntura histórica, cabendo ao constituinte, se tanto, apenas reunir e sistematizar esses dados concretos num documento formal, que só teria sentido na medida em que correspondesse àquelas situações materiais que representam a verdadeira e efetiva Constituição."

Fica claro perceber que de nada vale a evolução da sociedade ao elaborar uma Constituição progressista se o seu intérprete não lhe confere uma visão voltada para a realidade social.

A efetividade da norma constitucional aqui significa a aproximação da realidade social, nela compreendidas a economia e a cultura, em relação com a norma posta. O hermeneuta deverá dar à norma constitucional a interpretação adequada com a realidade social no momento histórico em que se encontra, de forma que promova uma constante atualização da regra com os anseios sociais, sem alterar o seu texto. Conforme leciona *Wróblewski* (1985:75), "(...) interpretação legal considera a interpretação como atividade que adapta o direito às necessidades presentes e futuras da vida social no sentido mais amplo do termo".

---

(6) Teoria da norma constitucional inconstitucional de Otto Bachof.

Por meio deste método, o intérprete irá garantir maior efetividade à norma constitucional, fazendo prevalecer os valores e interesses por elas tutelados.

Isto nos faz perceber que a Constituição é sempre dotada de uma carga social, pois ela é uma exteriorização dos valores básicos da coletividade. Essa exteriorização só surtirá os seus reflexos desejados se o intérprete tomar consciência de que os efeitos positivos serão alcançados na medida em que a aplicabilidade da norma constitucional for plena, independente da existência de uma lei ulterior que a regulamente.

Infelizmente esta exegese nem sempre é a adotada, de plano, pelo Supremo Tribunal Federal, pelo que se nota na decisão proferida no Mandado de Injunção, registrado sob o n. MI 689/PB, de punho do Ministro Relator Eros Grau, julgado em 7 de junho de 2006, pelo Tribunal Pleno, *in verbis*, a ementa:

> "MANDADO DE INJUNÇÃO. CONCESSÃO DE EFETIVIDADE À NORMA INSCRITA NO ARTIGO 37, INCISO VII, DA CONSTITUIÇÃO DO BRASIL. APLICAÇÃO DA LEI FEDERAL N. 7.783/89, QUE REGE O DIREITO DE GREVE NA INICIATIVA PRIVADA, ATÉ QUE SOBREVENHA LEI REGULAMENTADORA. LEGITIMIDADE ATIVA DE ENTIDADE SINDICAL. MANDADO DE INJUNÇÃO UTILIZADO COMO SUCEDÂNEO DO MANDADO DE SEGURANÇA. NÃO-CONHECIMENTO. 1. O acesso de entidades de classe à via do mandado de injunção coletivo é processualmente admissível, desde que legalmente constituídas e em funcionamento há pelo menos um ano. 2. Este Tribunal entende que a utilização do mandado de injunção como sucedâneo do mandado de segurança é inviável. Precedentes. 3. O mandado de injunção é ação constitutiva; não é ação condenatória, não se presta a condenar o Congresso ao cumprimento de obrigação de fazer. Não cabe a cominação de pena pecuniária pela continuidade da omissão legislativa 4. Mandado de injunção não conhecido."

Entretanto, o ilustre Ministro, na qualidade de professor, em sua belíssima obra *A ordem econômica na Constituição de 1988*, 7. ed., atualizada e revisada, revelava posicionamento diverso acerca do tema, em que idealiza a greve como postulado jurídico de aplicabilidade imediata:

> "A greve é a arma mais eficaz de que dispõem os trabalhadores como meio para a obtenção de melhoria em suas condições de vida. Consubstancia um poder de fato; por isso mesmo que, tal como positivado o princípio do texto constitucional, recebe concreção imediata — sua auto-aplicabilidade é inquestionável — como direito fundamental de natureza instrumental." (2002:264)

Felizmente, entretanto, em decisões mais recente encontra-se julgado do Supremo Tribunal Federal que está em consonância com o que defendeu o ilustre Ministro Eros R. Grau, em abono ao que se sustentou acima, em que prevaleceu, no MI n. 670/ES e no MI n. 708/DF, o voto do Min. Gilmar Mendes, em que se deu aplicabilidade à norma constitucional, não obstante a omissão do legislador ordinário.

Senão vejamos:

"*MANDADO DE INJUNÇÃO E DIREITO DE GREVE.* O Tribunal concluiu julgamento de três mandados de injunção impetrados, respectivamente, pelo Sindicato dos Servidores Policiais Civis do Espírito Santo — SINDIPOL, pelo Sindicato dos Trabalhadores em Educação do Município de João Pessoa — SINTEM, e pelo Sindicato dos Trabalhadores do Poder Judiciário do Estado do Pará — SINJEP, em que se pretendia que fosse garantido aos seus associados o exercício do direito de greve previsto no art. 37, VII, da CF ('Art. 37. ... VII — o direito de greve será exercido nos termos e nos limites definidos em lei específica;') — v. Informativos 308, 430, 462, 468, 480 e 484. *O Tribunal, por maioria, conheceu dos mandados de injunção e propôs a solução para a omissão legislativa com a aplicação, no que couber, da Lei 7.783/89, que dispõe sobre o exercício do direito de greve na iniciativa privada.* MI 670/ES, rel. orig. Min. Maurício Corrêa, rel. p/ o acórdão Min. Gilmar Mendes, 25.10.2007. (MI-670) MI 708/DF, rel. Min. Gilmar Mendes, 25.10.2007. (MI-708) MI 712/PA, rel. Min. Eros Grau, 25.10.2007. (MI-712).

No inteiro teor deste acórdão é possível constatar que base do raciocínio foi de que foi dada plena aplicação à norma do art. 37, VII, no sentido de que "tendo em conta que ao legislador não seria dado escolher se concede ou não o direito de *greve*, podendo tão-somente dispor sobre a adequada configuração da sua disciplina, reconheceu-se a necessidade de uma solução obrigatória da perspectiva constitucional". Nestes termos, o Mandado de Injunção foi conhecido e, no mérito, prevaleceu a solução para a omissão legislativa com a aplicação, no que couber, da Lei n. 7.783/89, que dispõe sobre o exercício de greve na iniciativa privada.

Acredita-se que, para assegurar a prevalência da nossa Constituição no Estado Democrático de Direito, a cultura do guardião da Constituição que faz a interpretação da norma constitucional é distinta da cultura da Cátedra da Universidade de São Paulo.

Em nenhum momento estamos criticando a mudança de opinião do Ministro Eros R. Grau. Ocorre que, naquela primeira decisão, o posicionamento não estava em consonância com as suas posições acadêmicas e doutrinárias.

Felizmente, em julgados posteriores, o Ministro Eros R. Grau[7] alterou o seu posicionamento perante a Excelsa Corte de que a melhor interpretação e aplicação do comando constitucional acerca do direito de greve de servidores públicos, não obstante a omissão do legislador ordinário, seria conforme sustentava na doutrina.

Nas palavras de *Celso Ribeiro de Bastos* (1987:54), *os preceitos constitucionais hão de ser interpretados segundo não só o que explicitamente postulam, mas também de acordo com o que implicitamente encerram.*

(7) MI n. 712, DJ de 23.11.07, Relator Min. Eros Roberto Grau.

2.3.1.3. *Princípio da interpretação conforme a Constituição*

Este princípio poderá ser analisado sob dois enfoques.

Em primeiro lugar, pode ser encarado como instrumento de hermenêutica constitucional que visa a compreensão das normas infraconstitucionais em consonância e com o que dispõe a Carta Magna.

Em segundo lugar, poderá ser interpretado como instrumento de controle de constitucionalidade da regra sem redução de texto, isto é, caso exista uma única possibilidade de se interpretar a norma, sem contrariar os preceitos constitucionais, esta será considerada a sua melhor exegese.

Este princípio tem a sua aplicação quando a norma interpretada possuir vários tipos ou variadas formas de interpretação, isto é, são normas plurisignificativas. O resultado poderá ser da seguinte ordem:

A norma que possuir vários significados deverá ser observada de forma que não contrarie a Constituição. Neste caso, excluirá os demais significados adotando-se apenas um.

Caso existam vários significados que não contrariem a Constituição, adotar-se-á aquele que mais se aproxima de sua finalidade. Neste caso, será afastada por completo a interpretação da norma que fique mais distante da Constituição.

Diante desta observação, o que se nota é que esta segunda faceta é o reflexo, ou melhor, o fim desejado pela utilização do princípio como instrumento de interpretação, isto é, o controle de constitucionalidade sem redução de texto é o resultado prático que se obtém pela utilização deste instrumento de hermenêutica.

Conclui-se, assim, que uma lei não poderá ser declarada nula quando puder ser interpretada de maneira compatível com a Constituição, uma vez que, fundado no pressuposto da supremacia da Constituição, bem como na presunção da constitucionalidade das leis, busca-se a preservação da existência da norma dentro do ordenamento jurídico.

Esta técnica de interpretação como forma de controle de constitucionalidade tem sido usada em todos os tribunais brasileiros, bem como pelo Supremo Tribunal Federal. A título de exemplificação, anota-se a ADI n. 1.946/DF, cujo Ministro Relator Sydney Sanches, em 3 de abril de 2003, no Tribunal Pleno, foi claro ao dizer que:

> "DIREITO CONSTITUCIONAL, PREVIDENCIÁRIO E PROCESSUAL CIVIL. LICENÇA-GESTANTE. SALÁRIO. LIMITAÇÃO. AÇÃO DIRETA DE INCONSTITUCIONALIDADE DO ART. 14 DA EMENDA CONSTITUCIONAL N. 20, DE 15.12.1998. ALEGAÇÃO DE VIOLAÇÃO AO DISPOSTO NOS ARTIGOS 3º, IV, 5º, I, 7º, XVIII, E 60, § 4º, IV, DA CONSTITUIÇÃO FEDERAL. 1. O legislador

brasileiro, a partir de 1932 e mais claramente desde 1974, vem tratando o problema da proteção à gestante, cada vez menos como um encargo trabalhista (do empregador) e cada vez mais como de natureza previdenciária. Essa orientação foi mantida mesmo após a Constituição de 05.10.1988, cujo art. 6º determina: a proteção à maternidade deve ser realizada 'na forma desta Constituição', ou seja, nos termos previstos em seu art. 7º, XVIII: 'licença à gestante, sem prejuízo do empregado e do salário, com a duração de cento e vinte dias'. 2. Diante desse quadro histórico, não é de se presumir que o legislador constituinte derivado, na Emenda n. 20/98, mais precisamente em seu art. 14, haja pretendido a revogação, ainda que implícita, do art. 7º, XVIII, da Constituição Federal originária. Se esse tivesse sido o objetivo da norma constitucional derivada, por certo a EC n. 20/98 conteria referência expressa a respeito. E, à falta de norma constitucional derivada, revogadora do art. 7º, XVIII, a pura e simples aplicação do art. 14 da EC n. 20/98, de modo a torná-la insubsistente, implicará um retrocesso histórico, em matéria social-previdenciária, que não se pode presumir desejado. 3. Na verdade, se se entender que a Previdência Social, doravante, responderá apenas por R$ 1.200,00 (hum mil e duzentos reais) por mês, durante a licença da gestante, e que o empregador responderá, sozinho, pelo restante, ficará sobremaneira, facilitada e estimulada a opção deste pelo trabalhador masculino, ao invés da mulher trabalhadora. Estará, então, propiciada a discriminação que a Constituição buscou combater, quando proibiu diferença de salários, de exercício de funções e de critérios de admissão, por motivo de sexo (art. 7º, inc. XXX, da CF/88), proibição, que, em substância, é um desdobramento do princípio da igualdade de direitos, entre homens e mulheres, previsto no inciso I do art. 5º da Constituição Federal. Estará, ainda, conclamando o empregador a oferecer à mulher trabalhadora, quaisquer que sejam suas aptidões, salário nunca superior a R$ 1.200,00, para não ter de responder pela diferença. Não é crível que o constituinte derivado, de 1998, tenha chegado a esse ponto, na chamada Reforma da Previdência Social, desatento a tais consequências. Ao menos não é de se presumir que o tenha feito, sem o dizer expressamente, assumindo a grave responsabilidade. 4. A convicção firmada, por ocasião do deferimento da Medida Cautelar, com adesão de todos os demais Ministros, ficou agora, ao ensejo deste julgamento de mérito, reforçada substancialmente no parecer da Procuradoria Geral da República. 5. Reiteradas as considerações feitas nos votos, então proferidos, e nessa manifestação do Ministério Público federal, a Ação Direta de Inconstitucionalidade é julgada procedente, em parte, para se dar, ao art. 14 da Emenda Constitucional n. 20, de 15.12.1998, interpretação conforme à Constituição, excluindo-se sua aplicação ao salário da licença gestante, a que se refere o art. 7º, inciso XVIII, da Constituição Federal. 6. Plenário. Decisão unânime."

O que se deve ressaltar, porém, é que existem limites na interpretação da norma. Não pode ultrapassar os paradigmas do bom senso ou da razoabilidade ao interpretar a norma explicita ou flagrantemente inconstitucional, transformando-a em válida com o apoio deste princípio. O resultado do uso ilimitado deste princípio caracteriza uma insegurança jurídica extrema.

A utilização adequada deste princípio terá subsídio, quando estiver fora de perigo, na provável insegurança jurídica, não podendo ser usada como extrema medida de conservação da norma, em nome da economia legislativa.

2.3.2. *Ponderação de valores*[8]

A família do sistema jurídico romano-germânico rege-se pela diretriz de que o legislador seria dotado de capacidade para prever todos os casos correntes e as circunstâncias particulares que o cercam. Assim, acredita-se que o legislador faz incluir na lei, sem omissões nem defeitos, todas as hipóteses possíveis e imagináveis que vierem a ocorrer no mundo dos fatos. De tal sorte que ao juiz, para resolver o caso concreto que se lhe apresenta, basta que lance mão do que está previsto em lei, pois não existirá caso ou circunstância que esteja fora dela.

Entretanto, em face da dinâmica social ou da mutabilidade resultante da riqueza da vida em sociedade, é humanamente impossível que a lei, fruto de ato humano, tenha possibilidade de prever ou contemplar de modo exaustivo, sem lacunas ou erros, todas as possibilidades de ocorrências no mundo dos fatos, sejam atuais ou futuras.

De modo que a aplicação rígida das formas legais poderá desabar em desigualdade e em injustiças, pois o legislador não tem a aptidão de prever tudo. É previsível que as leis novas ou velhas contenham lacunas, equívocos, erros, por esta natural limitação do legislador.

A ponderação de valores trata-se de uma técnica de decisão destinada às situações, cuja solução é difícil (*hards cases*), já que não possui previsão legal para este fato, ou se existente, não alcança o fim social desejável. Nesta técnica, o intérprete deverá sopesar os valores em questão para, então, aplicar o de maior importância, já que nestes casos a simples subsunção da norma ao caso concreto não é, por si só, passível de solução.

Assim, se um processo judicial vier a discutir uma causa na qual a sua solução não esteja pré-estabelecida em uma regra clara, ou de fácil interpretação, o positivismo jurídico, por meio das regras postas, fornece ao julgador critérios para o seu justo desfecho. No ordenamento jurídico brasileiro, por exemplo, o art. 126 do Código de Processo Civil proíbe o magistrado de se eximir de decidir quando houver lacuna ou obscuridade na lei, bem como o art. 4º da Lei de Introdução ao Código Civil preceitua que, nestes casos, *o juiz decidirá o caso com a analogia, os costumes e os princípios gerais de direito*, sendo que a utilização da *equidade* só será crível quando assim a lei o permitir, reforçando, neste sentido, a rigidez do sistema fechado positivista pelo art. 127 do

---

(8) "Valor, em sentido normativo, é tudo aquilo que orienta (indica diretriz) a conduta humana. É um vetor (indica sempre um sentido) que guia, atrai, consciente ou inconscientemente, o ser humano. O valor comporta sempre um julgamento, e, pois, uma possibilidade de escolha entre caminhos diferentes. Isso porque a cada valor corresponde um desvalor. Nesse sentido, a democracia é um valor político; a ditadura, um desvalor. Os valores sociais do trabalho e da livre iniciativa (inciso IV) são, assim, os elementos que lhe dão o rumo do bem-estar social". (SILVA, José Afonso da. *Comentário* ..., p. 35).

Código de Processo Civil. No mesmo sentido, o art. 8º da Consolidação das Leis do Trabalho autoriza o juiz a se socorrer dos costumes, princípios gerais de direito, da analogia e da equidade.

O que nos preocupa, no entanto, por ora é a possibilidade da aplicação da equidade nos casos em que a solução do litígio não possua previsão legislativa ou, quando possuir, a sua aplicabilidade não satisfaz os anseios sociais.

O julgamento por equidade é a busca da superação das lacunas da lei, dos seus erros e omissões, com vistas a preservar a igualdade no trato de relações jurídicas semelhantes. A equidade é uma particular aplicação do princípio constitucional da igualdade às funções do legislador e do juiz, a fim de que, na elaboração das normas jurídicas e em suas adaptações aos casos concretos, todos os casos iguais, explícitos ou implícitos, sem exclusão, sejam tratados igualmente e com prevalência na dignidade da pessoa humana, ou benignidade, corrigindo-se a rigidez de fórmulas gerais usadas pelas normas jurídicas, seus erros ou omissões (RÁO, 1999).

Neste mister é que reside a noção de discricionariedade jurisdicional na interpretação jurídica. Com efeito, ao visualizar o embate jurídico, o julgador irá optar pela solução em que os anseios sociais serão alcançados.

Neste aspecto, destaca-se a realização do raciocínio jurídico, ou seja, trata-se de um raciocínio prático que recai em uma decisão do que é devido. O raciocínio jurídico se submete a um contexto de valores e de comparação entre normas jurídicas com as quais uma decisão pode ser criticada e justificada (PERELMAN, 2005:282).

Visualizaremos um caso factível passível de ponderação de valores:

Imaginemos uma família de três pessoas: marido, mulher e uma criança portadora de uma grave doença, cuja deficiência gera a necessidade de cuidados da mãe e remédios de alto custo. Note-se que a fonte de recursos desta família é proveniente somente do labor do pai, haja vista a indisponibilidade de tempo da mãe, que cuida de seu filho doente. A renda é o equivalente a um salário mínimo e meio, sendo comprometida, em parte, com o tratamento do filho.

O art. 203 da Constituição Federal é claro ao dizer que a assistência social será prestada a quem dela necessitar, independentemente de contribuição à seguridade social, e tem por objetivos a garantia de um salário mínimo de benefício mensal à pessoa portadora de deficiência, bem como ao idoso que comprove não possuir meios de prover a própria manutenção ou de tê-la provida por sua família, conforme dispuser a lei.

Esta norma constitucional de aplicabilidade limitada foi regulamentada pela Lei Orgânica da Assistência Social (Lei n. 8.742/93), que em seu art. 1º preconiza que a Assistência Social é um direito subjetivo do cidadão e ônus do Estado, por meio de um conjunto integrado de ações de iniciativa pública e da sociedade, que visa a garantir o atendimento às necessidades básicas. Em suma: o objetivo da assistência social é a garantia da sobrevivência do ser humano com dignidade (art. 1º, III, da Constituição Federal).

No capítulo referente aos benefícios, serviços, programas e projetos de Assistência Social, a Lei n. 8.742/93 fala que o benefício da Prestação Continuada é o fornecimento de um salário mínimo mensal à pessoa portadora de deficiência e ao idoso com 70 anos ou mais e que comprovem não possuir meios de prover a própria manutenção, nem de tê-la provida por sua família. O § 3º do art. 20 desta Lei define como incapaz de prover sua manutenção a pessoa portadora de deficiência ou idosa, a família cuja renda mensal *per capita* seja inferior a 1/4 do salário mínimo. Portanto, a lei define como hipossuficiente o deficiente ou o idoso cuja renda familiar não ultrapasse 1/4 do salário mínimo.

No exemplo colocado, a família não pode ser beneficiada pelo instituto da prestação continuada, haja vista a renda mensal *per capita* ser equivalente à metade do salário mínimo, portanto, superior ao teto legal. É fácil, portanto, o julgador, diante desta situação, subsumir o caso concreto à regra legal não concedendo tal benefício.

Rizzatto Nunes, em sua obra *Manual de Filosofia do Direito*, exemplifica a satisfação da Justiça através de um caso real no qual foi indeferida pelo posto do INSS a concessão deste benefício em exame, pois foi descoberto que a renda familiar *per capita* ultrapassava o importe R$ 3,84 (2004:341).

Indaga-se: é possível o legislador, por um critério objetivo, fixar o conceito de miserabilidade? O fim social a qual a lei se destina foi alcançado? O princípio da dignidade da pessoa humana que fundamenta a ordem constitucional vigente estaria sendo aplicado?

A inovação do ordenamento jurídico não pode passar despercebida do aplicador do direito, especialmente porque o benefício assistencial se destina especificamente a suprir a falta dos meios básicos de subsistência de quem comprovadamente se encontrar em situação legal de miserabilidade. Sendo assim, há de se estabelecer igual tratamento jurídico no que concerne à verificação da miserabilidade, a fim de se evitar distorções que conduzam a situações desprovidas de razoabilidade.

A Súmula n. 11 da Turma Nacional de Uniformização de Jurisprudência dos Juizados Especiais Federais, utilizando-se a ponderação de valores colocados *sub judice*, editou o seguinte enunciado:

> "A renda mensal *per capita* familiar, superior a ¼ do salário mínimo não impede a concessão de benefício assistencial previsto no art. 20, § 3º, da Lei n. 8.742, de 1993, desde que comprovada, por outros meios, a miserabilidade do postulante."

O conceito legal de miserabilidade para a concessão da assistência social, em que pese os critérios objetivos da lei, não restringe a sua aplicabilidade. Trata-se, desta forma, de um conceito jurídico indeterminado, dando azo ao dirigismo judicial, onde a atuação do juiz é por demais valorizada, pois possibilita a relativização da aplicabilidade da lei para garantir a sua efetividade social.

Neste sentido, a decisão do Ministro Gilmar Mendes, na Medida Cautelar da Reclamação, oriunda da Turma Recursal do Juizado Especial Federal do Estado de Pernambuco, Rcl n. 4.374 MC/PE, julgada em 1º de fevereiro de 2007, publicada no Diário da Justiça em 6 de fevereiro de 2007, p. 111:

> "Trata-se de reclamação, com pedido de medida liminar, ajuizada com fundamento no art. 102, inciso I, 'l', da Constituição Federal, e nos arts. 13 a 18 da Lei n. 8.038/1990, para garantir a autoridade de decisão deste Supremo Tribunal Federal. Na espécie, o Instituto Nacional do Seguro Social (INSS) propõe reclamação em face de decisão proferida pela Turma Recursal dos Juizados Especiais Federais do Estado de Pernambuco nos autos do Processo n. 2005.83.20.009801-7. O acórdão apontado como parâmetro é o relativo ao julgamento da ADI n. 1.232/DF (Pleno, por maioria; Rel. Min. Ilmar Galvão, Red. para o acórdão Min. Nelson Jobim; DJ de 01.06.2001). Na oportunidade, o Supremo Tribunal Federal declarou a constitucionalidade do § 3º do art. 20 da Lei n. 8.742/1993, que estabelece critérios para receber o benefício previsto no art. 203, inciso V, da Constituição. A inicial sustenta que a decisão reclamada afastou o requisito legal expresso na mencionada lei, o qual, segundo o acórdão tomado como parâmetro, representa requisito objetivo a ser observado para a prestação assistencial do Estado. Com relação à urgência da pretensão cautelar, alega que várias decisões estariam sendo proferidas em desrespeito à autoridade da decisão do Supremo Tribunal Federal. Assim, ressalta o caráter pedagógico da reclamação como forma de orientar as instâncias inferiores sobre matéria já decidida nesta Corte. Por fim, o reclamante requer, em caráter liminar, a suspensão dos efeitos da decisão reclamada, afastando-se a exigência do pagamento do benefício assistencial em descompasso com o § 3º do art. 20 da Lei n. 8.742/1993, tendo em vista a inobservância do requisito renda familiar *per capita* inferior a 1/4 (um quarto) do salário mínimo. Transcrevo a ementa da decisão reclamada (fls. 68-69): 'BENEFÍCIO ASSISTENCIAL. ANÁLISE DAS CONDIÇÕES SÓCIO-ECONÔMICAS DO AUTOR. REQUISITOS DO ART. 20 DA LEI 8.742/93. RENDA *PER CAPITA*. MEIOS DE PROVA. SÚMULA 11 DA TUN. LEI 9.533/97. COMPROVAÇÃO. RECURSO IMPROVIDO. 1. O artigo 20 da Lei 8.742/93 destaca a garantia de um salário mínimo mensal às pessoas portadoras de deficiência e ao idoso com 65 anos ou mais, que comprovem, em ambas as hipóteses, não possuir meios de prover a própria manutenção e nem de tê-la provida por sua família. 2. Já o § 3º do mencionado artigo reza que, 'considera-se incapaz de prover a manutenção da pessoa portadora de deficiência ou idosa a família cuja renda mensal *per capita* seja inferior a ¼ (um quarto) do salário mínimo'. 3. Na hipótese em exame, o laudo pericial concluiu que o autor é incapaz para as atividades laborativas que necessitem de grandes ou médios esforços físicos ou que envolvam estresse

emocional para a sua realização. 4. Em atenção ao laudo pericial e considerando que a verificação da incapacidade para o trabalho deve ser feita analisando-se as peculiaridades do caso concreto, percebe-se pelas informações constantes nos autos que o autor além da idade avançada, desempenha a profissão de trabalhador rural, o qual não está mais apto a exercer. Ademais, não possui instrução educacional, o que dificulta o exercício de atividades intelectuais, de modo que resta improvável sua absorção pelo mercado de trabalho, o que demonstra a sua incapacidade para a vida independente diante da sujeição à ajuda financeira de terceiros para manter sua subsistência. 5. *Apesar de ter sido comprovado em audiência que a renda auferida pelo recorrido é inferior a um salário mínimo, a comprovação de renda* per capita *inferior a ¼ do salário mínimo é dispensável quando a situação de hipossuficiência econômica é comprovada de outro modo e, no caso dos autos, ela restou demonstrada.* 6. A comprovação da renda mensal não está limitada ao disposto no art. 13 do Decreto 1.744/95, não lhe sendo possível obstar o reconhecimento de outros meios probatórios em face do princípio da liberdade objetiva dos outros meios probatórios em face do princípio da liberdade objetiva dos meios de demonstração em juízo, desde que idôneos e moralmente legítimos, além de sujeitos ao contraditório e à persuasão racional do juiz na sua apreciação. 7. Assim, as provas produzidas em juízo constataram que a renda familiar do autor é inferior ao limite estabelecido na Lei, sendo idônea a fazer prova neste sentido. A partir dos depoimentos colhidos em audiência, constatou-se que o recorrido não trabalha, vivendo da ajuda de parentes e amigos. 8. Diante de tais circunstâncias, pode-se concluir pela veracidade de tal declaração de modo relativo, cuja contraprova caberia ao INSS, que se limitou à impugnação genérica. 9. Quanto à inconstitucionalidade do limite legal de renda *per capita* inferior a ¼ do salário mínimo, a sua fixação estabelece apenas um critério objetivo para julgamento, mas que não impede o deferimento do benefício quando demonstrada a situação de hipossuficiência. 10. Se a renda familiar é inferior a ¼ do salário mínimo, a presunção de miserabilidade é absoluta, sem que isso afaste a possibilidade de tal circunstância ser provada de outro modo. 11. Ademais, a Súmula 11 da TUN dispõe que mesmo quando a renda *per capita* for superior àquele limite legal, não há óbices à concessão do benefício assistencial quando a miserabilidade é configurada por outros meios de prova. 12. O próprio legislador já reconheceu a hipossuficiência na hipótese de renda superior ao referido limite ao editar a Lei 9.533/97, que autoriza o Poder Executivo a conceder apoio financeiro aos Municípios que instituam programas de garantia de renda mínima associados a ações sócio-educativas, estabelecendo critério mais vantajoso para a análise da miserabilidade, qual seja, renda familiar *per capita* inferior a ½ salário mínimo. 13. A parte sucumbente deve arcar com o pagamento das custas e dos honorários advocatícios, ora arbitrados à razão de 10% sobre o valor da condenação. 14. Sentença mantida. Recurso a que se nega provimento.' (fls. 68-69). Passo a decidir. A Lei n. 8.742/93, ao regulamentar o art. 203, inciso V, da Constituição da República, estabeleceu os critérios para que o benefício mensal de um salário mínimo seja concedido aos portadores de deficiência e aos idosos que comprovem não possuir meios de prover à própria manutenção ou de tê-la provida por sua família. O primeiro critério diz respeito aos requisitos objetivos para que a pessoa seja considerada idosa ou portadora de deficiência. Define a lei como idoso o indivíduo com 70 (setenta) anos ou mais e como deficiente a pessoa incapacitada para a vida independente e para o trabalho (art. 20, *caput* e § 2º). O segundo critério diz respeito à comprovação da incapacidade da família para prover a manutenção do deficiente ou idoso. Dispõe o art. 20, 'O segundo critério diz respeito à comprovação da incapacidade da família para prover a manutenção do deficiente ou idoso'. Dispõe o art. 20, § 3º, da Lei n. 8.742/93, que 'considera-se incapaz de prover a manutenção da pessoa portadora de deficiência ou idosa a família cuja renda mensal *per capita* seja inferior a 1/4 (um quarto) do salário mínimo'. *Objeto da Ação Direta de Inconstitucionalidade n. 1.232-1/DF, Rel. Min. Ilmar Galvão (DJ 1.6.2001), tal dispositivo teve sua constitucionalidade declarada em decisão desta Corte cuja ementa possui o seguinte teor,* verbis: 'CONSTITUCIONAL. IMPUGNA DISPOSITIVO DE LEI FEDERAL QUE ESTABELECE O CRITÉRIO PARA RECEBER O BENEFÍCIO DO INCISO V DO ART. 203, DA CF. INEXISTE A RESTRIÇÃO ALEGADA EM FACE AO PRÓPRIO DISPOSITIVO CONSTITUCIONAL QUE REPORTA À LEI PARA FIXAR OS CRITÉRIOS DE GARANTIA DO BENEFÍCIO DE SALÁRIO MÍNIMO À PESSOA PORTADORA DE DEFICIÊNCIA FÍSICA E AO IDOSO. ESTA LEI TRAZ HIPÓTESE OBJETIVA DE PRESTAÇÃO ASSISTENCIAL DO ESTADO. AÇÃO JULGADA IMPROCEDENTE.' Considerou o Tribunal que referido dispositivo instituiu requisito objetivo para concessão do benefício assistencial a que se refere o art. 203, inciso V, da Constituição Federal. Desde então, o Tribunal passou a julgar procedentes as reclamações ajuizadas pelo Instituto Nacional do Seguro Social — INSS para cassar decisões proferidas pelas instâncias jurisdicionais inferiores que concediam o benefício assistencial entendendo que o requisito definido pelo § 3º do art. 20 da Lei n. 8.742/93 não é exaustivo e que, portanto, o estado de miserabilidade poderia ser comprovado por outros meios de prova. A questão foi amplamente debatida no julgamento da Rcl — AgR 2.303/RS, Rel. Min. Ellen Gracie (DJ 1.4.2005), na qual firmou-se o entendimento segundo o qual na decisão proferida na ADI n. 1.232 o Tribunal definiu que o critério de ¼ do salário mínimo é objetivo e não pode ser conjugado com outros fatores indicativos da miserabilidade do indivíduo e de seu grupo familiar, cabendo ao legislador, e não ao juiz na solução do caso concreto, a criação de outros requisitos para a aferição do estado de pobreza daquele que pleiteia o benefício assistencial. *O Tribunal manteve tal entendimento mesmo nas reclamações ajuizadas contra decisões que, procedendo a uma interpretação sistemática das leis sobre a matéria, concediam o benefício assistencial com base em outros critérios estabelecidos por alterações legislativas posteriores (Lei n. 10.836/2004 — Bolsa Família; Lei n. 10.689/2003 — Programa Nacional de Acesso à Alimentação; Lei n. 9.533/97 — autoriza o Poder Executivo a conceder apoio financeiro a Municípios que instituírem programas de garantia de renda mínima associados a ações socioeducativas).* Assim decidiu o Tribunal na Rcl n. 2.323/PR, Rel. Min. Eros Grau, DJ 20.5.2005. Tenho observado, porém, que algumas decisões monocráticas recentes têm dado tratamento diferenciado ao tema. Os Ministros Celso de Mello, Carlos Britto e Ricardo Lewandowski têm negado seguimento às reclamações ajuizadas pelo INSS com o fundamento de que esta via processual, como já assentado pela jurisprudência do Tribunal, não é adequada para se reexaminar o conjunto fático-probatório em que se baseou a decisão reclamada para atestar o estado de miserabilidade do indivíduo e conceder-lhe o benefício assistencial sem seguir os parâmetros do § 3º do art. 20 da Lei n. 8.742/93 (Rcl n. 4.422/RS, Rel. Min. Celso de Mello, DJ 30.6.2006; Rcl n. 4.133/RS, Rel. Min. Carlos Britto, DJ 30.6.2006; Rcl n. 4.366/PE, Rel. Min. Ricardo Lewandowski, DJ 1.6.2006). O Ministro Sepúlveda Pertence tem enfatizado, quando em análise de decisões que concederam o benefício com base em legislação superveniente à Lei 8.742/93, que as decisões reclamadas não têm declarado a inconstitucionalidade do O Ministro Sepúlveda Pertence tem enfatizado, quando em análise de decisões que concederam o benefício com base em legislação superveniente à Lei 8.742/93, que as decisões reclamadas não têm declarado a inconstitucionalidade do § 3º do art. 20 dessa lei, mas dado interpretação a tal dispositivo em conjunto com a legislação posterior, a qual não foi objeto da ADI n. 1.232 (Rcl n. 4.280/RS, Rel. Min. Sepúlveda Pertence, DJ 30.6.2006). Somem-se a estas as decisões do Ministro Marco Aurélio, que sempre deixou claro seu posicionamento no sentido da insuficiência dos critérios definidos pelo § 3º do art. 20 da Lei n. 8.742/93 para fiel cumprimento do art. 203, inciso V, da Constituição (Rcl n. 4.164/RS, Rel. Min. Marco Aurélio). Em decisão mais recente (Rcl n. 3.805/SP, DJ 18.10.2006), a Ministra Cármen Lúcia também posicionou-se sobre o assunto, em trechos dignos de nota, *verbis*: '(...) O que se põe em foco nesta Reclamação é se seria possível valer-se o Reclamante deste instituto para questionar a autoridade de decisão do Supremo Tribunal, que, ao menos em princípio, não teria sido observada pelo Reclamado. A única fundamentação da Reclamação é esta: nos termos do art. 102, inc. I, alínea *l*, da Constituição da República, haverá de conhecer este Tribunal da reclamação 'para a preservação de sua competência e garantia da autoridade de suas decisões'. Na presente Reclamação, expõe-se que teria havido afronta à autoridade da decisão que se põe no acórdão proferido na Ação Direta de Inconstitucionalidade 1.232, na qual afirmou este Tribunal Supremo que 'inexiste a restrição alegada em face do próprio dispositivo constitucional (art. 203, inc. V, da Constituição da República) que reporta à lei para fixar os critérios de garantia do benefício de salário mínimo à pessoa portadora de deficiência física e ao idoso. Esta lei traz hipótese objetiva de prestação assistencial do Estado.' (Rel. Ministro Ilmar Galvão, DJ 1º.6.2001). *O exame dos votos proferidos no julgamento revela que o Supremo Tribunal apenas declarou que a norma do art. 20 e seu § 3º da Lei n. 8.742/93 não apresentava inconstitucionalidade ao definir limites gerais para o pagamento do benefício a ser assumido pelo INSS, ora Reclamante. Mas não afirmou que, no exame do caso concreto, o juiz não poderia fixar o que se fizesse mister para que a norma constitucional do art. 203, inc. V, e demais direitos fundamentais e princípios constitucionais se cumprissem rigorosa, prioritária e inescusavelmente.* Como afirmado pelo Ministro Sepúlveda Pertence no voto proferido naquele julgamento, 'considero perfeita a inteligência dada ao dispositivo constitucional ... no sentido de que o legislador deve estabelecer outras situações caracterizadoras da absoluta incapacidade de manter-se o idoso ou o deficiente físico, a fim de completar a efetivação do programa normativo de assistência contido no art. 203 da Constituição. A meu ver, isso não a faz inconstitucional. ... Haverá aí inconstitucionalidade por omissão de outras hipóteses? A meu ver, certamente sim, mas isso não encontrará remédio nesta ação direta'. De se concluir, portanto, que o Supremo Tribunal teve por constitucional, em tese (cuidava-se de controle abstrato), a norma do art. 20 da

Lei n. 8.742/93, mas não afirmou inexistirem outras situações concretas que impusessem atendimento constitucional e não subsunção àquela norma. Taxativa, nesse sentido, é a inteligência do acórdão nos termos clareados no voto do Ministro Sepúlveda Pertence, transcrito parcialmente acima. *A constitucionalidade da norma legal, assim, não significa a inconstitucionalidade dos comportamentos judiciais que, para atender, nos casos concretos, à Constituição, garantidora do princípio da dignidade humana e do direito à saúde, e à obrigação estatal de prestar a assistência social 'a quem dela necessitar, independentemente da contribuição à seguridade social', tenham de definir aquele pagamento diante da constatação da necessidade da pessoa portadora de deficiência ou do idoso que não possa prover a própria manutenção ou de tê-la provida por sua família.* No caso que ora se apresenta, não parece ter havido qualquer afronta, portanto, ao julgado. Como afirma o Reclamado em suas informações (e, aliás, já se contém na decisão proferida), foram '... analisadas as condições fáticas demonstradas durante a instrução probatória...' (fl. 48). *Na sentença proferida nos autos daquela ação, o juízo reclamado esclareceu que: 'No caso vertente, o estudo social realizado pela equipe técnica desta Comarca constatou (...) [que] a autora faz uso contínuo de medicamentos, e quando estes não se encontram, por qualquer motivo, disponíveis na rede pública, tem que adquiri-los... Além disso, comprovou-se (...) que a mãe da autora, com que recebe da pensão de 1 salário mínimo deixada pelo marido, também tem que ajudar um dos filhos que também não tem boa saúde mental...' (fl. 82). Explica, ainda, aquela autoridade que: 'Diante deste quadro, vê-se que os rendimentos da família, face aos encargos decorrentes de medicamentos que devem ser constantemente adquiridos para o tratamento da autora, são insuficientes para esta viver condignamente' (fl. 82).* A pobreza extrema vem sendo definida, juridicamente, como 'la marque d'une infériorité par rapport à um état considéré comme normal et d'une dépendance par rapport aux autres. Elle est um état d'exclusion qui implique l'aide d'autrui pour s'en sortir. Elle est surtout relative et faite d'humiliation et de privation' (TOURETTE, Florence. *Extrême pauvreté et droits de l'homme.* Paris: LGDJ, 2001, p. 4). Quer o INSS, ora Reclamante, se considere ser a definição do benefício concedido pela sentença reclamada incompatível com o quanto decidido na Ação Direta de Inconstitucionalidade 1.232. Não é o que se tem no caso. Também afirma que haveria incompatibilidade entre aquela decisão e a norma do § 3º do art. 20 da Lei n. 8.742/93. *Afirmo: e a miséria constatada pelo juiz é incompatível com a dignidade da pessoa humana, princípio garantido no art. 1º, inc. III, da Constituição da República; e a política definida a ignorar a miserabilidade de brasileiros é incompatível com os princípios postos no art. 3º e seus incisos da Constituição; e a negativa do Poder Judiciário em reconhecer, no caso concreto, a situação comprovada e as alternativas que a Constituição oferece para não deixar morrer à mingua algum brasileiro é incompatível com a garantia da jurisdição, a todos assegurada como direito fundamental (art. 5º, inc. XXXV, da Constituição da República). Portanto, não apenas não se comprova afronta à autoridade de decisão do Supremo Tribunal na sentença proferida, como, ainda, foi exatamente para dar cumprimento à Constituição da República, de que é guarda este Tribunal, que se exarou a sentença na forma que se pode verificar até aqui.* Ademais, a Reclamação não é espécie adequada para se questionar sentença na forma indicada na petição, o que haverá de ser feito, se assim entender conveniente ou necessário o Reclamante, pelas vias recursais ordinárias e não se valendo desta via excepcional para pôr em questão o que haverá de ser suprido, judicialmente, pelas instâncias recursais regularmente chamadas, se for o caso. 9. Por essas razões, casso a liminar deferida anteriormente, em sede de exame prévio, e nego seguimento à Reclamação por inexistir, na espécie, a alegada afronta à autoridade de julgado deste Supremo Tribunal Federal que pudesse ser questionada e decidida por esta via especial e acanhada, como é a da espécie eleita pelo Reclamante. (...)'. A análise dessas decisões me leva a crer que, paulatinamente, a interpretação da Lei n. 8.742/93 em face da Constituição vem sofrendo câmbios substanciais neste Tribunal. De fato, não se pode negar que a superveniência de legislação que estabeleceu novos critérios mais elásticos para a concessão de outros benefícios assistenciais — como a Lei n. 10.836/2004, que criou o Bolsa Família; a Lei n. 10.689/2003, que instituiu o Programa Nacional de Acesso à Alimentação; a Lei n. 10.219/01, que criou o Bolsa Escola; a Lei n. 9.533/97, que autoriza o Poder Executivo a conceder apoio financeiro a Municípios que instituírem programas de garantia de renda mínima associados a ações socioeducativas; assim como o Estatuto do Idoso (Lei n. 10.741/03) — está a revelar que o próprio legislador tem reinterpretado o art. 203 da Constituição da República. *Os inúmeros casos concretos que são objeto do conhecimento dos juízes e tribunais por todo o País, e chegam a este Tribunal pela via da reclamação ou do recurso extraordinário, têm demonstrado que os critérios objetivos estabelecidos pela Lei n. 8.742/93 são insuficientes para atestar que o idoso ou o deficiente não possuem meios de prover à própria manutenção ou de tê-la provida por sua família. Constatada tal insuficiência, os juízes e tribunais nada mais têm feito do que comprovar a condição de miserabilidade do indivíduo que pleiteia o benefício por outros meios de prova. Não se declara a inconstitucionalidade do art. 20, § 3º, da Lei n. 8.742/93, mas apenas se reconhece a possibilidade de que esse parâmetro objetivo seja conjugado, no caso concreto, com outros fatores indicativos do estado de penúria do cidadão. Em alguns casos, procede-se à interpretação sistemática da legislação superveniente que estabelece critérios mais elásticos para a concessão de outros benefícios assistenciais.* Tudo indica que — como parecem ter anunciado as recentes decisões proferidas neste Tribunal (acima citadas) — tais julgados poderiam perfeitamente se compatibilizar com o conteúdo decisório da ADI n. 1.232. Em verdade, como ressaltou a Ministra Cármen Lúcia, 'a constitucionalidade da norma legal, assim, não significa a inconstitucionalidade dos comportamentos judiciais que, para atender, nos casos concretos, à Constituição, garantidora do princípio da dignidade humana e do direito à saúde, e à obrigação estatal de prestar a assistência social 'a quem dela necessitar, independentemente da contribuição à seguridade social', tenham de definir aquele pagamento diante da constatação da necessidade da pessoa portadora de deficiência ou do idoso que não possa prover a própria manutenção ou de tê-la provida por sua família.' (Rcl n. 3.805/SP, DJ 18.10.2006). Portanto, mantendo-se firme o posicionamento do Tribunal em relação à constitucionalidade do § 3º do art. 20 da Lei n. 8.742/93, tal como esposado no julgamento da ADI 1.232, o mesmo não se poderia afirmar em relação ao que decidido na Rcl — AgR 2.303/RS, Rel. Min. Ellen Gracie (DJ 1.4.2005). *O Tribunal parece caminhar no sentido de se admitir que o critério de 1/4 do salário mínimo pode ser conjugado com outros fatores indicativos do estado de miserabilidade do indivíduo e de sua família para concessão do benefício assistencial de que trata o art. 203, inciso V, da Constituição.* Entendimento contrário, ou seja, no sentido da manutenção da decisão proferida na Rcl 2.303/RS, ressaltaria ao menos a inconstitucionalidade por omissão do § 3º do art. 20 da Lei n. 8.742/93, diante da insuficiência de critérios para se aferir se o deficiente ou o idoso não possuem meios de prover a própria manutenção ou de tê-la provida por sua família, como exige o art. 203, inciso V, da Constituição. A meu ver, toda essa reinterpretação do art. 203 da Constituição, que vem sendo realizada tanto pelo legislador como por esta Corte, pode ser reveladora de um processo de inconstitucionalização do § 3º do art. 20 da Lei n. 8.742/93. *Diante de todas essas perplexidades sobre o tema, é certo que o Plenário do Tribunal terá que enfrentá-lo novamente.* Ademais, o próprio caráter alimentar do benefício em referência torna injustificada a alegada urgência da pretensão cautelar em casos como este. *Ante o exposto, indefiro o pedido de medida liminar. Dê-se vista dos autos à Procuradoria-Geral da República. Brasília, 1º de fevereiro de 2007. Ministro GILMAR MENDES. Relator."*

Nesta decisão, ficou latente a característica da aplicação da ponderação de valores, com interpretação da norma assistencial e garantia de sua efetivação no plano fático, atingindo o fim social ao qual ela se destina, contemplando princípios fundamentais da Constituição da República, a saber: dignidade da pessoa humana e da sociedade livre, justa e solidária.

A noção de dignidade da pessoa humana se encaixa no que se convencionou denominar *conceitos jurídicos indeterminados*. Assim, na análise do caso concreto há uma dose de discricionariedade do juiz. Neste sentido, *Agustin Gordillo*, em sua obra *Princípios gerais de direito público* (1977:183-184), ressalta aspectos que servem perfeitamente para o seu emprego no uso da discricionariedade judicial, quando enfatiza que:

> *"A decisão 'discricionária' do funcionário será ilegítima, apesar de não transgredir nenhuma norma concreta e expressa, se é 'irrazoável', o que pode ocorrer, principalmente, quando:* a) não dê os fundamentos de fato ou de direito que a sustentam ou; b) não leve em conta os fatos constantes do expediente ou públicos e notórios; ou se funde em fatos ou provas inexistentes; ou *c) não guarde uma proporção adequada entre os meios que emprega e o fim que a lei deseja alcançar, ou seja, que se trate de uma medida desproporcionada, excessiva em relação ao que se quer alcançar."*

Deve ficar registrado, destarte, a presença do dirigismo judicial em face da deficiência da regra em conceituar de forma precisa os limites objetivos do conceito de miserabilidade, permitindo, por meio do processo hermenêutico, a preservação da adequação com o fim que a lei deseja alcançar diante da análise da circunstância do caso concreto.

2.3.3. *Teoria da argumentação*

Visando a justificar a afirmação feita no item anterior, não é exagero acrescentar que a argumentação jurídica como forma de fundamentar a *ratio decidendi* é um aspecto da hermenêutica jurídica.

O art. 93, IX, da Constituição Federal é claro ao dizer que as decisões do Poder Judiciário deverão ser motivadas, fundamentadas sob pena de nulidade. Busca-se na fundamentação da sentença, além de demonstrar a imparcialidade do magistrado, uma tentativa de persuasão ao jurisdicionado de que a decisão tomada é a correta. Assim, argumentação jurídica é, além de método de interpretação, parte integrante das decisões judiciais.

Por isso, acredita-se como equivocada a noção de que a fundamentação do julgado pode limitar-se apenas nas razões que embasam e justificam o raciocínio do julgador, mas também busca o convencimento do jurisdicionado através da argumentação de que o raciocínio tomado é o correto. Esta forma de buscar o convencimento por intermédio da argumentação é denominada em linhas gerais como retórica.

Como mencionado acima, a argumentação jurídica é procedimento de aplicação racional das regras em consonância com os princípios jurídicos, por um discurso prático, cuja finalidade é justificar os critérios utilizados para a solução de casos difíceis. *Alexy*, em sua obra *Teoria da argumentação jurídica* (2001:181), revela que a teoria da argumentação jurídica deve ser entendida como uma doutrina preocupada em propor e justificar critérios para a racionalidade dos discursos.

Por outro lado, a justificação da aplicação correta do direito aos casos concretos deverá demonstrar um raciocínio jurídico coeso, lógico e consistente que aponte como a mais correta solução adotada. Hão de se encontrar e se provar pontos de vista que sejam submetidos aos julgamentos das opiniões favoráveis e contrárias e fundamentar a decisão de maneira mais clara e convincente possível.

Com efeito, sendo a Constituição aberta, mas unitária, e a interpretação de suas normas não podendo ser simples execução de algo preexistente, na sua aplicação se fará necessário um procedimento de concretização que responda a uma situação posta. Isto se dará por meio de uma atuação *tópica*, orientada e limitada pela norma, isto é, vinculada pela norma.

Assim, a proposta do estudo da argumentação jurídica será apresentada em dois elementos: a *tópica* e a *retórica*.

2.3.3.1. Tópica

A tópica vem antes de Aristóteles. Este antigo modo de pensar tomou uma nova roupagem por *Theodor Viehweg*, na obra de título original *Topik und Jurisprudenz*, publicado pela primeira vez em 1953, para ser utilizada como método de hermenêutica do Direito.

Com base nas considerações científicas de *Gian Battista Vico*, em sua obra *O caráter dos estudos de nosso tempo*, *Viehweg* inicia o seu estudo procurando verificar a coexistência entre: o antigo (*tópico*) e o moderno (*crítico*).

O nome *tópica* significa técnica de pensar por problemas. É de *Aristóteles* o famoso texto acerca da Tópica:

> "tratado se propõe encontrar um método de investigação graças ao qual possamos raciocinar, partindo de opiniões geralmente aceitas, sobre qualquer problema que nos seja proposto, e sejamos também capazes, quando replicamos a um argumento, de evitar dizer alguma coisa que nos cause embaraço."

A tópica, do ponto de vista jurídico, surge na Alemanha, visando a resolver questões que o positivismo não era apto a solucionar, como explica *Paulo Bonavides* (2003:488):

> "a insuficiência do positivismo explica o advento da tópica na medida em que lhe foi possível abranger toda a realidade do direito, valendo-se, conforme ressaltou Kriele, de normas positivas, escritas ou não escritas, em vinculação com as regras de interpretação e os elementos lógicos disponíveis."

2.3.3.1.1. Tópica: conceito e características

A tópica consiste em uma técnica do pensamento que se orienta para o problema. É uma técnica de pensamento problemático.

Para *Viehweg* (1964:17) "a tópica é uma técnica de pensar por problemas, desenvolvida pela retórica".

Pode-se dizer que a tópica é a técnica do pensamento que se orienta para o problema e, em razão deste, mediante uma legitimação de premissas, busca oferecer uma solução justa para qualquer caso que seja apresentado ao jurista.

Segundo *J. J. Gomes Canotilho*, o método tópico de interpretação constitucional parte das premissas: a) *caráter prático* da interpretação constitucional, haja vista que toda interpretação visa a resolver problemas concretos; b) *caráter aberto*, fragmentário ou indeterminado da lei constitucional; preferência pela discussão do problema em virtude da textura aberta das normas constitucionais que não permitem qualquer dedução subsuntiva a partir delas mesmas.

O método tópico de interpretação constitucional pressupõe uma pluralidade de intérpretes, haja vista que o mesmo se situa no campo da retórica, ou seja, na arte da discussão. Para *J. J. Gomes Canotilho* (1998:1137): "um processo aberto de argumentação entre os vários participantes (pluralismo de intérpretes) através da qual se tenta adaptar ou adequar a norma constitucional ao problema concreto". Posto um problema constitucional concreto, os intérpretes utilizam-se de vários *topoi* ou pontos de vista, sujeitos a serem legitimados como premissas (caso venham a ser aceitos pelo interlocutor), visando a resolver o problema por meio da interpretação mais adequada ao problema ou, noutras palavras, mais razoavelmente justa. Desta forma, percebe-se que os *topoi* servem como auxiliar de orientação ao intérprete: constituem um guia de discussão dos problemas e permitem a decisão do problema jurídico em discussão.

Sobre a necessidade do método tópico de interpretação na seara constitucional, adverte *Bonavides* (2003:495), dentre outras ideias, que a Constituição representa o campo ideal de intervenção ou aplicação do método tópico em virtude de constituir na sociedade dinâmica uma estrutura aberta e tomar, pelos seus valores pluralistas, um certo teor de indeterminação. Dificilmente uma Constituição preenche aquela função de ordem e unidade, que faz possível o sistema se revelar compatível com o método dedutivo. Após, conclui que só a tópica, como hermenêutica específica, estaria adequada metodologicamente a resolver dificuldades inerentes à Constituição.

Feitas estas considerações, analisa-se cada um dos três elementos característicos da tópica, a saber: o problema, os *topoi* e a legitimação das premissas.

Eis a primeira característica da tópica: *o problema.*

O problema é o ponto de partida do pensar tópico. Problema é tudo aquilo em torno do que os raciocínios giram. O ponto de partida é uma *aporia*, ou seja, um problema concreto, uma situação da vida real. Para o nosso estudo, deve ficar claro que o ponto de partida são os problemas de natureza constitucional (LEITE, 2000).

O termo "problema" pode ser substituído por "aporia", com significado de palavras sinônimas. O termo "aporia" significa precisamente uma questão que é estimulante e iniludível, designa a falta de um caminho, a situação problemática que não é possível eliminar. A *aporia* fundamental do direito é a *aporia* da justiça. O que é o justo aqui e agora? Eis um problema que o direito busca permanentemente resolver.

Tentaremos esclarecer o que acima foi dito com ilustração: onde há sociedade há problema, onde há problema há Direito, de modo que podemos concluir que o Direito só existe em função dos problemas. Onde não houver problemas, vale dizer, conflitos de interesses, não haverá razão de existir o Direito. A sociedade precisa do direito para pôr termo aos problemas que se lhe apresentam diariamente. Não há como conceber uma sociedade vivendo harmonicamente sem a presença do Direito regulando as condutas intersubjetivas. Isto porque a sociedade compõe-se de homens e estes possuem determinadas paixões que geralmente se conflitam, ou seja, há pessoas egoístas, pessoas desonestas, de modo que o ser humano não é um ser frio, isento de paixões, por isso não podemos deixar de dizer que não existe sociedade sem conflitos (LEITE, 2000).

O Direito nasce em decorrência de problemas criados entre seres humanos, portanto o direito é criado pela sociedade e para ela mesma com o fim da paz social e obtenção da justiça.

A tópica é uma técnica do pensamento problemático.

Outra característica é o *topoi* que são os pontos de vista que servem a uma discussão do problema. São instrumentos auxiliares e estão diretamente vinculados ao problema. Toda proposição ou conceito que sirva a uma discussão de problemas e que leve à busca de uma solução adequada para o caso concreto pode ser considerado como *topoi*. Tudo aquilo que sirva ao esclarecimento e solução do problema pode servir como *topoi*.

Assim, para o nosso trabalho, podem ser considerados como *topoi*: os métodos de interpretação constitucional; as normas constitucionais; os princípios jurídicos; os argumentos da doutrina juspublicista; as decisões do Judiciário etc. No dizer de *Bonavides* (2003:453):

> "A invasão da Constituição formal pelos *topoi* e a conversão dos princípios constitucionais e das próprias bases da Constituição em pontos de vista à livre disposição do intérprete, de certo modo enfraquece o caráter normativo dos sobreditos princípios, ou seja, a sua juridicidade. A Constituição, que já é parcialmente política, se torna por natureza politizada ao máximo com a metodologia dos problemas concretos, decorrentes da aplicação da hermenêutica tópica."

A terceira característica da tópica é a *validação das premissas*. A partir do momento em que o interlocutor for aceitando as argumentações contrárias, vão-se formando as premissas em busca de uma solução que seja razoavelmente justa. Desta forma, as premissas se legitimam pela aceitação do interlocutor. Dito de outro modo, firmam-se como premissas legítimas os pontos de vista aceitos pelas partes, depois de postos em discussão.

2.3.3.2. Retórica

A Retórica, propriamente dita, foi criada pelos antigos e também foi objeto de estudo por Aristóteles e Cícero. Para Aristóteles, a Retórica vem a ser *os estudos das técnicas discursivas que visam a provocar ou aumentar a adesão das mentes às teses apresentadas a seu assentimento* (1355:26-27). Isto é, trata-se da forma de convencer outrem por meio da argumentação discursiva.

Esta argumentação, historicamente, tratava do desejo de construção de um sistema de pensamento que possa atender a uma ciência racional com provas analíticas, ou seja, provas obtidas necessariamente através de premissas absolutamente verdadeiras e universalmente válidas, em conformidade com o método científico característico das ciências naturais. Este foi o intento de *Renée Descartes* em seu *Discurso sobre o método*.

A Nova Retórica introduzida por *Chain Perelman* vem a nós como um instrumento da razão prática e sua importância na lógica jurídica (1999:140), ou seja, visou a romper com a tradição cartesiano-positivista do método lógico dedutivo. Isto se dá pela criação de um juízo de valor, isto é, uma lógica que pudesse fornecer critérios objetivos e universais para a aferição de valores.

Assim, a partir desta perspectiva discute-se a obtenção num acordo sobre valores sem abandonar o campo da razão, mas ao mesmo tempo transcendendo as categorias da lógica.

Com efeito, em determinados casos a escolha da decisão a ser tomada não pode ser feita por intermédio da lógica formal cartesiana, pois ela não é apta a resolver determinados problemas, cujo ponto de partida é uma palavra que possua vários sentidos.

A partir da sua acepção de retórica, *Perelman* estuda técnicas discursivas que permitem provocar ou aumentar a adesão dos espíritos às teses que são apresentadas pela argumentação dos valores embutidos nestas palavras de vários significados.

O desenvolvimento da ideia discursiva inicia-se pela fixação de premissas básicas ou opiniões comuns feitas pelo orador e aceitas por aqueles que os ouvem. Uma vez aceitas estas proposições pelos ouvintes, toma-se início o discurso que visa à adesão de suas ideias originadas por meio de técnicas argumentativas.

Os ouvintes do discurso argumentativo são chamados por *Perelman* de *auditório*. No discurso retórico, é indispensável mútua relação entre o *orador* e o *auditório* a que se dirige, uma vez que a adesão pretendida pela argumentação é sempre de um auditório determinado, já que pode ser de intensidade variável. Auditório, segundo *Perelman* (1999:143), é "o conjunto de todos aqueles que o orador quer influenciar mediante o seu discurso". O conhecimento do auditório é o foco central para o sucesso da argumentação, já que o orador sempre fundamentará seu discurso sobre determinados pressupostos prévios já aceitos pelo auditório.

Destarte, quanto maior o conhecimento que o orador tiver de seu auditório, maior será o número de premissas que embasará o seu discurso, assim sendo, mais rígida e fundamentada será a argumentação. O problema é que o inverso acarretará um maior grau de dificuldade de convencimento por meio da argumentação.

Utilizando-se de uma linguagem comum para a fixação de premissas ou adoção desta já preconcebidas pelos ouvintes, a retórica está sujeita à ambiguidade e imprecisão. A teoria da argumentação destaca a importância da interpretação daquilo que é dado, ou seja, daquilo que é unívoco e indiscutido: "uma mesma ação pode ser descrita como o fato de apertar um parafuso, montar um veículo, ganhar a vida, favorecer o fluxo das exportações" (PERELMAM, 1999:145). O simples fato de apresentar apenas uma das interpretações possíveis relega as outras ao desconhecimento do auditório, e não há interesse da parte do orador em separar aquilo que é dado daquilo que é interpretação. Desde que não se dê conta da multiplicidade de interpretações, para o auditório ambos serão uma coisa só, o que pode ser utilizado eficazmente pelo orador.

Para que se evite a disparidade de auditórios, *Perelman* adota a concepção de um auditório universal, cuja formação é de pessoas razoáveis, consideradas como adultos e normais. Para *Alexy* (2001:133), o auditório universal é uma norma de argumentação objetiva, pois o conceito de teoria normativa da argumentação está no conceito de auditório universal que só pode ser convencido por meio de argumentos racionais.

Assim, a Nova Retórica vem a ser, desta forma, a teoria da argumentação voltada ao convencimento do auditório por meio da adesão racional dos ouvintes.

2.4. *A PRETEXTO DE UMA ANÁLISE CRÍTICA*

Buscou-se, neste capítulo, demonstrar métodos atuais de interpretação constitucional, substituindo-o aos métodos tradicionais que servirão de base para a solução dos aparentes conflitos de princípios constitucionais. Com efeito, se a interpretação constitucional tradicional não garantia a efetividade da norma no plano fático, bem como a prevalência da Constituição no ordenamento jurídico e a obtenção da justiça, visa este novo método de hermenêutica à solução de casos antes não vislumbrados pelo legislador.

Claro que há limites imprescindíveis para a atuação do hermeneuta, na análise do caso concreto. A interpretação da Constituição não pode ser feita de maneira desproporcional e desarrazoada e de forma ilimitada, ampliando a abrangência de conceitos jurídicos vagos, ao ponto de se elidir o efeito desejado pela norma.

Como foi mencionado no item 2.3.1.3., há de se respeitar a barreira do bom senso e da razoabilidade ao interpretar a norma, sob pena de se declarar válida uma regra flagrantemente inconstitucional. Interpretar a norma constitucional com *bom senso*, *Descartes* destaca que é a faculdade de saber julgar bem e distinguir a verdade do erro, ao passo que a razoabilidade é a faculdade racional do caráter objetivo. Evita-se, desta forma, realizar interpretação da norma com ausência de critérios ou critérios desconexos e levianos, mas com serenidade e harmonia.

Como bem leciona *Bonavides* (2003:483):

> "Faz-se mister, por conseguinte, ponderar gravemente nas consequências que advêm de um irrefletido alargamento do raio de interpretação constitucional, como a observação tornou patente que se introduziram métodos desconhecido na hermenêutica das constituições."

A utilização adequada deste novo método de interpretação consiste em afastar conclusões de perigo a provável insegurança jurídica. Cabe, portanto, aos órgãos do Poder Judiciário, em especial o Supremo Tribunal Federal, a interpretação adequada da regra máxima, sem adotar critérios puramente subjetivos, evitando a alteração de conceitos jurídicos formais, sob pena de acarretar a desestabilização da Constituição.

Não se pode negar que a adoção destes métodos novos de hermenêutica constitucional exterioriza uma vertente social do texto.

Bonavides (2003:486), ao analisar as consequências jurídicas que estes métodos de interpretação causaram na Alemanha, disse que:

> "As Constituições do século XX, desde a do México e a de Weimar, se tornaram mais sociais que políticas. O trágico porém é que o social pode prescindir das Constituições e do seu formalismo, com desfalecimento ou desfalque da importância atribuída ao molde jurídico contido no Estado de Direito. Sem esse molde as liberdades individuais não serão possíveis."

E acrescenta ainda (2003:487):

> "A interpretação das Constituições tem um sentido nos países desenvolvidos, possuindo outro, porém, inteiramente distinto nos países subdesenvolvidos ou em fase de desenvolvimento."

Com a devida vênia que merece o autor, ao analisar os efeitos jurídicos que este método de interpretação gerou aos outros países, não se pode acreditar impreterivelmente que o mesmo acontecerá no nosso, pois a cultura que irradia aquela nação é totalmente distinta da nossa. Assim, acredita-se que a exteriorização da vertente social da Constituição brasileira por este método interpretativo não irá desfalcar ou se sobrepor às liberdades individuais, ao contrário: vai ao encontro delas garantindo maior prevalência da norma constitucional.

Com efeito, a interpretação de uma Constituição sintética como a de *Weimar*, por exemplo, o dirigismo judicial é mais atuante ante a gama de possibilidades de aplicação da regra ao caso concreto. Isto se deve pela pequena extensão do texto constitucional e pela existência de um número maior de conceitos jurídicos vagos ou indeterminados, exteriorizados por princípios jurídicos, características marcantes de uma Constituição aberta. Conclui-se, assim, que em uma Constituição genérica, aberta, será a sua interpretação.

No caso da Constituição brasileira, por ser analítica, as garantias individuais estão no mesmo patamar de importância dos direitos sociais, senão maior, pois são consideradas cláusulas pétreas (art. 60, § 4º, IV, da Constituição

Federal) e mais: as garantias individuais, ainda que não prevista expressamente na Constituição, podem ser invocadas no estudo do caso prático, diante da norma do § 2º do art. 5º da Constituição.

Não há como negar que Constituição da República em vigor contemple uma vastidão e amplitude de conceitos e princípios jurídicos, em que estes instrumentalizam a Constituição, com elevado grau de abstração e generalidade, *verbi gratia* o art. 3º, I.

Ocorre que esta amplitude não toma todo o texto constitucional. Assim, ao interpretarmos a nossa Lei Suprema pelos novos métodos, não se corre o mesmo risco das constituições sintéticas, ou seja, sobreposição dos direitos sociais, em face das liberdades individuais, em razão de uma Constituição analítica.

Como menciona *Canaris* (1996:33), *a hermenêutica como doutrina do entendimento correto e os critérios para a objetivação de valores desempenham, aliás, em vez dele, o papel decisivo dentro do pensamento jurídico.*

Destarte, o estudo dos princípios jurídicos será de indispensável importância na nossa proposta de estudo, uma vez que são a instrumentalização da interpretação constitucional.

3. PRINCÍPIOS JURÍDICOS

3.1. *CONSIDERAÇÕES GERAIS. CONCEITO*

O termo "princípio" deve ser tomado como a fonte primária do saber, estruturada por meio de proposições diretivas cuja finalidade é originar o desenvolvimento de ideias subordinadas a elas.

A expressão princípios tem origem no latim *principium — i,* substantivo masculino que, entre outros sentidos, significa *fundamento, origem* (HOLANDA, 2000:1245), mas também é utilizada no sentido: o que veio antes, o que antecede, ou o início.

Não se faz ciência sem princípios (PORTANOVA, 2005:13). A ideia de ciência está fundamentalmente ligada a princípios. Qualquer ramo do conhecimento humano, para ganhar autonomia científica e didática, depende de se constituir em um conjunto coordenado e sistematizado de princípios em que se fundamenta e que traça uma diretriz própria.

Assim, para que se ofereça um conceito técnico de princípio de direito, há que se buscar a sua situação dentro do sistema jurídico. Como já fora mencionado anteriormente, fica claro que, antes de qualquer coisa, princípio jurídico é uma norma jurídica, daí o seu caráter normativo.

Também não basta dizer que todos os princípios jurídicos possuem uma carga axiológica, pois a proposta de estudo que estamos oferecendo parte da ideia de que se atribui ao princípio um caráter normativo. Caso a definição de princípio se limite a tal menção de carga axiológica, estaremos equiparando-o com as regras, não restando, assim, diferença alguma entre ambas, o que não se admite.

Para *Miguel Reale* (1998:300), os princípios são certos enunciados lógicos admitidos como condição ou base de validade das demais asserções que compõem um dado campo do saber.

No âmbito da ciência jurídica, *Rui Portanova* (2005:13) transcreve a lição do insigne *Geraldo Ataliba*: "o princípio é muito mais importante que uma norma". E, citando *Agostin Gordillo*, complementa, o princípio:

"... é uma norma; mas mais que uma norma, uma diretriz, é um norte do sistema, é um rumo apontando para ser seguido por todo o sistema. Rege toda a interpretação do sistema e a ele se deve curvar o intérprete, sempre que se vai debruçar sobre os preceitos contidos no sistema."

Para *Celso Antonio Bandeira de Mello* (1996:516):

"Princípio — já averbamos alhures — é, por definição, mandamento nuclear de um sistema, verdadeiro alicerce dele, disposição fundamental que se irradia sobre diferentes normas compondo-lhes o espírito e servindo de critério para sua exata compreensão e inteligência, exatamente por definir a lógica e a racionalidade do sistema normativo, no que lhe confere a tônica e lhe dá sentido harmônico."

Como foi mencionada no Capítulo 1 do estudo, a acepção dos princípios jurídicos pode ser encarada de maneira distinta, enquanto conceito do sistema jurídico a ser adotado.

Para os positivistas e jusnaturalistas, os princípios são proposições descritivas, não normativas, através das quais os juristas referem, de forma sintética, o conteúdo e grandes tendências do direito (GRAU, 2002:85).

Nesta esteira, os princípios jurídicos, então, são de duas ordens, a saber: os positivados e os princípios gerais de direito. Os princípios jurídicos positivados são aqueles que constituem uma regra jurídica, ou seja, normas explicitamente formuladas no texto da lei. Nas palavras de *Wróbleswski*, são os princípios positivos aqueles exteriorizados em regras jurídicas. Nos casos dos princípios gerais do direito previstos no art. 4º da Lei de Introdução do Código Civil, são eles encarados como princípios ainda não positivados, mas aqueles descobertos pela hermenêutica. Neste caso, os princípios jurídicos não têm o condão de gerar direito e impor obrigações, sendo considerados simples pautas axiológicas a orientar o aplicador do direito. Esta noção de princípio jurídico, como já mencionado no item 1.8 deste trabalho, será afastada do nosso estudo.

Para os positivistas, só os princípios jurídicos inseridos na regra têm uma carga de normatividade, porque são simplesmente regras previstas na lei. Entretanto, quando se trata de princípio geral, não existe qualquer carga de normatividade ou obrigatoriedade, pois não são considerados fontes primárias do direito, salvo se estes princípios gerais sofrerem um processo de positivação. Com efeito, pela inteligência do art. 4º da Lei de Introdução do Código Civil, note-se que, para a solução do caso concreto ante a omissão da lei, aplicar-se-á a analogia, costumes e, somente após, os Princípios Gerais de Direito.

A evolução doutrinária do estudo jurídico dos princípios acarretou na atribuição de uma característica antes não vislumbrada, qual seja, a sua normatividade. *Paulo Bonavides, apud Crisafulli* (2003:257), diz que:

> "Princípio é, com efeito, toda norma jurídica, enquanto considerada como determinante de uma ou de muitas outras subordinadas que a pressupõe, desenvolvendo e especificando ulteriormente o preceito em direções mais particulares (menos gerais), das quais determinam, e portanto resumem, potencialmente, o conteúdo: sejam, pois, estas efetivamente postas, sejam, ao contrário, apenas dedutíveis do respectivo princípio geral que as contém."

Numa visão pós-positivista, os princípios jurídicos, explícitos na lei ou não, integram o conceito de norma jurídica, sendo parte integrante do sistema jurídico, oferecendo orientações e diretrizes com eficácia positiva e negativa. No pensamento jurídico moderno, atribui-se aos princípios jurídicos positivados ou não o *status* de norma de direito. Aqui os princípios equiparam-se às regras positivadas no ordenamento jurídico, possuindo as mesmas características de efetividade. É a força normativa dos princípios.

Em seu ataque geral ao positivismo, *Ronald Dworkin* contribuiu de maneira insofismável para que os princípios jurídicos fossem encarados sob o aspecto normativo.

Posteriormente, *Dworkin* e *Alexy* fizeram distinção entre regras e princípios como espécies do gênero norma de direito, sendo este o critério de princípio jurídico a ser adotado neste trabalho.

O ordenamento jurídico não é constituído exclusivamente por regras, compondo-o "princípios jurídicos e princípios de direito" (Grau, 2002:84). Os princípios não se confundem nem se apresentam como regras de direito, na medida em que são proposições ou enunciados descritivos.

É inarredável, porém, que o direito enfeixa um conjunto de preceitos que vicejam regras que incorporam princípios, explícitos e implícitos, estabelecendo padrões de condutas esperadas tanto dos indivíduos dentro da sociedade, como da própria organização da sociedade e desta em relação aos indivíduos que a compõem.

A ideia de um "direito pressuposto", como fonte da doutrina para a formulação dos princípios, leva à conclusão de que o seu conteúdo é inspirado na *ética* e na *moral* e vai espelhar a proteção de *valores*, como a dignidade da pessoa humana, a liberdade, a honra, a justiça social, a busca do pleno emprego, a livre iniciativa, a liberdade de trabalho, a cidadania, a igualdade, a paz etc.

Do interesse em proteger estes valores sociais magnos é que brotam ou emanam os princípios jurídicos. O intérprete e o aplicador do direito nada mais farão do que dar sentido concreto a estes valores, na solução do caso particular.

Para *Humberto Ávila* (2006:78):

"Os princípios são normas imediatamente finalísticas, primariamente prospectivas e com pretensão de complementariedade e de parcialidade, para cuja aplicação se demanda uma avaliação da correlação entre o estado de coisas a ser promovido e os efeitos decorrentes da conduta havida como necessária à sua promoção".

Para o autor, os princípios jurídicos estabelecem um objetivo a ser alcançado, isto é, um *estado ideal de coisas a ser atingido, como forma geral para enquadrar os vários conteúdos de um fim* (ÁVILA, 2006:79).

Neste mister, salienta-se que não se pode limitar a dizer que os princípios jurídicos são exteriorização de valores a serem reputados indispensáveis pela sociedade, pois visa à promoção de um determinado comportamento apto a criar um *estado de coisas*. Como bem salienta o *Humberto Ávila* (2006:80), "os princípios, embora relacionados a valores, não se confundem com eles".

Acrescenta o autor que: "os princípios afastam-se dos valores porque, enquanto os princípios situam-se no plano deontológico, (...) os valores situam-se no plano axiológico ou meramente teleológico e, por isso, apenas atribuem uma qualidade positiva a um determinado elemento."

Assim, na lição de *Ruy Samuel Espíndola* (2002:52), princípio jurídico é a "estruturação de um sistema de ideias, pensamentos ou normas por uma ideia mestra, por um pensamento-chave, por uma baliza normativa, donde todas as demais ideias, pensamentos ou normas derivam, se reconduzem e/ou se subordinam".

Esta será a conceituação de princípio jurídico a ser perfilhado nesta monografia.

3.2. *A ORIGEM DOS PRINCÍPIOS*

Não é uma tarefa fácil declinar acerca das origens dos princípios jurídicos. O que se pode notar, porém, é que qualquer princípio jurídico traz consigo uma carga valorativa gerada em razão das conquistas obtidas pela sociedade no decorrer da história, como, por exemplo: igualdade, liberdade, intimidade etc.

Por outro lado, ao mencionar valores, estão latentes as ideias de axiomas. A palavra "axiologia" — do grego *axiós* — estuda o problema dos valores, como, por exemplo, o verdadeiro, o belo, o bem etc. Ou seja, a axiologia nada mais é do que a teoria dos valores.

Giorgio Del Vecchio (BALERA *apud* DEL VECCHIO, 1960:160) denomina a axiologia jurídica como deontologia jurídica (do grego, deontós, que significa "dever"). Trata-se da ciência do que deve ser, porque tem a função de investigar o que "deve" ou "deveria" ser o direito perante o que "é" na realidade. Assim, uma vez configurada essa "subordinação a uma hierarquia de valores" (BALERA *apud* DEL VECCHIO, 1960:161), nos moldes acima mencionados, pode-se concluir acerca de uma ideia de justiça. Assim, como menciona o Professor *Wagner Balera*, em seu artigo publicado na *Revista LTr*, volume 58, n. 10, de outubro de 1994, p. 1.167, intitulado "O valor social do trabalho": "quando certa conduta social possui definição normativa, pode-se dizer que tal conduta adquiriu um valor jurídico".

Em primeiro lugar surgem os valores, e depois os princípios. É o valor que dá o fundamento do "dever-ser" e não o "dever-ser" que dá fundamento ao valor. Os valores situam-se no plano axiológico ou meramente teleológico; eles atribuem uma qualidade positiva a determinado elemento (GRAU, 2002: 42). Por outro lado, os princípios são estes valores dotados de obrigatoriedade, cujo descumprimento na adoção da conduta por ela desejada acarreta sanções.

Os princípios jurídicos, por estarem situados no campo da Deontologia Jurídica, estão sempre em fase de criação e atualização de significados, pois a partir do momento em que há a evolução da sociedade pela finalidade da obtenção de uma garantia, surge um novo valor a ser tutelado pela ordem interna daquele Estado. Assim, a noção de princípio é consequência do desenvolvimento histórico das correntes teóricas que influenciam o Direito. O paradigma utilizado pela Ciência do Direito acerca dos princípios jurídicos não está despregado no tempo, pois a sua concepção parte de um desenvolvimento histórico. Exemplifica-se a evolução dos valores com o surgimento das liberdades públicas, os direitos econômicos e sociais, como a fraternidade, solidariedade, bem-estar, justiça e a dignidade da pessoa humana. Estes são direitos garantidos a todos, mas que vieram por meio de conquistas sociais.

Os valores são produtos culturais, ou seja, pensamentos moldados pela cultura de determinado povo em determinado território, cujo conteúdo exterioriza a obtenção de tutela de uma situação ou um fato juridicamente relevante.

Os valores são flexíveis, pois dependem de vários fatores. Com efeito, os valores atribuem uma qualidade positiva a um determinado elemento (GRAU *apud* ALEXY, 2003:42).

Os princípios preservam os valores que a sociedade elegeu como magnos e superiores, os quais passam a constituir o fundamento, a razão e os fins do sistema constitucional. Os princípios, uma vez contemplados na Constituição e dotados de normatividade e eficácia, passam a ter por conteúdo tais valores que vão reger e nortear os passos do aplicador do direito.

Os princípios constitucionais formam o conteúdo ideológico e a essência do sistema constitucional, porque eles vão constituir o conteúdo intelectivo dos valores magnos de uma sociedade política. São estes valores materializados nos princípios e formalizados em normas jurídicas que vão produzir uma ordenação política do Estado.

Os valores consagrados socialmente são consequências da opção ético-social de cada povo e, por isso, antecedem os princípios. Estes devem incorporar aqueles, para guardarem coerência com o ideário social (de acordo com a opção ético-social). O sistema jurídico só será legítimo e terá melhores condições de efetividade se expressar igualmente com coerência os princípios formulados que encarnarem aqueles valores.

Ao falar sobre valor, não podemos olvidar as lições de *Miguel Reale* sobre a Teoria Tridimensional do Direito. Para esta teoria, o Direito não é tão somente uma estrutura puramente lógica, uma vez que ela deve ser considerada, como dito no Capítulo 1, em termos de uma realidade cultural, onde a norma jurídica (regras e princípios) é tomada como resultado da tensão entre fato e valor, sendo este como elemento de composição da realidade em suas dimensões fundamentais.

Os valores não são unicamente da experiência histórica do homem, mas também cuidam dos elementos constitutivos que se denomina historicismo axiológico, isto é, a existência dos valores no mundo da cultura se verifica nas ações valiosas da convivência humana, pelo transcorrer da história e pela própria experiência que o homem acumula pelos tempos.

Em artigo publicado na Revista Virtual do Curso de Direito da Universidade Estácio de Sá, *Jurispoiesis*, *Adayl de Carvalho Padoan* é claro ao dizer que os valores nas normas jurídicas "tem como objetivo a relação entre as pessoas, ou a coletividade, ou como garantia pela eventual aplicação da força social, que é o elemento formal imperativo que através de uma certa conduta delituosa, imputará uma sanção a tal conduta".

Os primórdios dos valores encontram as suas raízes na filosofia clássica, especialmente na greco-romana, e no pensamento cristão. Com efeito, o ser humano é o ápice da criação Divina, já que é feito à imagem e semelhança de Deus. É o único ser vivo dotado de capacidade de formular pensamentos, discernimentos e raciocínios.

A tese da unidade da humanidade, bem como o direito da igualdade, são desdobramentos do homem em dignidade, ou seja, ideia do ser humano perante Deus.

A partir dessa acepção do conceito de valor é que se baseia a elaboração doutrinária dos direitos humanos, considerados como os valores antecedentes dos direitos fundamentais.

3.3. *PRINCÍPIOS E REGRAS JURÍDICAS*

Vale repetir que *norma jurídica* é o gênero que engloba duas espécies: regras e princípios jurídicos.

As regras jurídicas, na análise de *Humberto Ávila* (2006:78):

> "... são normas imediatamente descritivas, primariamente retrospectivas e com pretensão de decidibilidade e abrangência, para cuja aplicação se exige a avaliação da correspondência, sempre concentrada na finalidade que lhes dá suporte ou nos princípios que lhe são axiologicamente sobrejacentes, entre a construção conceitual da descrição normativa e a construção conceitual dos fatos."

Assim, para o autor, as regras têm a pretensão terminativa no que tange à pretensão de abranger todas as soluções para uma dada questão, sem deixar de visualizar os seus aspectos específicos. Isto é, exigidas as condições de sua aplicabilidade, a solução do caso previsto na norma é aquela que deverá ser tomada como correta. Trata-se, assim, do *all or nothing* perfilhado por *Dworkin*, ou seja, se a hipótese de incidência de uma regra válida é satisfeita, aplica-se na sua totalidade, no tudo ou nada, sem distinções.

As regras ora poderão descrever comportamentos reputados como obrigatórios de forma genérica, abstrata e autônoma, outorgando a permissão ou proibição de uma conduta ativa ou omissiva; ora poderá constituir ou consagrar efeitos jurídicos a determinados atos, fatos ou situações.

No caso de colisões de regras, apenas uma será considerada válida. Com efeito, verificada a existência de antinomia jurídica, para resolvê-la, apenas uma delas deverá ser considerada válida em razão do critério cronológico, especialidade ou hierarquia já perfilhados no item 1.4 deste trabalho, pois não se admite que existam duas normas que disciplinam a mesma situação hipotética na mesma ocasião.

Os princípios, como já analisado, traduzem a noção de sistematização de ideias, pensamentos que exteriorizam um dado valor, visando a um estado ideal de coisas a ser seguido pela sociedade.

3.3.1. *Princípios jurídicos e princípio de direito*

Para os positivistas, especialmente para *Kelsen*, há distinção entre os princípios jurídicos e os princípios de direito. Aqueles são princípios de ordem moral, política, religiosa ou costumeira que servem de fundamento de validade do princípio formal de direito positivo, ou seja, princípio de direito.

Nega-se qualquer tipo de atribuição de juridicidade aos postulados de ordem moral, ética e mais, nunca poderão servir de fundamentação de decisão judicial, sob pena de sua nulidade.

Só serão considerados jurídicos tais princípios se estes influenciarem na criação de uma norma jurídica, como, por exemplo, o *princípio de justiça*. Neste caso, influencia a criação de uma determinada norma jurídica, porém, por aquele não estar positivado no ordenamento jurídico, não pode ser considerado princípio de direito.

Assim, para os positivistas, os princípios jurídicos e os princípios de direitos são distintos e não se confundem. Enquanto aqueles servem de substrato valorativo para a criação da regra (por exemplo: o princípio social da segurança jurídica perfilhada por Max Weber como fundamento para a criação do instituto jurídico da coisa julgada, ato jurídico perfeito e direito adquirido), os princípios de direito são aqueles legislados e aprovados pelo poder legalmente constituído.

Como fora mencionado no item 3.1 deste Capítulo (GRAU, 2002:84), os princípios não se confundem nem se apresentam como regras de direito, na medida em que são proposições ou enunciados descritivos.

Vale frisar, neste trabalho não se fará distinções entre as expressões *princípios jurídicos* e *princípios de direito*, uma vez que para a corrente pós-positivista os princípios explícitos e os princípios implícitos, nestes compreendidos os princípios gerais de direito, são considerados como espécies normativas de mesma eficácia.

Assim, ambas serão tomadas nas acepções de que os princípios ora constituem regras jurídicas já positivadas, ora princípios gerais de direito, todos dotados de normatividade e obrigatoriedade.

Sejam princípios explícitos ou implícitos, em todos os casos estabelecem-se padrões de condutas desejadas em razão da própria organização da sociedade e desta em relação aos indivíduos que a compõem.

3.3.2. *Distinção entre princípios e regras jurídicas*

Ávila (2006:35) demonstra a evolução doutrinária da distinção entre princípios e regras dentro do sistema jurídico. Colaciona que, para Josef Esser, *princípios são aquelas normas que estabelecem fundamentos para que determinado mandamento seja encontrado*. Acrescenta o autor que *o critério distintivo seria a função de fundamento normativo para a tomada de decisão*. Para *Karl Larenz*, a diferença entre ambos é que o princípio serve como fundamento normativo para a interpretação e aplicação do Direito. Para *Canaris*, a distinção entre princípios e regras é que aqueles possuem uma explícita carga axiológica donde necessitaria da existência da regra para sua concretização. Ademais, os princípios teriam o seu conteúdo definido por um processo dialético de complementação e limitação.

Para *Ronald Dworkin* (1997:22), os princípios são *standards* ou cláusulas genéricas que enunciam modos de ser do Direito, quer dizer, que refletem a dimensão jurídica da moralidade. A diferença entre as regras que se aplicam ou não a um determinado caso é que os princípios oferecem argumentos para decidir, mas não obrigam, por si mesmos, à adoção de uma única decisão. Os princípios, por sua vez, se enlaçam uns aos outros, de sorte que um mesmo princípio mais genérico pode ir se concretizando em outros específicos ou derivados.

Dworkin (1997:22) diferencia princípios e regras jurídicas demonstrando que: a) as regras jurídicas, não comportando exceções, são aplicáveis de modo completo ou não, de modo absoluto, não se passando o mesmo com os princípios; b) os princípios possuem uma dimensão — a dimensão do peso ou da importância — que não comparece nas regras jurídicas.

Assim, no caso de colisões de regras, verifica-se a existência de antinomia jurídica, sendo que para resolvê-la apenas uma delas deverá ser considerada válida em razão dos critérios cronológicos, especialidade e hierarquia já perfilhados no item 1.4 deste capítulo.

Por outro lado, os princípios, em razão de lhe serem atribuídos uma característica de carga valorativa explícita, as suas eventuais antinomias dentro do sistema jurídico serão resolvidas pela aplicação de uma em detrimento da outra, naquela circunstância em dado caso concreto, sem que isto acarrete a anulação do outro princípio que naquela ocasião não foi utilizado.

A distinção entre princípios e regras é essencialmente de caráter lógico assinalando *Dworkin* (1997:24) que:

> "[...] enquanto os princípios não expressam consequências jurídicas que se seguem automaticamente, quando dão as condições previstas, as regra são aplicadas à feição do tudo ou nada (*all or nothing*), de sorte que se ocorrem os fatos estabelecidos por uma regra, então: ou a regra é válida, e em tal caso, deve-se aceitar a resposta que ela fornece; ou a regra é inválida, e em tal caso, não influi na decisão."

Assim, os princípios possuem uma dimensão de peso ou de importância ausentes nas regras que vai orientar o intérprete na solução de conflitos de princípios jurídicos.

Ronald Dworkin (1997:25) denomina de *polícies* os *standards* que visam a alcançar a melhoria de vida da coletividade, do ponto de vista de objetivos econômicos, políticos e sociais. Os *principles* dos *standards* devem ser observados não por aspectos econômicos e sociais, mas com exigência de justiça, equidade ou de qualquer outra dimensão moral. Exemplifica, então, dizendo que se o *standard* estabelece que os acidentes de trânsito devem diminuir, é uma *policy*; enquanto o *standard* que estabelece que ninguém deve tirar vantagem do próprio ilícito, é *principle*.

Robert Alexy (*apud* ÁVILA, 2006:37) ensina que os princípios são mandados de otimização que se caracterizam pelo fato de poderem ser cumpridos proporcionalmente às condições reais e jurídicas existentes (possibilidades fáticas e jurídicas), enquanto as normas são cumpridas ou não (*all or nothing*). Assim, para o autor, a definição de princípios se subsume nos deveres de otimização aplicáveis em vários graus, segundo as possibilidades normativas e fáticas. Os conflitos entre regras ocorrem na dimensão da validade, os conflitos entre princípios se verificam — visto que apenas princípios válidos entre si — dentro da dimensão de peso.

Argumenta *Letizia Gianformaggio* (FARIAS, 2000:32 *apud* 1985:65-103) que os princípios são juízos de concorrência. Uma regra é uma norma cuja aplicação possui como núcleo central de sua argumentação, qual seja, a subsunção de uma situação de fato — *fattispecie concreta* — a uma previsão normativa — *fattispecie astrata*. O mesmo não se dá com os princípios, os quais jamais são entre si incompatíveis; são entre si concorrentes. Aplicar um princípio implica também adotar outros princípios com ele concorrentes no sentido de se alcançar o mínimo de restrição dos princípios envolvidos. E dá exemplos: o máximo possível de garantia das liberdades individuais compatíveis com a tutela da saúde (e vice-versa); o máximo possível de tutela da liberdade de manifestação do pensamento compatível com o bom costume (e vice-versa).

O argumento que predomina entre os autores citados é de que as normas — aqui a expressão é utilizada como sinônimo de regras — são aplicáveis ou não para a solução do caso concreto, para a preservação de um valor juridicamente tutelado. Os princípios, por outro lado, concorrem para a busca da melhor aplicação do direito, com vistas à solução mais justa, por isso, devem ser sopesados para se extrair do direito as consequências jurídicas que o ordenamento jurídico preconizou. Verifica-se que as regras e os princípios têm funções diferenciadas, mas convergentes a um mesmo fim: a preservação dos valores fundamentais para a convivência social.

3.3.3. *A importância e a função dos princípios jurídicos*

A existência no ordenamento jurídico de determinados princípios, muitas vezes não enunciados expressamente no direito positivo, desempenha papel de importância inquestionável e definitiva no processo de aplicação do direito. Tanto é verdade que para bem interpretar e aplicar corretamente as regras de direito de um determinado ordenamento, o operador do direito fica na dependência de conhecer os princípios que regem este mesmo ordenamento, sob pena de fracassar no seu propósito.

Ensina *Celso Antônio Bandeira de Mello* (1996:545) que:

> "Violar um princípio é muito mais grave que transgredir uma norma qualquer. A desatenção ao princípio implica ofensa não apenas a um fim específico mandamento obrigatório, mas a todo o sistema de comandos.

É a mais grave forma de ilegalidade ou inconstitucionalidade, conforme o escalão do princípio atingido, porque representa insurgência contra todo o sistema, subversão dos seus valores fundamentais, contumélia irremissível a seu arcabouço lógico e corrosão de sua estrutura mestra."

A função dos princípios para o direito é de extrema relevância, já que entre nós estão arrolados entre as fontes do direito. Com efeito, o art. 4º da Lei de Introdução do Código Civil, o art. 8º da Consolidação das Leis do Trabalho e o art. 126 do Código de Processo Civil são expressos no sentido de que os princípios se constituem em uma das formas de suprir as lacunas da lei. Sacramenta a noção dos princípios como fundamento e diretriz de uso obrigatório e necessário no direito o preceito do § 2º do art. 5º da CF/88, quando diz expressamente que "os direitos e garantias expressos nesta Constituição não excluem outros decorrentes do regime e dos princípios por ela adotados ou ...".

De acordo com *Humberto Ávila* (2006:97), os princípios são normas jurídicas destinadas à compreensão do sentido das regras. Neste sentido, os princípios exercem funções dentro do ordenamento jurídico, a saber: integrativa, definitória e interpretativa.

Ao se atribuir aos princípios jurídicos uma *função integrativa*, busca-se justificar a junção ou desdobramentos de certos elementos não previstos na regra. Assim, *verbi gratia*, se não há uma regra expressa que garanta a proteção da "expectativa de direito", ela deverá ser tutelada por se tratar de um desdobramento do princípio da segurança jurídica.

No que tange à *função definitória* dos princípios jurídicos, explica *Humberto Ávila* que naquelas normas cujo conteúdo ou conceito seja juridicamente amplo ou indeterminado (por exemplo: idoneidade moral, reputação ilibada, notável saber jurídico etc.), os princípios delimitam, com maior especificação, *o comando mais amplo estabelecido* pela regra de maior amplitude. Exemplifica o autor com o caso da aplicação do Princípio da Boa-fé, em que somente a aplicação dela no caso concreto vai garantir maior efetividade da norma.

A *função interpretativa* é a mais difundida na doutrina. Neste caso, os princípios servem como instrumento de hermenêutica das normas, realizado a partir das regras expressas no sistema jurídico, ora restringido à abrangência da norma, ora ampliando-a, conferindo maior coerência ao sistema. No dizer de *Eros Grau* (2003:196), os princípios atuam como mecanismo de controle da produção de normas pelo intérprete.

Toma-se como exemplo o seguinte caso concreto, senão vejamos:

O art. 129 do Decreto n. 3.048/99 dispõe que: "o segurado em gozo de auxílio-acidente terá o seu benefício encerrado na data da emissão da certidão de tempo de contribuição". Confrontado a leitura deste dispositivo com o disposto na antiga redação do art. 86 da Lei n. 8.213/91, divergências hermenêuticas hão de surgir.

O auxílio-acidente concedido anteriormente à edição da Lei n. 9.528, de 11 de outubro de 1997, possuía caráter eminentemente vitalício, não podendo ser usurpado do segurado em qualquer momento, sendo lícita a sua acumulação com qualquer espécie de aposentadoria. Assim, o segurado que incidisse na contingência deflagradora do benefício previdenciário antes da data da edição da mencionada lei possuía o direito líquido e certo do recebimento da prestação de maneira perpétua. Nestes casos, independentemente da época da implementação do benefício de sua aposentadoria, o recebimento do auxílio-acidente não pode ser usurpado pela Previdência Social.

Após a edição do mencionado ato normativo, foi retirada a vitaliciedade do benefício previsto no art. 86 da Lei n. 8.213/91, sendo-lhe atribuído um caráter de provisoriedade, configurando-se indevida a fruição da acumulação destes dois benefícios previdenciários em comento.

A conclusão é, ainda, que fique apurado que a eclosão de patologia que ensejou a concessão do auxílio-acidente ocorreu antes da vigência da mencionada lei, mesmo se requerida posteriormente, o deferimento é a medida que se impõe ante a aplicação do princípio *tempus regit actum.*

O Instituto Nacional de Seguro Social — INSS, porém, tem adotado interpretação às avessas, cancelando os benefícios concedidos a todos os segurados que obtiveram aposentadoria, inclusive se em decorrência de novo regime previdenciário.

A Ministra Laurita Vaz, do STJ, no REsp n. 702239/SP, julgado em 03.03.2005, publicado no DJU em 4 de abril de 2005, p. 348, diante do caso concreto, com muita propriedade decidiu que:

> PROCESSUAL E PREVIDENCIÁRIO. RECURSO ESPECIAL. BENEFÍCIO ACIDENTÁRIO. LESÃO POR ESFORÇOS REPETITIVOS. REDUÇÃO DA CAPACIDADE LABORATIVA. VERIFICAÇÃO. IMPOSSIBILIDADE. REEXAME DE MATÉRIA FÁTICO-PROBATÓRIA. SÚMULA N. 7 DO STJ. CUMULAÇÃO DE APOSENTADORIA POR TEMPO DE SERVIÇO E AUXÍLIO-ACIDENTE. POSSIBILIDADE. MOLÉSTIA ECLODIDA ANTES DA NORMA PROIBITIVA. PRINCÍPIO *TEMPUS REGIT ACTUM*. TERMO INICIAL DO AUXÍLIO-ACIDENTE. DATA DA CESSAÇÃO DO AUXÍLIO-DOENÇA. 1. Se o Tribunal *a quo*, procedendo a minuciosa análise de todo o material probatório constantes dos autos, reconheceu a existência de nexo causal, bem como a redução da capacidade laborativa da Autora, infirmar tal entendimento enseja o reexame de provas, atraindo, à espécie, a incidência do enunciado da Súmula n. 7 desta Corte. 2. Não há óbice à cumulação do benefício previdenciário da aposentadoria com o auxílio-acidente desde que a moléstia tenha eclodido antes do advento da Lei n. 9.528/97, por força da aplicação do princípio *tempus regit actum*. Na hipótese dos autos, foi possível determinar que a incapacidade deu-se antes da norma proibitiva, razão pela qual não há falar em inacumulabilidade de auxílio-acidente e aposentadoria. 3. Havendo concessão de auxílio-doença, o termo *a quo* do auxílio-acidente será o dia seguinte ao da cessação daquele benefício. 4. Recurso especial desprovido. (grifo nosso)

Partindo-se da premissa de que o auxílio-acidente tem disciplina pela legislação de regência vigente à época na data da eclosão da doença incapacitante, não há como afastar a interpretação do art. 86 da Lei n. 8.213/91 em sua redação original.

A partir do momento em que é fundamento da República Federativa do Brasil a construção de uma sociedade livre, justa e solidária (art. 3º, I, da CF/88), a interpretação da legislação social não pode ser desvinculada desses propósitos estatais, isto é, deve ela ser conduzida à concretização da prevalência dos direitos fundamentais.

No que se refere ao Direito Previdenciário, *Omar Chamon* (2005:34) define que "conjunto de normas, princípios e institutos que visam a estabelecer um sistema de proteção social aos indivíduos em face de contingências que os impeçam de prover suas necessidades básicas e dos seus dependentes mediante contribuição".

A proposital inserção dos princípios no conceito de direito, pelo insigne autor, só vem confirmar que este ramo do direito não é constituído só de normas, ou a ideia de que um conjunto sistemático de normas não seria suficiente para uma noção cabal. Isto porque um conjunto de princípios forma a base científica do direito previdenciário, pois, se, de um lado, influencia o legislador na formulação das normas, na criação das regras, por outro, orienta o intérprete na aplicação do direito.

Ademais, a autonomia científica e didática do Direito Previdenciário só pôde ser proclamada depois que um conjunto de ideias, de forma lógica e coerente, for enunciado como a solidez de sua base científica ou de validade de seus preceitos, e que, uma vez sistematizadas, lhe deram feições peculiares e distintas dos demais ramos do conhecimento jurídico.

3.4. A CLASSIFICAÇÃO DOS PRINCÍPIOS JURÍDICOS NA CONSTITUIÇÃO

Os princípios impõem-se como preceito de direito quando expressam valor absorvido pela ordem jurídica como base do sistema a ser observado no Estado, tanto por governantes como por governados.

A Constituição elenca princípios informadores da ordem jurídica a serem seguidos em determinada sociedade organizada que busca a realização do que é materialmente viável e justo para toda a coletividade. Assim, os princípios veiculam aspirações de construção de uma sociedade livre, justa e solidária, no sentido amplo e de acordo com a experiência constitucional cumulada ao longo da história pela humanidade.

Como já fora mencionado no Capítulo 2, o constitucionalismo contemporâneo deixou para trás o apego à interpretação e aplicação de regras constitucionais, segundo métodos tradicionais, para avançar e ganhar uma dimensão principiológica, que permite ampliar e alargar a aplicação dos seus preceitos, como para propiciar a sua recriação permanente, com renovação constante do conteúdo destas regras, conforme os princípios que estejam voltados para a concretização do valor primordial, segundo o modelo de vida escolhido por esta mesma sociedade, que é a justiça.

Assim, as normas constitucionais não contêm um simples regramento concreto para padrões de condutas materiais das pessoas, pois a natureza e a eficácia fazem irradiar os seus preceitos para todo o ordenamento jurídico, em razão de ser mais ampla em sua fundamentabilidade e em sua função basilar de todo o ordenamento, pelos princípios que nela se inserem e por ela se fazem valer.

Por isso, *Carmen Lúcia Antunes Rocha* (1994:28-29) ensina que são os princípios que permitem à Constituição ser documento de libertação e não mais apenas de garantia de liberdade, igualdade..., ressaltando duas características do direito constitucional contemporâneo que evidenciam os princípios como pontos cardeais, quais sejam, a sua legitimidade e atualização permanente.

São os princípios constitucionais que conferem, ainda, unidade e harmonia ao sistema, que vão permitir que o sistema normativo se supere, se recrie e se atualize. Isto porque a Constituição não se reduz às normas escritas, nem se restringe à literalidade que os seus termos e palavras expressam, porque dela decorrem preceitos implícitos.

Os princípios constitucionais são os conteúdos primários diretores do sistema jurídico normativo fundamental de um Estado. São, por isso, dotados de originalidade e superioridade material sobre todos os conteúdos que formam o ordenamento jurídico constitucional. É o direito que transforma os valores firmados pela sociedade em princípios.

José Afonso da Silva (2005:28-29) faz uma classificação de três tipos de princípios constitucionais: princípios políticos constitucionais — que traduzem as opções políticas, fundamentais conformadores da Constituição; princípios jurídico-constitucionais — informadores da ordem jurídica nacional e são desdobramentos dos princípios fundamentais (supremacia da Constituição, legalidade, isonomia etc.); princípios institucionais (ou regionais) — regem e modelam os sistemas normativos das instituições constitucionais, como os princípios da Administração Pública, do processo legislativo, do Sistema Tributário Nacional, da ordem econômica, das representações partidárias, da proteção social dos trabalhadores, dos chamados "princípios-garantias" etc.

3.5. PRINCÍPIOS E DIREITOS FUNDAMENTAIS

No âmbito do direito material na tutela dos Direitos Fundamentais, a Constituição Federal contempla expressamente a preservação de valores, que se destaca por sua magnitude e importância.

Nos dizeres de *Alexandre de Moraes* (2005:21), conceitua-se direitos fundamentais:

> "O conjunto institucionalizado de direitos e garantias do ser humano que tem por finalidade básica o respeito a sua dignidade, por meio de sua proteção ao arbítrio do poder estatal, e o estabelecimento de condições mínimas de vida e desenvolvimento da personalidade humana (...)"

Peres Luño (*apud* SILVA, 2000:182) define direitos humanos[9] como o conjunto de faculdades ou instituições que, em cada momento histórico, concretizam a existência da dignidade, da liberdade e da igualdade humanas, as quais devem ter o reconhecimento pela positivação nos ordenamentos jurídicos nacionais e internacionais.

Na lição de *J. J. Gomes Canotilho* (1998:1090), Princípios Fundamentais (*Rechtsgrundsätze*) são considerados "princípios historicamente objetivados e progressivamente introduzidos na consciência jurídica e que encontram uma recepção expressa ou implícita no texto constitucional".

José Afonso da Silva, no *Curso de direito constitucional positivo* (2000:182), é claro ao dizer dos direitos fundamentais do homem como "princípios que resumem a concepção do mundo e informam a ideologia política de cada ordenamento jurídico (...)".

Trata-se de princípios oriundos dos anseios da sociedade, uma vez que positivam valores reputados como indispensáveis para a convivência pacífica e harmoniosa do Estado Democrático de Direito.

A Constituição da República Federativa do Brasil, no seu Título II, elenca os direitos e garantias fundamentais do homem distribuídos em cinco capítulos.

Os direitos individuais e coletivos correspondem aos valores ligados diretamente à personalidade da pessoa humana. Os princípios fundamentais individuais estão dispostos a partir do art. 5º, consagrando o princípio da igualdade (*caput* e I); em diversos incisos do art. 5º estão expressas as mais variadas formas de liberdade (ambulatória, de manifestação ou de expressão

---

(9) Não é uniforme o emprego dos termos "direitos humanos", "direitos fundamentais", "direitos fundamentais do homem", pois depende do enfoque que se quer dar ao tema. Assim, desse ponto de vista: a) *ciência jurídica positiva*, entendida como análise empírica das normas de direito positivo de um determinado ordenamento, seja estatal ou internacional; b) *a filosofia política ou da justiça*, entendida como doutrina normativa em torno de valores ético-políticos que merecem ou clamam ser tutelados como direitos fundamentais; c) *a teoria do direito*, entendida como sistema de conceitos e afirmações idôneas para denotar e explicar as formas e estruturas do direito positivo. (FERRAJOLI *et al. Los fundamentos de los derechos fundamentales*, p. 287, *apud* ZENO SIMM, Os direitos fundamentais nas relações de trabalho. *Revista LTr* 69-11/1289, São Paulo).

intelectual, artística, científica, de consciência e crença, exercício do trabalho, ofício ou profissão, de reunião, de associação etc.); inviolabilidade da intimidade, a vida privada, a honra e a imagem das pessoas, o sigilo nas comunicações (X, XI e XII).

No que tange ao Princípio da Dignidade da Pessoa Humana previsto no art. 1º, III, da Constituição Federal, em razão de uma decisão política do Poder Constituinte Originário, foi lhe dado a este direito o *status* de fundamento da República.

Assim, não se pode encarar este direito como apenas um direito individual, mas um Princípio Político Constitucional, cuja finalidade não se limita a dar amparo à pessoa, mas, neste caso, informar todo o sistema constitucional positivo. Ou seja, o princípio da dignidade da pessoa humana, além de servir de orientação na aplicação dos direitos individuais, também servirá de suporte na aplicação dos direitos sociais, políticos e a nacionalidade e nos demais dispositivos constitucionais.

Além dos direitos individuais, não se poderia deixar de consignar os princípios fundamentais relativos aos direitos sociais, como a educação, a saúde, o trabalho, a moradia, o lazer, a segurança, a *previdência social*, a *proteção à maternidade* e *à infância*, a *assistência aos desamparados*, os direitos dos trabalhadores urbanos e rurais (CF/88, arts. 6º, 7º e 193 e seguintes), que têm por finalidade propiciar condições reais e materiais na melhoria da qualidade de vida do hipossuficiente, visando à equiparação de situações sociais em desigualdade.

A nacionalidade nada mais é do que o vínculo político/jurídico que une o cidadão ao Estado, tornando-o um componente do povo (CF/88, arts. 12 e 13). Os direitos políticos (CF/88, arts. 14 a 16) e de participação na vida política (CF/88, art. 17) disciplinam a forma do exercício da soberania popular e regula a disputa pela busca do poder, permitindo ao cidadão a atuação na gestão da coisa pública.

3.5.1. *Princípios políticos constitucionais*

J. J. Gomes Canotilho (1998:1091) designa Princípios Políticos Constitucionais aqueles que "explicitam as valorações políticas fundamentais do legislador constituinte", ou seja, valores fundamentais da pessoa humana oriundos de decisões políticas concretizadas em normas do sistema constitucional positivo. São as denominadas normas-princípios.

José Afonso da Silva, na mesma esteira, afirma que são as decisões políticas fundamentais que passam a ser as normas que informam todo o sistema constitucional positivo. No sistema constitucional brasileiro, são aqueles que estão previstos nos arts. 1º a 4º do Título I.

Portanto, todo o Poder Constituinte Originário, por meio de uma decisão política no processo legislativo constitucional, elegeu princípios jurídicos de maior carga valorativa que serviriam para orientar toda a sistemática constitucional.

A Constituição Federal de 1988 prevê que a República Federativa do Brasil constitui-se em Estado Democrático de Direito e tem como fundamentos a soberania, a cidadania, a dignidade da pessoa humana, os valores sociais do trabalho e da livre iniciativa e o pluralismo político.

A parte inicial do art. 1º da CF/88 nos traz alguns dados precisos sobre nossa organização estatal, já que exprime o nome do Estado brasileiro (República Federativa do Brasil), sua forma (República Federativa), bem como a forma de seu governo (República) e o nome do país (Brasil).

O modo de exercício do poder político em função do território dá origem ao conceito de forma de Estado. No caso de o poder político se repartir no espaço territorial (divisão espacial de poderes), gerando uma multiplicidade de organizações governamentais autônomas, distribuídas regionalmente, tem-se Estado Federal ou Federação de Estados. São reputados como fundamentos da República Federativa a soberania, a cidadania, a dignidade da pessoa humana, os valores sociais do trabalho e da livre iniciativa e o pluralismo político. São princípios que destrincharemos adiante.

A relação entre regime político e direitos humanos fundamentais se estabelece na medida em que é assegurada nos regimes democráticos a realização no plano prático das garantias dos direitos humanos. O regime político adotado pela Constituição de 1988 funda-se no princípio democrático. O Preâmbulo e o art. 11 da Carta Magna o enunciam de maneira insofismável.

Note-se que o Princípio da Indissolubilidade do Estado Federal foi consagrado nas Constituições republicanas desde 1891 e tem duas finalidades básicas: a unidade nacional e a necessidade descentralizadora. Assim, inadmissível é qualquer pretensão de separação de um Estado-membro, inexistindo ordenamento jurídico, o denominado direito de secessão.

Destina-se a assegurar o exercício de determinados valores supremos (atribuindo uma função pragmática), como os direitos sociais, os individuais, a liberdade, a segurança, o bem-estar, o desenvolvimento, a igualdade e a justiça.

O Princípio Democrático, o alicerce fundamental do direito e da própria organização social, constitui o mais importante eixo que alimenta e sustenta a transformação social com justiça. Tanto isso é verdade que, na Constituição da República Federativa do Brasil, foi consagrado como Princípio do Estado de Direito, logo no seu art. 1º, nesses termos: "A República Federativa do Brasil, formada pela União indissolúvel dos Estados e Municípios e do Distrito Federal, constitui-se em Estado Democrático de Direito e tem como fundamentos (...)".

Todos os princípios constitucionais fundamentais, que constituem desenvolvimento do princípio democrático, são aplicáveis como regras orientadoras para a aplicação do Direito.

O princípio da dignidade da pessoa humana, o valor social do trabalho e da sociedade livre, justa e solidária, no que tange à sua dimensão social, possui importância insofismável para tutelar os benefícios previdenciários.

Portanto, passaremos, de forma singela e breve, ao estudo dos seguintes princípios fundamentais acima mencionados.

3.5.1.1. Dignidade da pessoa humana

A pessoa humana é o mais eminente de todos os valores, porque constitui a fonte e a raiz de todos os demais valores que se pode reconhecer na convivência social (FARIAS, 2000:56). Eis a razão por que este valor supremo foi elevado à categoria de princípio jurídico. Este princípio traz subjacente ou nas suas entranhas este valor — dignidade da pessoa humana — que, por isso, passou a ser o fundamento do sistema democrático brasileiro. Daí a sua força, a obrigatoriedade que o torna um princípio jurídico incontestável. Destarte, o valor da pessoa humana está imbricado ao princípio ético-jurídico da dignidade da pessoa humana. Ou seja, o valor — pessoa humana — está exteriorizado juridicamente pelo postulado fundamental da dignidade da pessoa humana previsto no inciso III do art. 1º da Constituição Federal de 1988.

Rizzatto Nunes, em sua belíssima obra *O princípio constitucional da dignidade da pessoa humana* (2007:52), ensina que *a dignidade humana é o valor preenchido* a priori, *isto é, todo ser humano tem dignidade só pelo fato de ser pessoa*. Acrescenta o autor que *ela é a primeira garantia das pessoas e a última instância de guarida dos direitos fundamentais*.

Em primeiro lugar, mister salientar que o postulado da dignidade da pessoa humana não é o princípio mais importante aventado na Constituição. Cumpre informar que, em razão do princípio de hermenêutica constitucional da unidade da Constituição (2.1.1), todos os princípios constitucionais possuem o mesmo grau de importância, sem que um venha se prevalecer em detrimento do outro.

Ocorre, porém, que a carga valorativa do postulado da dignidade da pessoa humana se sobressai dentre os demais princípios. Com efeito, *ele constitui a fonte jurídico-positiva dos direitos fundamentais* (FARIAS, 2000:66). Assim, em consonância com o que dispõe o § 2º do art. 5º da Constituição Federal, este princípio funcionaria como uma cláusula aberta no sentido de acobertar os demais princípios implícitos decorrentes da Lei Magna.

O postulado da dignidade humana, em virtude da forte carga de abstração que encerra, não tem alcançado, quanto ao campo de sua atuação objetiva, unanimidade entre os autores, muito embora se deva, de logo, ressaltar que as múltiplas opiniões doutrinárias se apresentam harmônicas e complementares.

Para *Jaques Maritain* (1947:112), pode ser compreendido como valor espiritual e moral referente à pessoa que se manifesta na autodeterminação consciente e responsável da própria vida e que traz consigo a pretensão ao respeito por parte das demais pessoas, considerando um mínimo invulnerável que todo estatuto jurídico deve assegurar.

Ingo Wolfgang Sarlet (2006:60) define a dignidade da pessoa humana como:

> "a qualidade intrínseca e distintiva reconhecida em cada ser humano que o faz merecedor do mesmo respeito e consideração por parte do Estado e da comunidade, implicando, neste sentido, um complexo de deveres e direitos fundamentais que assegurem a pessoa tanto contra todo e qualquer ato de cunho degradante e desumano, como venham a lhe garantir condições existenciais mínimas de uma vida saudável, além de propiciar e promover sua participação ativa e co-responsável nos destinos da própria existência e da vida em comunhão com os demais seres humanos."

Acredita-se que o conceito da dignidade da pessoa humana não pode ser tão somente analisada como uma densificação dos valores pessoais tradicionais, mas sim uma forma de garantir as bases da existência humana, no seu patamar mínimo de condição. Assim, não só os direitos e garantias individuais têm por fim fornecer a base mínima de existência do ser humano, mas também a ordem econômica (art. 170 da CF/88), a ordem social na realização de uma justiça social exteriorizada na busca do pleno emprego, e, como não poderia deixar de ser, a busca de uma convivência em um bem ecologicamente equilibrado, nele incluído o do trabalho, visando a uma melhor qualidade de vida para as presentes e futuras gerações.

Nesta esteira de pensamento é a conceituação de *Celso Antonio Pacheco Fiorillo* (2003:55-56), ao dizer que:

> "a vida com dignidade reclama a satisfação de valores mínimos fundamentais que se encontram descritos no artigo 6º da Constituição Federal, de forma a exigir do Estado que seja assegurados, mediante o recolhimento dos tributos, educação, saúde, trabalho, moradia, segurança, lazer, dentre outros direitos básicos, indispensáveis a desfrute de uma vida digna."

No final, arremata que:

> "Dessa feita, temos que o artigo 6º da Constituição fixa um piso vital mínimo de direitos que devem ser assegurados pelo Estado (que o faz mediante a cobrança de tributos), para o desfrute de uma sadia qualidade de vida."

Esse fundamento afasta a ideia de predomínio das concepções transpessoais de Estado e Nação, em detrimento da liberdade individual.

É importante perceber que este princípio é caracterizado na Constituição Federal na sua dupla concepção.

Em primeiro lugar, prevê um direito individual protetivo, seja em relação ao próprio Estado, seja em relação aos demais indivíduos. Esse fundamento funciona como princípio maior para a interpretação de todos os direitos e garantias conferidos às pessoas no texto constitucional (RIZZATTO, 2007:46).

Em segundo lugar, estabelece um verdadeiro dever fundamental de tratamento igualitário dos próprios semelhantes.

Com efeito, a garantia de uma vida digna do Estado ultrapassa a noção deste como governante. Dir-se-á, primeiro, que o Estado não se limita a um governo estabelecido entre o povo em particular, mas todo o governo que corresponde aos preceitos da razão natural e dos ensinamentos divinos (Carta Encíclica *Rerum Novarum*, do Papa Leão XIII, sobre a condição dos operários).

Ademais, a Encíclica *Pacem in Terris* do Papa João XXIII menciona que os direitos de proteção social proporcionarão ao ser humano um digno padrão de vida (BALERA, 2004:18).

Os valores fundamentais encartados na estrutura da Carta Magna refletem nos princípios gerais de direito, quando informam seu elemento e privilegiam a realidade fundamental do fenômeno jurídico, que é a consideração primordial e fundamental de que o homem é sujeito de direito e nunca objeto de direito.

Esse reconhecimento principiológico se alicerça em valor fundamental para o exercício de qualquer valoração jurídica, está no cerne daquilo que a ciência do direito experimentou de mais especial; está naquilo que o conhecimento jusfilosófico buscou com mais entusiasmo e vitalidade: é a mais importante consideração jusfilosófica do conhecimento científico do direito. É fundamento axiológico do direito; é a razão de ser da proteção fundamental do valor da pessoa e, por conseguinte, da unidade do ser e da responsabilidade que cada homem tem pelo outro (Justiça e Paz, 143).

O Papa Leão XIII dizia em certa passagem da encíclica *Rerum Novarum* que:

> "a verdadeira dignidade do homem e a sua excelência reside nos seus costumes, isto é, na sua virtude; que a virtude é o patrimônio comum dos mortais, ao alcance de todos, dos pequenos e dos grandes, dos pobres e dos ricos; só a virtude e os méritos, seja qual for a pessoa em quem se encontrem, obterão a recompensa da eterna felicidade."

Por isso se diz que a justiça como valor é o núcleo central da axiologia jurídica (GIL, 1987:44) e a marca desse valor fundamental de justiça é o homem, princípio e razão de todo o direito.

Esse princípio não é apenas uma arma de argumentação, ou uma tábua de salvação para a complementação de interpretações possíveis de normas postas. Ele é a razão de ser do direito. Ele se bastaria sozinho para estruturar o sistema jurídico.

Uma ciência que não se presta para prover a sociedade de tudo quanto é necessário para permitir o desenvolvimento integral do homem, que não se presta para colocar o sistema a favor da dignidade humana, que não se presta para servir o homem, permitindo-lhe atingir seus anseios mais secretos, não se pode dizer ciência do direito. Os antigos já diziam que todo direito é constituído *hominum causae* (NERY, 2006:118).

Comprometer-se com a dignidade do ser humano é comprometer-se com a sua vida e com a sua liberdade (NERY, 2005:95-102).

Assim, não é temerário concluir que o princípio da dignidade da pessoa humana tem por fim a garantia de um patamar existencial mínimo para todos.

Por essa razão é que consideramos a definição de *Celso Antonio Pacheco Fiorillo* como a mais exata e precisa ao dizer que a concretização de uma vida digna é garantir a existência de um piso vital mínimo.

3.5.1.2. O valor social do trabalho

É por meio do trabalho que o homem garante sua subsistência, além de assegurar-lhe acesso aos meios de obtenção de renda que reverterá em benefício próprio e do crescimento econômico do seu país. O "valor social do trabalho" é um conceito não restrito ao trabalho subordinado (empregado), mas todas aquelas formas de relações jurídicas que têm por objeto uma obrigação de fazer, consubstanciada no esforço físico ou intelectual do ser humano em produzir, fabricar, realizar, transformar algo. O trabalho é fator fundamental de integração social com a cidadania (PANCOTTI, 2006:33).

Na lição de *Wagner Balera* (Revista LTr, vol. 58, 1994:1168), em seu artigo imemorável "O valor Social do Trabalho", com propriedade: "Na ordem natural, o ser humano se acha vocacionado para o trabalho que é instrumento indispensável para a sobrevivência."

Não é demasiado mencionar que a Constituição Federal institui como seu princípio fundamental o trabalho livre, não o escravo. Não se trata do trabalho imposto de fora, contrariando a vontade do homem, mas sim aquele livremente escolhido. Assim, é necessário que o Estado assegure a opção individual de cada um escolher o trabalho que melhor lhe convier, desde que não caracterizado como trabalho ilícito (art. 5º, XIII, da CF/88).

A ordem econômica é fundada na valorização do trabalho humano e da livre iniciativa, tendo por finalidade assegurar a existência de uma vida digna, conforme os ditames da justiça social. A livre iniciativa, como fundamento da República, exterioriza a sociedade capitalista com o fim de obtenção de lucro, acarretando a criação e expansão de postos de trabalho.

Esta é a razão de se dizer que o princípio da dignidade da pessoa humana e o valor social do trabalho definem a ordem econômica da República (GRAU, 2002:240), pois ao proclamar que assegura existência digna pelo trabalho, prestigia e enobrece o trabalho humano, tomando-o valor social fundamental.

A economia globalizada com vistas à obtenção do lucro a qualquer preço, desprezando aqueles que trabalham, é motivada por interesses distintos. As condições econômicas, sociais e culturais daqueles que detêm o controle da economia são naturalmente superiores e, por isso, desiguais, se comparadas com aqueles que apenas colaboram com a força do seu trabalho para a economia de uma determinada sociedade. Sob estes aspectos, os trabalhadores sempre se encontrarão em situação inferior. A precarização das condições de vida e do ambiente do trabalho, reduzindo a capacidade dos trabalhadores à condição de sobreviventes ou à miséria, não é compatível com a noção "valor social do trabalho" a que se refere a Constituição. O trabalho deve ser fator de inclusão social. É neste ponto que se fundamenta a intervenção do Estado nas relações jurídicas privadas: garantir condições equânimes da vida em sociedade, dando tratamento desigual a desiguais, não se perdendo de vista o equilíbrio jurídico e o tratamento igualitário. O valor social do trabalho estampado na Constituição nada mais é do que uma proteção juridicamente garantida aos trabalhadores, suprindo a sua condição de hipossuficiente na relação laboral.

Assim, exige-se que o Estado desempenhe as funções de proteção ao trabalho, da seguridade social, crie motivações consentâneas como o processo de trabalho, regulamente a força de trabalho (PANCOTTI, 2006:24).

Nesta esteira, nota-se a evolução da legislação social ao proteger o trabalho desenvolvido pelo menor de idade.

A Constituição de 1967, após a Emenda Constitucional n. 1, de 1969, em seu art. 165, X,[(10)] proibia qualquer tipo de trabalho realizado por menores de 12 anos de idade. O texto original da Constituição Cidadã, por sua vez, só permitiu a prestação de serviços por maiores de 12 anos e menores de 14 na

(10) Art. 165. A Constituição assegura aos trabalhadores os seguintes direitos, além de outros que, nos termos da lei, visem à melhoria de sua condição social:

(...)

X — proibição de trabalho, em indústrias insalubres, a mulheres e menores de dezoito anos, de trabalho noturno a menores de dezoito anos e de qualquer trabalho a menores de doze anos;

condição de menor aprendiz,[(11)] sendo que a Emenda Constitucional n. 20, de 1998, elevou este patamar para maiores de 14 e menores de 16 anos.[(12)]

A legislação previdenciária, por seu turno, no texto originário do inciso VII do art. 11 da Lei 8.213/91, reconhecia como segurado obrigatório, bem como para contagem recíproca de tempo de serviço, aquele trabalho prestado a partir dos 14 anos de idade.[(13)] Atualmente, a Lei n. 11.718, de 20 de junho de 2008, alterou o texto do inciso VII do art. 11 da Lei n. 8.213/91 e acrescentou uma alínea em que eleva este patamar para os 16 anos.[(14)]

Diante deste conflito intertemporal de normas, qual deverá ser aplicada de forma justa?

Acredita-se, pelo princípio *tempus regit actum* corroborado pelo valor social do serviço prestado pelo menor, que a norma aplicável será aquela da época em que ocorreu a prestação do serviço. Assim, para aquele que prestou serviços antes de 24 de julho de 1991, a contagem deverá ser a partir dos 12 anos de idade. Após a Lei n. 8.213/91, só será possível a contagem deste tempo se o início da prestação se deu na condição de menor aprendiz ou a partir dos 14 anos de idade. A partir de 20 de junho de 2008, a contagem será lícita a partir dos 16 anos para qualquer tipo de trabalho.

---

(11) Art. 7º São direitos dos trabalhadores urbanos e rurais, além de outros que visem à melhoria de sua condição social:

(...)

XXXIII — proibição de trabalho noturno, perigoso ou insalubre aos menores de dezoito e de qualquer trabalho a menores de quatorze anos, salvo na condição de aprendiz;

(12) Art. 7º (...)

XXXIII — proibição de trabalho noturno, perigoso ou insalubre a menores de dezoito e de qualquer trabalho a menores de dezesseis anos, salvo na condição de aprendiz, a partir de quatorze anos; (redação dada pela Emenda Constitucional n. 20, de 1998)

(13) Art. 11. São segurados obrigatórios da Previdência Social as seguintes pessoas físicas:

(...)

II — como segurado especial: o produtor, o parceiro, o meeiro e o arrendatário rurais, o garimpeiro, o pescador artesanal e o assemelhado, que exerçam suas atividades, individualmente ou em regime de economia familiar, ainda que com o auxílio eventual de terceiros, bem como seus respectivos cônjuges ou companheiros e filhos maiores de 14 (quatorze) anos ou a eles equiparados, desde que trabalhem, comprovadamente, com o grupo familiar respectivo;

(14) Art. 11. (...)

VII — como segurado especial: a pessoa física residente no imóvel rural ou em aglomerado urbano ou rural próximo a ele que, individualmente ou em regime de economia familiar, ainda que com o auxílio eventual de terceiros, na condição de: (redação dada pela Lei n. 11.718, de 2008)

(...)

c) cônjuge ou companheiro, bem como filho maior de 16 (dezesseis) anos de idade ou a este equiparado, do segurado de que tratam as alíneas *a* e *b* deste inciso, que, comprovadamente, trabalhem com o grupo familiar respectivo. (incluída pela Lei n. 11.718, de 2008)

O Superior Tribunal de Justiça está adotando este tipo de interpretação, haja vista a prevalência do valor social de trabalho. O Ministro Paulo Gallotti, ao julgar o REsp n. 314.059-RS (2001/0035797-0), com precisão decidiu que:

> "PREVIDENCIÁRIO. ATIVIDADE RURAL EM REGIME DE ECONOMIA FAMILIAR PARA FINS DE APOSENTADORIA POR TEMPO DE SERVIÇO. PROVA. CONTAGEM RECÍPROCA. MENOR DE 14 ANOS. ORDEM DE SERVIÇO 590/97. O trabalho do menor de 14 anos de idade é vedado pela Constituição Federal de 1988, exceto na condição de aprendiz. Além disso, a lei não considera aquele que exerce atividade rural antes desta idade como segurado obrigatório da Previdência Social, não podendo ser reconhecido o tempo de serviço alegado para fins previdenciários. A produção em regime de economia familiar caracteriza-se pelo trabalho dos membros do núcleo familiar com base em uma única unidade produtiva, cuja documentação é expedida em nome de uma pessoa, geralmente o marido/pai ou outra pessoa que comande os negócios da família. Portanto, não é razoável a determinação contida na Ordem de Serviço 590/97, no sentido de que não sejam aceitos como início de prova material do exercício de atividade rural em regime de economia familiar documentos que não façam referência direta ao requerente, mas sim a outros membros da família (pais, cônjuge etc.), pois contraria a natureza do regime. Apelação e remessa oficial parcialmente providas."

Ademais, a Turma Nacional de Uniformizações de Decisões do Juizado Especial Federal, na Súmula n. 5, é clara ao dizer que:

> "5 — PRESTAÇÃO DE SERVIÇO RURAL — A prestação de serviço rural por menor de 12 a 14 anos, até o advento da Lei n. 8.213, de 24 de julho de 1991, devidamente comprovada, pode ser reconhecida para fins previdenciários."

Pois bem, o reconhecimento do trabalho como valor a ser preservado impede que o Estado dê tratamento desproporcional ou privilegiado a uma classe de cidadãos em detrimento de outras, garantindo-se, assim, convivência harmoniosa com bem-estar e a paz social. "Daqui resulta que, para o constituinte pátrio, a valorização do trabalho desembaraça a questão social" (BALERA, 1994:1172).

É neste sentido que a Encíclica *Rerum Novarum* preconiza "que os patrões esmagam os trabalhadores sob o peso de exigências iníquas, ou desonram neles a pessoa humana por condições indignas e degradantes; que atentam contra a sua saúde por um trabalho excessivo e desproporcionado com a sua idade e sexo: em todos estes casos é absolutamente necessário aplicar em certos limites a força e autoridade das leis".

Esta é a razão de se dizer que o "piso vital mínimo" é um dos direitos sociais previstos no art. 6º da Carta Magna, uma vez que se insere nos anseios de uma condição de vida digna. O Estado tem a incumbência de garantir este fator essencial de bem-estar.

A lapidar decisão do Supremo Tribunal Federal, na Ação Direta de Inconstitucionalidade n. 1.950, cujo relator foi o Ministro Eros Grau, DJ de 02.06.2006, ao debater acerca do tema:

> "É certo que a ordem econômica na Constituição de 1988 define opção por um sistema no qual joga um papel primordial a livre iniciativa. Essa circunstância não legitima, no entanto, a assertiva de que o Estado só intervirá na economia em situações excepcionais. Mais do que simples instrumento de governo, a nossa Constituição enuncia diretrizes, programas e fins a serem realizados pelo Estado e pela sociedade. Postula um plano de ação global normativo para o Estado e para a sociedade, informado pelos preceitos veiculados pelos seus arts. 1º, 3º e 170. A livre iniciativa é expressão de liberdade titulada não apenas pela empresa, mas também pelo trabalho. Por isso a Constituição, ao contemplá-la, cogita também da 'iniciativa do Estado'; não a privilegia, portanto, como bem pertinente apenas à empresa. Se de um lado a Constituição assegura a livre iniciativa, de outro determina ao Estado a adoção de todas as providências tendentes a garantir o efetivo exercício do direito à educação, à cultura e ao desporto [arts. 23, inciso V, 205, 208, 215 e 217, § 3º, da Constituição]. Na composição entre esses princípios e regras há de ser preservado o interesse da coletividade, interesse público primário. O direito ao acesso à cultura, ao esporte e ao lazer, são meios de complementar a formação dos estudantes."

Assim, a noção de função social do trabalho não deve se limitar à garantia de escolha da atividade ou profissão, nem de mera subsistência do cidadão trabalhador, mas a garantia de inclusão e ascensão social, acesso aos serviços públicos, em condições de igualdade, sem discriminação de sexo, raça, cor ou idade, com remuneração que assegure a sua subsistência e de sua família, de forma digna.

3.5.1.3. *Sociedade livre, justa e solidária*

Não é demais lembrar que os princípios fundamentais da dignidade da pessoa humana e da cidadania, fundamento da República Federativa do Brasil, convergem para os objetivos fundamentais de uma sociedade livre, justa e solidária (PANCOTTI, 2006:36).

O desenvolvimento de uma sociedade não se limita, como se observa hoje no Brasil, a uma brutal concentração de renda e riqueza, nem sempre ética e moralmente justificável, por uma pequena parcela da população. O desenvolvimento econômico deve ser atrelado ao desenvolvimento social. O constituinte brasileiro não cogitou da dissociação desses conceitos. Assim, este "desenvolvimento" não se limita apenas a projetar para a vertente econômico-financeira, mas para a sociedade como um todo, em múltiplos aspectos que não desta estreita noção, que só viria a favorecer a formação da elite econômica. É um inegável avanço da Lei Suprema da República, que retirou da ordem econômica a garantia do desenvolvimento nacional e a posicionou para ser um dos objetivos fundamentais da República.

Tal avanço na concepção das atribuições do Estado retira o caráter puramente econômico do desenvolvimento nacional, para se fundamentar igualmente no desenvolvimento social, cultural, artístico e espiritual. Precisa e justa a inclusão nos direitos fundamentais, já que falamos de desenvolvimento, com um incremento econômico, social, cultural, reduzindo as desigualdades regionais e sociais, e não em simples crescimento material. No campo da Previdência Social, a solidariedade é clara quando se verifica a contribuição dos ativos para financiar os benefícios pagos aos inativos.(15)

É neste sentido o princípio da justiça social do inciso I do art. 3º da Carta Política. Nele se proclama que se quer construir uma sociedade livre, justa e solidária. A justiça social somente será atingida na sua plenitude quando a República Federativa do Brasil construir uma ordem de homens livres, em que justiça distributiva e retributiva seja um fator de dignificação da pessoa humana e em que o sentimento de responsabilidade entre as pessoas solidifique a ideia de comunidade fundada no bem comum. Daí surge o Estado Democrático de Direito, voltado à realização da justiça social através da fórmula da Revolução Francesa: igualdade, fraternidade e solidariedade.

A ideia de integração nacional contempla um desenvolvimento nacional equilibrado que proporcione melhora das condições da vida da população, onde elas residem, sem necessidade de migrações constantes, com melhor distribuição da riqueza por qualquer método, mas especialmente pela oferta de trabalho com justa remuneração. Só assim resultará na pretendida redução das desigualdades sociais e regionais.

A promoção do bem de todos ou do bem comum deve ser objetivo primordial do Estado. É isso que justifica sua existência, quer a Constituição formal o diga, ou não. Para a construção de uma sociedade justa, livre, solidária e fraterna não pode haver preconceitos ou qualquer forma de discriminação em razão de sexo, raça, cor, idade e toda e qualquer forma de segregação social, como orientação filosófica, credo religioso, convicção política, local de nascimento ou origem, preferência sexual, grau de instrução de ensino etc.

3.5.2. *Princípios constitucionais da Seguridade Social*

A Seguridade Social, como a integração das ações da saúde, a assistência e a previdência social, impõe ao poder público, com a participação dos empresários, aposentados e da sociedade civil, a realização de ações afirmativas que garantam o amparo àqueles que diante das contingências da vida não possuam condições de subsistência.

---

(15) É o Estado do bem-estar social (*Welfare State*) que se caracteriza pela garantia de tipos mínimos de renda, alimentação, amparo à infância e adolescência, assistência ao idoso e portadores de necessidades especiais, à saúde, com acesso à habilitação, educação, a todo cidadão, não como caridade, mas como direito político.

Assim, a realização das ações afirmativas no que se refere à Previdência Social cabe ao Instituto Nacional de Seguro Social, cuja natureza jurídica é de autarquia federal destinada à realização de prestação de serviços públicos voltados à garantia de benefícios àqueles que fazem parte do quadro de segurados ou dependentes.

Por se tratar de *longa manus* do Poder Executivo Federal, cabe ao INSS a observância dos princípios gerais da Administração Pública previstos no *caput* do art. 37 da Constituição Federal, a saber: *princípios da legalidade, impessoalidade, moralidade, publicidade e eficiência*. A aplicação destes princípios não exclui a verificação dos demais princípios fundamentais previstos expressa ou implicitamente na Constituição Federal.

Como estes princípios têm por essência a estrutura e organização da Administração Pública Direta e Indireta, não existe razão de se declinar acerca de seus aspectos conceituais, haja vista que o objetivo principal do tema proposto nesta obra é a tutela de benefício previdenciário em sede de conflito entre princípios.

Por se encontrar no Título da Ordem Social, o art. 193 da Constituição Federal é cristalino em proclamar que tem por base o primado do trabalho e como objetivo o bem-estar e a justiça social. Assim, o bem-estar e a justiça social são valores expressamente positivados na Constituição Federal, que têm como função fixar parâmetros para a mudança social, indicando a direção a ser seguida, integrando as normas jurídicas que disciplinam a matéria em estudo (BALERA, 2004:82).

Por outro lado, a Constituição da República Federativa do Brasil, em seu art. 194, ao prever os objetivos da Seguridade Social, estabelece, efetivamente, os princípios constitucionais da Seguridade Social, pois são normas constitucionais que albergam valores jurídicos superiores que condicionam a atividade do legislador infraconstitucional, fornecendo diretrizes interpretativas que conferem unidade ao Sistema de Seguridade Social.

Assim, ao fixar parâmetros para a Seguridade Social, o constituinte desejou que estes postulados servissem também como normas para a previdência social, já que este é espécie daquele. Destarte, passa-se à análise de cada postulado cuja pertinência com o tema em debate é de indispensável relevância.

3.5.2.1. Princípio da universalidade da cobertura e do atendimento

Todas as pessoas que se encontram dentro no território nacional — brasileiros natos ou naturalizados, inclusive os estrangeiros — podem usufruir da Seguridade Social, devendo ser acobertados por todos os eventos, desde que se encontrem inscritos no Regime Geral de Previdência Social. Na lição de *Wagner Balera*, "no terreno da seguridade social, o objetivo da universalidade é congruente com o princípio da igualdade" (2004:82).

A universalidade de cobertura se refere às situações da vida que serão protegidas, ou seja, contingências sociais que necessitam de amparo. Devem ser entendidas por contingências sociais as necessidades daquelas pessoas que forem atingidas por um acontecimento relevante para a previdência social, como a impossibilidade de retornar ao trabalho, idade avançada, morte etc. Assim, contingência social vem a ser o evento capaz de produzir a perda ou a redução dos recursos necessários para a manutenção do beneficiário ou o aumento dos gastos (HORVATH JÚNIOR, 2006:60).

A universalidade de atendimento se refere aos sujeitos que se encontram em situação de necessidade e, portanto, devem ser atendidos de forma isonômica. No campo da Seguridade Social, todos possuem tal direito, mas no que tange à Previdência Social, só os segurados e seus dependentes serão amparados pelo sistema contributivo.

3.5.2.2. *Uniformidade e equivalência dos benefícios e serviços às populações urbanas e rurais*

Cuida-se do desdobramento do princípio da equiparação social contemplado no *caput* do art. 7º da Carta Magna, em que, de forma clara, prescreve que são iguais os *direitos dos trabalhadores urbanos e rurais, além de outros que visem à melhoria de sua condição social.*

Destarte, a uniformidade significa a aplicação dos mesmos benefícios e serviços previdenciários a todos os segurados da Previdência Social, que, em razão das contingências sociais oriundas da velhice, morte, invalidez, doença, reclusão, etc., necessitam de amparo previdenciário.

A equivalência de benefícios diz respeito ao aspecto pecuniário e aos serviços que podem ser diferentes em razão da necessidade dos beneficiários. Note que equivalência não significa igualdade no valor do benefício previdenciário a ser pago nem do serviço prestado, mas significa que, em situações equivalentes, os beneficiários urbanos e rurais devem ser tratados de forma igualitária e equivalente.

A razão deste dispositivo constitucional decorre do fato histórico de não inexistir previdência rural no Brasil antes de 1955. Como bem assevera *Wagner Balera*: "impelido pelo estado de necessidade, o rurícola se via ameaçado na sua sobrevivência e, nessa conjuntura, a migração interna alcançou alarmantes proporções...".

Antes da Lei n. 8.213/91, a proteção previdenciária conferida ao trabalhador rural tinha disciplina na Lei Complementar n. 11/71, onde dispensava o sistema contributivo.

Assim, atualmente, oferece-se o mesmo regime jurídico previdenciário ao trabalhador urbano e ao rurícola.

A Lei n. 11.718, de 20 de junho de 2008, além de outras modificações, ampliou o prazo de concessão de aposentadoria por idade do trabalhador rural, em valor equivalente ao salário mínimo, até 31 de dezembro de 2010, se a atividade for comprovada na forma do art. 143 da Lei n. 8.213/91. A partir de janeiro de 2011, a prova da carência do benefício equivalerá ao triplo da contribuição de cada mês, no limite de 12 meses, dentro do respectivo ano civil. Após janeiro de 2016, cada mês comprovado de contribuição será multiplicado por dois, no limite de 12 meses dentro do respectivo ano civil.

3.5.2.3. *Seletividade e distributividade na prestação dos benefícios e serviços*

O constituinte quis com esse princípio que o legislador haja com bom senso diante da escassez de recursos para a sustentabilidade do sistema de benefícios, devendo, assim, as prestações e os serviços ser criteriosamente selecionados, a fim de que sejam escolhidos os mais relevantes e indispensáveis. Assim, na explicação de *Wladimir Novaes Martinez*, a seletividade e a distributividade na prestação dos benefícios devem ser encaradas como a "escolha de um plano básico compatível com a força econômico-financeira do sistema e as reais necessidades dos protegidos" (MARTINEZ, 2006:48).

Nestes termos, deve o legislador selecionar quais os segurados que, de acordo com as necessidades oriundas das contingências sociais estabelecidas previamente na Constituição, poderão ser beneficiados com a Previdência Social. A seletividade fixa o rol de prestações da previdência social.

A distributividade leva em conta a possibilidade de atender ao maior número de pessoas, definindo o grau de proteção devido a cada um.

Assim, este princípio tem por fim estudar o funcionamento das definições do quadro de prestações previdenciárias e as pessoas que são por aquelas amparadas.

3.5.2.4. *Irredutibilidade do valor dos benefícios*

De acordo com o art. 201, § 4º, da Constituição Federal, o presente objetivo se refere à irredutibilidade do valor *real* do benefício, ou seja, à sua capacidade de compra, com vistas à satisfação das necessidades básicas. Em caso de inflação, os benefícios devem ser reajustados pelos mesmos índices de inflação monetária. Este princípio garante ao beneficiário a possibilidade de planejar de que forma irá utilizá-lo, pois tem a garantia de que este não sofrerá diminuição substancial de valor.

Nenhum benefício previdenciário terá o condão de substituir, de forma integral, o rendimento do trabalhador. Os benefícios previdenciários cuja prestação mensal tem valor superior ao do salário mínimo são reajustados, sendo atualmente em junho de cada ano. Entretanto, os benefícios pagos pelo valor mínimo são reajustados antes, em maio, coincidindo com o reajustamento do salário mínimo.

Nos últimos anos, o índice de reajuste do salário mínimo supera em muito os índices inflacionários, enquanto o índice de reajuste geral dos benefícios previdenciários não, ficando no limite dos índices do mercado. A consequência de se utilizar dois índices distintos para a atualização dos benefícios previdenciários é a redução nominal do valor da prestação, ao ponto de que a alteração do valor do benefício se equipare, futuramente, com o valor do salário mínimo.

Neste passo, percebe-se a desconformidade do critério utilizado pela Previdência Social por ofensa ao princípio constitucional da isonomia, uma vez que usa de forma injustificada dois critérios distintos para reajustar os valores dos mesmos benefícios previdenciários. O benefício da Previdência Social deve ser reajustado de acordo com um critério financeiro atuarial que possibilite ao segurado a garantia de uma subsistência digna, de forma que não fique reduzida pela inflação, *mas não necessariamente pelos mesmos índices de reajuste do salário mínimo, o que impediria, por exemplo, o Governo reajustar o salário mínimo acima da inflação* (CHAMON, 2005:36).

Entretanto, o Supremo Tribunal Federal já se pronunciou sobre a questão, ao julgar o Agravo Regimental em Recurso Extraordinário n. 322.348/SC, cujo relator foi o Ministro Celso de Mello, que decidiu que não há que se falar em equiparação do valor do benefício em Unidade Real de Valor — URV, pois o seu reajuste, para adequar-se à exigência constitucional de preservação de seu *quantum*, deverá conformar-se aos critérios exclusivamente definidos em lei.

> RECURSO EXTRAORDINÁRIO — CONVERSÃO DOS BENEFÍCIOS PREVIDENCIÁRIOS, EM URV, COM BASE NA MÉDIA DO VALOR NOMINAL — LEGITIMIDADE CONSTITUCIONAL DA EXPRESSÃO "NOMINAL" CONSTANTE DO ART. 20, I, DA LEI N. 8.880/94 — RECURSO DE AGRAVO IMPROVIDO. CONVERSÃO, EM URV, DE BENEFÍCIOS PREVIDENCIÁRIOS — VALIDADE CONSTITUCIONAL DO DIPLOMA LEGISLATIVO QUE A INSTITUIU (LEI N. 8.880/94, ART. 20, I). A norma inscrita no art. 20, inciso I, da Lei n. 8.880/94 — que determinou a conversão, em URV, dos benefícios mantidos pela Previdência Social, com base na média do valor nominal vigente nos meses de novembro e dezembro de 1993 e de janeiro e fevereiro de 1994 — não transgride os postulados constitucionais da irredutibilidade do valor dos benefícios previdenciários (CF, art. 194, parágrafo único, IV) e da intangibilidade do direito adquirido (CF, art. 5º, XXXVI). Precedente: RE 313.382/SC (Pleno). *A INTERVENÇÃO DO LEGISLADOR NA DEFINIÇÃO DO VALOR REAL DOS BENEFÍCIOS PREVIDENCIÁRIOS*. A manutenção, em bases permanentes, do valor real dos benefícios previdenciários tem, no próprio legislador — e neste, apenas —, o sujeito concretizante das cláusulas fundadas no art. 194, parágrafo único, IV, e no art. 201, § 4º (na redação dada pela EC 20/98), ambos da Constituição da República, pois o reajustamento de tais benefícios, para adequar-se à exigência constitucional de preservação de seu *quantum*, deverá conformar-se aos critérios exclusivamente definidos em lei. — O sistema instituído pela Lei n. 8.880/94, ao dispor sobre o reajuste quadrimestral dos benefícios mantidos pela

Previdência Social, não vulnerou a exigência de preservação do valor real de tais benefícios, eis que a noção de valor real — por derivar da estrita observância dos "critérios definidos em lei" (CF, art. 201, § 4º, *in fine*) — traduz conceito eminentemente normativo, considerada a prevalência, na matéria, do princípio da reserva de lei. O PRINCÍPIO CONSTITUCIONAL DA RESERVA DE LEI FORMAL TRADUZ LIMITAÇÃO AO EXERCÍCIO DA ATIVIDADE JURISDICIONAL DO ESTADO. — A reserva de lei constitui postulado revestido de função excludente, de caráter negativo, pois veda, nas matérias a ela sujeitas, quaisquer intervenções normativas, a título primário, de órgãos estatais não-legislativos. Essa cláusula constitucional, por sua vez, projeta-se em uma dimensão positiva, eis que a sua incidência reforça o princípio, que, fundado na autoridade da Constituição, impõe, à administração e à jurisdição, a necessária submissão aos comandos estatais emanados, exclusivamente, do legislador. — Não cabe, ao Poder Judiciário, em tema regido pelo postulado constitucional da reserva de lei, atuar na anômala condição de legislador positivo (RTJ 126/48 — RTJ 143/57 — RTJ 146/461-462 — RTJ 153/765 — RTJ 161/739-740 — RTJ 175/1137, *v.g.*), para, em assim agindo, proceder à imposição de seus próprios critérios, afastando, desse modo, os fatores que, no âmbito de nosso sistema constitucional, só podem ser legitimamente definidos pelo Parlamento. É que, se tal fosse possível, o Poder Judiciário — que não dispõe de função legislativa — passaria a desempenhar atribuição que lhe é institucionalmente estranha (a de legislador positivo), usurpando, desse modo, no contexto de um sistema de poderes essencialmente limitados, competência que não lhe pertence, com evidente transgressão ao princípio constitucional da separação de poderes. DIREITO ADQUIRIDO E CICLO DE FORMAÇÃO. — A questão pertinente ao reconhecimento, ou não, da consolidação de situações jurídicas definitivas há de ser examinada em face dos ciclos de formação a que esteja eventualmente sujeito o processo de aquisição de determinado direito. Isso significa que a superveniência de ato legislativo, em tempo oportuno — vale dizer, enquanto ainda não concluído o ciclo de formação e constituição do direito vindicado — constitui fator capaz de impedir que se complete, legitimamente, o próprio processo de aquisição do direito (RTJ 134/1112 — RTJ 153/82 — RTJ 155/621 — RTJ 162/442, *v.g.*), inviabilizando, desse modo, ante a existência de mera "spes juris", a possibilidade de útil invocação da cláusula pertinente ao direito adquirido.

A noção de valor real — por derivar da estrita observância dos "critérios definidos em lei" (CF, art. 201, § 4º, *in fine*) — traduz conceito eminentemente normativo, considerando a prevalência do princípio da reserva de lei, retirando do Poder Judiciário a atuação, sob pena de afrontar o art. 2º da Constituição Federal.

3.5.2.5. *Equidade na forma de participação do custeio*

A Previdência Social é custeada por recursos financeiros oriundos de diversas fontes. De forma indireta: recursos orçamentários da União, Estados, Distrito Federal e Municípios; ou direta: contribuições sociais e previdenciárias compulsórias do empregador e do empregado, trabalhador autônomo, receita de concurso de prognósticos, do importador de bens e serviços etc., conforme o art. 195 da Constituição Federal. A arrecadação, a administração e a aplicação da receita são realizadas pelo Instituto Nacional de Seguro Social — INSS, uma autarquia federal. Dessa forma, as contribuições para o custeio da previdência social têm natureza jurídica tributária, devendo, assim, ser respeitados os princípios gerais do direito tributário.

A equidade, no caso, leva em conta princípios da isonomia e da capacidade contributiva. Assim, cada pessoa contribui para a previdência de acordo com sua capacidade contributiva (quem pode mais, paga mais, quem pode menos, paga menos ou até não paga, como os segurados especiais).

Além da capacidade contributiva, a equidade impõe que empresas que provoquem uma maior atuação estatal, por produzirem mais situações de risco social, devam pagar contribuições maiores. Assim sendo, a lei prevê que a empresa cuja atividade apresentar maior risco de acidente do trabalho deve contribuir progressivamente mais que outra com menor potencial de produzir acidentes de trabalho, mesmo que esta última tenha a mesma capacidade contributiva.

Como bem ensina *Wagner Balera*: "o custeio não pode ser mais um entrave à seguridade. Ele há de ser, sim, meio indispensável para que aquela seja atingida o quanto antes" (2004:90).

3.5.2.6. Diversidade na base de financiamento

Tem por objetivo a arrecadação de recursos de diversas fontes, não se limitando às contribuições dos trabalhadores, empregadores e do Poder Público, como era antigamente. Assim, caso uma fonte passe por crise, haverá outras, garantindo-se a segurança do sistema.

Como visto acima, são duas as formas de financiamento da seguridade social: a indireta e a direta.

A forma indireta consiste no repasse de recursos orçamentários da União, Estados, Distrito Federal e Municípios. Diz-se indireta porque a sociedade está participando do custeio do sistema de forma oblíqua, ou seja, os cidadãos não estão vertendo individualmente recursos para o sistema, mas dele participando através de recursos públicos previstos nos orçamentos dos referidos entes da Federação. Os recursos orçamentários destinados à seguridade social constarão dos orçamentos de cada uma das pessoas políticas acima mencionadas (art. 195, § 1º, da CF/88).

A forma direta se dá por meio do pagamento das contribuições previstas no art. 195 da Constituição Federal, que são as seguintes:

a) cobradas da empresa, incidentes sobre: folha de salários e demais rendimentos, lucro, receita ou faturamento;

b) cobradas do segurado;

c) incidente sobre receita de concurso de prognósticos;

d) cobradas do importador de bens e serviços.

Havia a CPMF (Contribuição Provisória sobre Movimentações Financeiras), prorrogada pela Emenda Constitucional n. 37/02, e há a contribuição do PIS/PASEP, prevista no art. 239 da Constituição. O Senado Federal, porém, rejeitou o projeto de prorrogação da CPMF no final de 2007. Trata-se de uma fonte de custeio que foi extirpada.

Finalmente, são ainda previstas outras receitas: as multas, cobrança de correção monetária, juros, receitas patrimoniais (exemplo: locação de imóveis do Instituto Nacional de Seguro Social), 50% dos valores obtidos e aplicados na forma do parágrafo único do art. 243 da Constituição (venda de bens apreendidos em decorrência de tráfico ilícito de entorpecente) e 40% do resultado dos leilões dos bens apreendidos pela Secretaria da Receita Federal.

3.5.2.7. *Caráter democrático e descentralizado da Administração*

Em relação aos trabalhadores e empregadores, o caráter democrático da gestão é assegurado no art. 10 da Constituição Federal, *in verbis*:

> "É assegurada a participação dos trabalhadores e empregadores nos colegiados dos órgãos em que seus interesses profissionais ou previdenciários sejam objeto de discussão e deliberação."

A Constituição Federal estabelece que as ações na área de seguridade social devem ser democráticas; as decisões devem ser tomadas com a participação de todos, mediante a composição de conselhos deliberativos de estrutura colegiada, como, por exemplo, o Conselho Nacional de Previdência Social. A Constituição Federal determina, ainda, que existam órgãos que sejam compostos por representantes de quatro segmentos sociais: trabalhadores, empregadores, aposentados e Governo (gestão quadripartite).

O art. 3º da Lei n. 8.213/91 determina que o Conselho Nacional de Previdência Social (CNPS), órgão colegiado de caráter deliberativo da Previdência Social, deve ser composto por seis representantes do Governo Federal e nove representantes da sociedade civil, sendo três representantes dos aposentados e pensionistas, três representantes dos trabalhadores em atividade e três representantes dos empregadores.

Os representantes dos trabalhadores em atividade, dos aposentados e dos empregadores e seus suplentes serão indicados pelas centrais sindicais e confederações nacionais.

A descentralização da gestão encontra-se em consonância com a finalidade da seguridade social de proporcionar o atendimento das necessidades básicas dos indivíduos relacionadas à saúde, previdência social e assistência social. Assim, a descentralização da prestação do serviço público da seguridade social encontra-se na transferência da realização deste *munus* público a uma outra pessoa distinta da Administração Pública direta.

3.6. *APLICABILIDADE DOS PRINCÍPIOS FUNDAMENTAIS*

A Constituição da República Federativa do Brasil, em seu art. 5º, § 1º, dispõe que "as normas definidoras dos direitos e garantias fundamentais têm aplicação imediata".

Note-se, em primeiro plano, que a Constituição confere aplicabilidade ampla e irrestrita, não se limitando aos direitos individuais e coletivos declarados no art. 5º da Carta Magna, mas todos os direitos e garantias fundamentais do ser humano que sejam expressos ou implícitos.

Com efeito, a localização deste dispositivo não impede a sua aplicação aos demais preceitos fundamentais declinados no corpo da Constituição Federal. A interpretação sistemática da Constituição não nos permite chegar à infeliz conclusão de que a aplicabilidade imediata destas regras constitucionais se limitaria tão-somente aos denominados direitos individuais e coletivos, com restrição aos princípios políticos constitucionais. Em ambos os casos, estes princípios são considerados postulados fundamentais da República.

Em segundo lugar, note-se que a leitura desapercebida do dispositivo constitucional em comento nos faz nos parecer que é simples a hermenêutica sobre a aplicabilidade das normas constitucionais.

A doutrina, porém, demonstra o contrário. Percebe-se que a pretensão do constituinte originário foi consubstanciar os direitos fundamentais e individuais com os de aplicabilidade plena, na medida em que estão inseridos no texto constitucional. Isto é, *prima facie*, os direitos e garantias fundamentais dispensam em qualquer caso a criação de uma legislação ulterior para que lhe confira maior efetividade.

José Afonso da Silva (2000:271) explica que algumas normas, excepcionalmente, podem ser caracterizadas de eficácia ou aplicabilidade contida, mas, via de regra, sempre serão reputadas de aplicabilidade direta e imediata, caso em que a previsão de lei não significa que desta dependem sua eficácia ou sua aplicabilidade. Assim, para o autor, a aplicabilidade direta prevista no § 1º do art. 5º da Constituição Federal significa neste caso: "desde logo" (CANOTILHO, 1998:1104).

Manoel Gonçalves Ferreira Filho (1994:269) esclarece que os direitos fundamentais alcançam a sua eficácia nos estritos limites da lei. Ou seja, caso a norma dependa de complementação legislativa infraconstitucional para atingir a sua plenitude, ela não poderá ser considerada de eficácia imediata, em que pese a disposição constitucional.

Celso Ribeiro Bastos e *Ives Gandra Martins* (1988:393) esclarecem que a Constituição diz que na aplicação dos direitos fundamentais, ainda que inexista legislação infraconstitucional que regule a matéria, deve-lhe ser conferida a maior eficácia possível, pois, via de regra, não existe reserva legal dentro dos direitos fundamentais.

Por outro lado, *Eros Grau* (2002:343) sustenta que as normas de cunho nitidamente programático podem ensejar, em virtude de sua imediata aplicabilidade, o gozo de direito subjetivo individual, independentemente de complementação legislativa, em que pese o mesmo entrar em contradição em decisões proferidas no Supremo Tribunal Federal (*vide* item 2.3.1.2).

De acordo com as lições de *Ingo Wolfgang Sarlet*, acredita-se que a melhor exegese do disposto no art. 5º, § 1º, da Constituição Federal é que os direitos fundamentais se referem à norma de cunho explicitamente principiológico, devendo ser tratada, portanto, como um *mandamento de otimização.*

Com efeito, deverão os órgãos estatais reconhecer a maior eficácia possível aos direitos fundamentais. Assim, a aplicabilidade do postulado da dignidade da pessoa humana, *verbi gratia,* com fins à garantia do *piso vital mínimo,* além de orientar todo o texto constitucional de forma direta e imediata, acarretará ônus ao Poder Público de garantir a concretização dos direitos fundamentais, atribuindo-lhe a devida eficácia social ao direito à educação, à saúde, ao trabalho, à moradia, ao lazer, à segurança, à *previdência social,* à proteção à maternidade e à infância, *à assistência aos desamparados.*

Assim, incumbe ao Poder Público garantir de maneira plena as necessidades sociais para satisfazer e atender de forma adequada ao bem-estar material, moral e espiritual de todos os indivíduos da população de forma universal, igualitária e solidária (SILVA, 2000:311).

O piso vital mínimo com referência aos direitos sociais não configura um direito de igualdade, baseado em regras que implicam em um julgamento uniforme, mas um direito das preferências e das desigualdades, ou seja, um direito discriminatório com caráter compensatório para buscar o desejado equilíbrio na justiça social.

As prestações previdenciárias (aposentadorias, auxílios-doenças, pensões) são exemplos típicos de uma concretização fática do direito social, pois buscam numa ação afirmativa do Estado reflexos na esfera econômica: o equilíbrio social.

Os direitos sociais reclamam a atuação de atos legislativos ou administrativos cujo déficit de exequibilidade e justiça social são latentes. Isto porque os direitos sociais são posições jurídicas fundamentais que exigem, de acordo com as condições fáticas e recursos disponíveis, uma prestação material estatal hábil a satisfazer uma necessidade do cidadão.

4. Conflito de Princípios na Constituição

4.1. CONFLITOS. NOÇÕES GERAIS

Dentre as múltiplas significações da palavra "conflito", destaca-se a noção de choque, colisão, entre uma coisa e outra, pondo-se frente a frente, confrontando-se.

No contexto deste trabalho, o sentido conflito significa a relação de contrariedade que se estabelece entre dois poderes, valores ou princípios oriundos do mesmo sistema, com determinantes opostos.

A possibilidade jurídica de se verificar uma eventual contrariedade nos postulados principiológicos ocorre em razão de não ser factível estabelecer uma interpretação absoluta de princípios, sem que exista algum caso excepcional. Não há direito fundamental absoluto no Estado Democrático de Direito. Há, na apreciação de todas as normas jurídicas, limites impostos à maneira de interpretar, sob pena de se obter conclusões ilógicas ou teratológicas.

O art. 30 da Declaração Universal dos Direitos Humanos estabelece que "Nenhuma disposição da presente Declaração pode ser interpretada de maneira a envolver para qualquer Estado, agrupamento ou indivíduo o direito de se entregar a alguma actividade ou de praticar algum acto destinado a destruir os direitos e liberdades aqui enunciados".

Na mesma esteira, o art. 47 do Pacto Internacional de Direitos Políticos e Civis decreta que "Nenhuma disposição do presente Pacto poderá ser interpretada em detrimento do direito inerente a todos os povos de desfrutar e utilizar plena e livremente suas riquezas e seus recursos naturais".

Por derradeiro, a Convenção de Direitos Civis e Políticos de 1966, da ONU, em seu art. 18, admite expressamente que os direitos humanos tenham limitações "que sejam necessárias para proteger a segurança, a ordem, a saúde, ou a moral pública ou os direitos e as liberdades fundamentais de outros".

Não há rigidez em nenhuma norma jurídica.

No Estado Democrático de Direito brasileiro não poderia ser diferente. Todos os direitos fundamentais são relativos, isto é, eles não são intocáveis, todos admitem exceção.

Eles existem para a concretização de um valor. A solução justa na apuração de um determinado caso não é aquela que simplesmente observa a literalidade do texto da norma, mas aquela que melhor realiza o valor que deu origem a este discurso normativo.

Vislumbra-se a relatividade dos direitos fundamentais na Constituição de 1988, quando se limita a livre iniciativa pelos princípios gerais da ordem econômica (art. 1º, IV c/c art. 170, ambos da CF/88); bem como pela possibilidade de aplicação da pena de morte em caso de guerra declarada (art. 5º, XLVII, *a*); a livre locomoção livre dentro do território nacional só em tempo de paz (art. 5º, XV); o cumprimento da função social da propriedade imóvel (art. 5º, XXII e XXIII); a distinção de brasileiros natos e naturalizados (art. 12, § 3º) etc.

Assim, percebe-se que as limitações inerentes aos direitos fundamentais têm como destinatários os particulares e o Poder Público. Cabe destacar que as limitações aos poderes públicos, como se nota pelas lições de *Paulo Gustavo Gonet Branco* (*Hermenêutica constitucional e direitos fundamentais*, 1999:96):

> "O fato de os direitos fundamentais estarem previstos na Constituição significa que são normas que organizam e limitam o exercício dos poderes constituídos. A constitucionalização dos direitos fundamentais implica em não considerá-los meras autolimitações dos poderes constituídos, dos poderes Executivo, Legislativo ou Judiciário, passíveis de serem alteradas ou suprimida ao talante destes. Nenhum desses poderes confunde com o poder que criou o direito fundamental, que lhes é superior. Os atos dos poderes constituídos estão sujeitos à observância dos direitos fundamentais e se expõe à invalidade se os desprezarem. Isto realça que os direitos fundamentais qualificam-se, juridicamente, como obrigações indeclináveis do Estado."

A limitação, portanto, de um direito fundamental sempre será em decorrência da existência de outro direito fundamental com a mesma efetividade, aplicabilidade e supremacia. Claro, em razão de não ser possível a existência de norma constitucional de maior importância dentre as demais, por respeito ao princípio da unidade da Constituição, ventilado no item 2.1.1, bem como da necessidade da limitação nos direitos fundamentais, é que os princípios encontram-se no mesmo plano axiológico, não sendo lícito falar em hierarquia de normas dentro da Constituição, mesmo que oriunda do Poder Constituinte Derivado.

Assim, para que os direitos fundamentais sejam exercidos em sociedade de forma coesa e harmônica, pressupõe-se outro direito em contraponto.

J. J. Gomes Canotilho (1998:1108) é claro ao dizer que atribuir validade absoluta a certos princípios em detrimento de outros causaria a criação de princípios reciprocamente incompatíveis, com a consequente destruição da unidade axiológico-normativa da Constituição. Diferentemente das regras, em que se parte da premissa do tudo ou nada (*all or nothing*), em sede de confronto de princípios jurídicos, há que se considerar a dimensão de peso a ser atribuída em uma ponderação de valores e concordância prática.

O conflito entre normas jurídicas, ou seja, a situação de incompatibilidade entre normas jurídicas é denominada antinomia jurídica.

Na lição de *Eros Grau* (2003:182), antinomia jurídica *é a situação que impõe a extirpação do sistema das regras.* A escolha de qual regra é a que deverá prevalecer será aquela adotada pelo critério cronológico, hierárquico e de especialidade a ser estudado neste capítulo.

Nestes termos, verifica-se se há antinomia jurídica, propriamente dita, só no que se refere às regras jurídicas, uma vez que, em sede de princípios jurídicos, a colisão de princípios não é hábil a gerar a eliminação de um postulado em detrimento do outro no sistema jurídico.

O que se pode concluir é que no conflito de princípios jurídicos não há *extirpação* ou *eliminação* de um princípio por aplicação de um em detrimento do outro. Não existe antinomia de princípios jurídicos, pois, ao se encontrarem em rota de colisão, não há que se falar em declaração de validade de um e invalidade do outro, mas dimensão de peso na sua aplicação, ou melhor: a aplicação adequada do princípio diante do caso concreto.

No que tange às antinomias entre princípios, *Bobbio* as denomina como impróprias: "as antinomias de princípio não são antinomias jurídicas propriamente ditas, mas podem dar lugar a normas incompatíveis. É lícito supor que uma fonte de normas incompatíveis possa ser o fato de o ordenamento estar minado por antinomias de princípio".

4.2. COLISÃO OU APARENTE CONFLITO DE PRINCÍPIOS?

Em razão de certas limitações de aplicação de um direito fundamental em detrimento do outro, em um determinado caso concreto, configura-se efetiva colisão de normas, ou tão somente aparente conflito de normas?

Acredita-se que a adoção da terminologia "aparente conflito" ou "conflito" está umbilicalmente ligada ao conceito de sistema jurídico, devendo o intérprete utilizá-lo como norte para a sua pesquisa.

Para os adeptos da teoria positivista kelsiana, o sistema jurídico é fechado, completável e isento de contradições porque "as normas de um ordenamento têm um certo relacionamento entre si, e esse relacionamento é o relacionamento de compatibilidade, que implica a exclusão da incompatibilidade" (BOBBIO, 1999:80). Destarte, para os adeptos desta teoria não existem conflitos entre regras ou princípios (normas jurídicas), mas sim aparentes conflitos que se resolvem mediante a interpretação que se lhes dá. A solução das antinomias se dará em sede de interpretação e de aplicação da norma prevista no sistema jurídico considerado correto ou por meio do critério cronológico, hierárquico ou de especialidade.

Claus-Wilhelm Canaris, ao contrário de *Kelsen*, propõe o estudo de um sistema jurídico aberto, no qual o seu conceito será obtido de acordo com a adequação dos valores das normas aos fins sociais que garantam a justiça e a igualdade no direito, isto é, os ditames jurídicos *estão adstritos a proceder com adequação* (CANARIS, 1996:18). A unidade interior da ordem jurídica *procura garantir a ausência de contradições na ordem jurídica*, visando à realização da tendência generalizadora da justiça mediante a aplicação do princípio da igualdade. Como desdobramento do princípio da igualdade, garante-se a ordem no direito, pois não existem *valores singulares desconexos* no sistema, mas valores estáveis, previsíveis e determinados que garantam a denominada segurança jurídica (CANARIS, 1996:19, 22).

Para *Canaris*, a formação do sistema jurídico demanda duas exigências a serem seguidas: a ausência de contradições e a plenitude. A ausência de contradições *entre duas normas será em todas as circunstâncias*. Contudo, ressalta *Canaris*, *isso só funciona para as verdadeiras contradições de normas, enquanto as contradições de valores e de princípios não se deixam evitar sem exceções* (1996:40). Assim, a ausência de contradição no sistema jurídico proposto por *Canaris* só será factível no que tange às regras jurídicas, e não entre valores ou princípios.

Para *Dworkin* e *Alexy*, o sistema jurídico é regido por normas jurídicas, compreendidas entre regras e princípios. As *regras* possuem mandamentos definitivos que visam a assegurar o direito de forma plena. Como no positivismo, as regras serão aplicáveis na maneira do "tudo ou nada", ou seja, se uma regra é válida, deve ser aplicada da forma prevista, nem mais nem menos, conforme procedimento de subsunção. Ao revés, os *princípios* são dotados de dimensões e pesos distintos uns dos outros, da mesma forma que não são determinantes para uma decisão, como o *all or nothing* das regras. Ademais, os princípios não se limitam apenas a buscar os fins sociais benéficos previstos na norma, mas são *mandamentos de otimização*, isto é, segundo as várias previsões estabelecidas pelas regras jurídicas e as infinitas situações fáticas a virem a existir, os princípios atuam como critério de solução para resolver casos concretos de difíceis respostas.

Assim, de acordo com a definição de sistema jurídico que se adotou neste trabalho, qual seja, de uma unidade estrutural aberta que integra o *estudo de uma ciência social aplicada à moralidade* formada *com vistas à paz social*, não há receio de se afirmar que, em sede de regras jurídicas, realmente, não há que se falar em efetivo conflito, mas somente em aparente conflito de regras, pois, caso contrário, se realmente existir este choque, concluir-se-á que só uma norma deverá ser considerada válida. Por outro lado, no que tange aos princípios jurídicos, é possível dizer que existe efetivamente um conflito já que as cargas valorativas expressas no mandamento vinculam abstratamente uma finalidade a ser atingida sem indicar qual deverá ser o comportamento a ser adotado.

O que se pode concluir com certeza é que no conflito de princípios jurídicos não há *extirpação* ou *eliminação* de um princípio em detrimento de outro, ou seja, não há a declaração de invalidade do princípio ou a anulação deste no ordenamento jurídico por se encontrar, diante do caso concreto, em dissonância com o outro.

Não existe antinomia de princípios jurídicos, pois, ao entrarem em choque, não geram, consequentemente, a retirada de um deles de forma definitiva do ordenamento jurídico.

Conclui-se, portanto, que não há que se falar propriamente em antinomia *in abstrato* de princípios jurídicos, em que pese ser lícito afirmar que existe, em tese, colisão de princípios.

4.3. MODALIDADES DE CONFLITOS

Neste contexto, o sistema jurídico é formado por normas que compreendem as espécies regras e princípios jurídicos.

E mais, é possível verificar dentro do ordenamento jurídico a colisão de regras jurídicas (antinomias jurídicas), conflito de princípios jurídicos (colisão de princípios) e conflitos entre regras e princípios jurídicos.

4.3.1. Conflito entre normas

Como já mencionado, o conflito entre regras jurídicas é denominado antinomia jurídica. Assim, para aferir a validade da norma dentro do ordenamento jurídico, será utilizado o critério trazido por *Norberto Bobbio* em sua obra *Teoria do ordenamento jurídico*.

Dessa forma, caso no ordenamento jurídico existam mais de uma norma jurídica que dispõe sobre o mesmo assunto, apenas uma delas deverá ser considerada válida. *Bobbio*, com base na conceituação de sistema jurídico pela perspectiva de *Kelsen*, sugere as soluções, como se verá em seguida.

Para a solução das antinomias, *Bobbio* apresenta três critérios: o critério cronológico, o critério hierárquico e o critério da especialidade. O critério cronológico, chamado também de *lex posterior*, é aquele com base no qual, entre duas normas incompatíveis, prevalece a norma posterior: *lex posterior derogat priori*. O critério hierárquico, chamado também de *lex superior*, é aquele pelo qual, entre duas normas incompatíveis, prevalece a hierarquicamente superior: *lex superior derogat inferiori*. O terceiro critério, dito justamente da *lex specialis*, é aquele pelo qual, de duas normas incompatíveis, uma geral e uma especial (ou excepcional), prevalece a segunda: *lex specialis derogat generali*.

Diante da tutela dos benefícios da Seguridade Social, a colisão de regras jurídicas pode ser observada em algumas passagens.

A Lei Orgânica da Assistência Social, em seu art. 1º, aduz que a assistência social é um direito do cidadão e dever do Estado, é política de seguridade social não contributiva que provê os mínimos sociais, realizada por meio de um conjunto integrado de ações de iniciativa pública e da sociedade, para garantir o atendimento às necessidades básicas.

Prevê também o Decreto n. 3.048, de 6 de maio de 1999, em seu art. 3º, a Assistência Social nestes termos:

> "Art. 3º A Assistência Social é a política social que provê o atendimento das necessidades básicas, traduzidas em proteção à família, à maternidade, à infância, à adolescência, à velhice e à pessoa portadora de deficiência, independentemente de contribuição à Seguridade Social..."

O benefício assistencial tem por fundamentação a necessidade de sobrevivência. A Lei n. 8.742/93 é expressa:

> "Art. 2º A Assistência Social tem por objetivo:
>
> (...)
>
> V — a garantia de um salário mínimo de benefício mensal à pessoa portadora de deficiência e ao idoso que comprovem não possuir meios de prover a própria manutenção ou de tê-la provida por sua família."

No capítulo referente aos benefícios, aos serviços e dos programas e dos projetos de Assistência Social, da Lei n. 8.742/93, dispõe o art. 20[16] que:

> "Art. 20. O benefício de prestação continuada é a garantia de um salário mínimo mensal à pessoa portadora de deficiência e ao idoso com 70 anos ou mais e que comprovem não possuir meios de prover a própria manutenção e nem de tê-la provida por sua família."

No § 3º deste mesmo dispositivo, disciplina-se que:

> "§ 3º Considera-se incapaz de prover a manutenção da pessoa portadora de deficiência ou idosa a família cuja renda mensal *per capita* seja inferior a 1/4 (um quarto) do salário mínimo."

---

(16) O Supremo Tribunal Federal declarou em sede de Ação Direta de Inconstitucionalidade a validade da regra inserida no § 3º do art. 20 da LOAS (ADIn n. 1.232-1).

Ocorre que, posteriormente à Lei n. 8.742/93, sobreveio a Lei n. 10.689/03 que, ao autorizar o Poder Público executivo a conceder apoio financeiro aos Municípios que instituírem Programas de Garantias de Renda associados às ações socioeducativas, veio a instituir o Programa Nacional de Acesso à Alimentação (PNAA) e estabeleceu o critério mais vantajoso para análise objetiva da miserabilidade, qual seja, renda familiar *per capita* inferior a ½ salário mínimo. Dispõe em seu art. 2º, § 2º, que:

> "§ 2º Os benefícios do PNAA serão concedidos, na forma desta Lei, para a unidade familiar com renda mensal *per capita* inferior a meio salário mínimo."

Assim, pelo que se nota, o conceito legal de miserabilidade, diante do novo dispositivo legal, foi alterado com a finalidade de garantir maior efetividade aos beneficiados e maior ônus para o Poder Público. A inovação do ordenamento jurídico não pode passar despercebida ao aplicador do direito, especialmente porque o benefício assistencial também se destina a suprir a falta dos meios básicos de subsistência de quem comprovadamente encontrar-se em situação de miserabilidade.

Sendo assim, há de se estabelecer igual tratamento jurídico no que concerne à verificação da miserabilidade, a fim de se evitar distorções que conduzam a situações desprovidas de razoabilidade. Em outras palavras, deve ser considerada incapaz de prover a manutenção da pessoa portadora de deficiência ou idosa a família cuja renda mensal *per capita* seja inferior a ½ salário mínimo.

Para que se ateste a verossimilhança do raciocínio jurídico acima exarado, a 5ª Turma do Tribunal Regional Federal da 4ª Região adotou o entendimento de que o art. 20, § 3º, da Lei n. 8.742/93, foi derrogado mediante a elevação da fração de ¼ do salário mínimo para a fração de ½, nos termos que seguem:

> "É de ser mantida a orientação de que o § 3º do art. 20 da Lei n. 8.742/93 deve ser interpretado no conjunto de leis a que tratam a assistência social aos necessitados e sob o pálio da Constituição Federal, pois não haveria razão para tratamento diferenciado entre o que se considera 'miserável' para os fins das Leis ns. 9.533/97 e 10.219/2001 (que tratam, respectivamente, do programa federal de garantia de renda mínima — PETI e da 'Bolsa Escola') — onde se presume miserável aquele que tiver renda mensal *per capita* inferior a ½ salário mínimo — e para a Lei n. 8.742/93, onde necessitado (miserável) somente será aquele que detiver renda mensal *per capita* inferior a ¼ do salário mínimo. Se, naqueles ordenamentos, se considera miserável quem tem renda inferior a ½ salário mínimo, esse critério pode e deve ser aplicado aos aspirantes ao benefício assistencial de que trata a Lei n. 8.742/93. Não há como se admitir parâmetros diversos para situações idênticas, se, na realidade, importa mesmo saber quem é miserável, nos termos da lei" (AGA n. 2002.04.01.046195-1/PR, 5ª Turma, Rel. Des. Federal A. A. Ramos de Oliveira. DJ de 09.04.2003).

Por sua vez, a Turma Regional de Uniformização dos Juizados Especiais Federais da 4ª Região, na Súmula n. 6, enuncia que:

"O critério de verificação objetiva da miserabilidade correspondente a ¼ do salário mínimo, previsto no artigo 20, § 3º da Lei n. 8.742/93, restou modificado para ½ salário mínimo, a teor do disposto no artigo 5º, I, da Lei 9.533/97, que autorizava o Poder Executivo a conceder apoio financeiro aos municípios que instituíssem programa de garantia de renda mínima associados a ações socioeducativas, e artigo 2º, § 2º da Lei n. 10.689/2003 que instituiu o Programa Nacional de Acesso a Alimentação — PNAA."

Segundo o ensinamento dos mestres *Carlos Alberto Pereira de Castro* e *João Batista Lazzari* (2006:633):

"Cabe ressaltar ainda, que o benefício de aposentadoria por idade recebido pelo idoso com mais de 65 anos, no valor de um salário mínimo, não deve ser computado no cálculo da renda *per capita*, consoante aplicação analógica do disposto no artigo 34, parágrafo único do Estatuto do Idoso — Lei n. 10.741/2003. Seguindo a mesma linha interpretativa, O TRF da 4ª Região concedeu liminar em Ação Civil Pública entendendo que para efeitos do cálculo de renda *per capita* familiar a que se refere a Lei Orgânica da Assistência Social não fosse considerado qualquer benefício de valor igual ao salário mínimo já concedido ao idoso ou portador de deficiência (AL n. 2005.04.01.022719-0/SC, Rel. Des. Federal Luiz Alberto D´Azevedo Aurvalle, julg. 24.06.2005)."

Nos excertos do Acórdão da medida cautelar, em sede de Reclamação n. 4.374 MC/PE, julgada em 1º de fevereiro de 2007, DJU de 06.02.2007, p. 111, transcritos no item 2.3.2, Capítulo II, em que se destaca a seguinte passagem, corroborando com o enfoque neste tópico:

"[...] *O Tribunal manteve tal entendimento mesmo nas reclamações ajuizadas contra decisões que, procedendo a uma interpretação sistemática das leis sobre a matéria, concediam o benefício assistencial com base em outros critérios estabelecidos por alterações legislativas posteriores (Lei n. 10.836/2004 — Bolsa Família; Lei n. 10.689/2003 — Programa Nacional de Acesso à Alimentação; Lei n. 9.533/97 — autoriza o Poder Executivo a conceder apoio financeiro a Municípios que instituírem programas de garantia de renda mínima associados a ações socioeducativas). Assim decidiu o Tribunal na Rcl n. 2.323/PR, Rel. Min. Eros Grau, DJ 20.5.2005.* Tenho observado, porém, que algumas decisões monocráticas recentes têm dado tratamento diferenciado ao tema. Os Ministros Celso de Mello, Carlos Britto e Ricardo Lewandowski têm negado seguimento às reclamações ajuizadas pelo INSS com o fundamento de que esta via processual, como já assentado pela jurisprudência do Tribunal, não é adequada para se reexaminar o conjunto fático-probatório em que se baseou a decisão reclamada para atestar o estado de miserabilidade do indivíduo e conceder-lhe o benefício assistencial sem seguir os parâmetros do § 3º do art. 20 da Lei n. 8.742/93 (Rcl n. 4.422/RS, Rel. Min. Celso de Mello, DJ 30.6.2006;

Rcl n. 4.133/RS, Rel. Min. Carlos Britto, DJ 30.6.2006; Rcl n. 4.366/PE, Rel. Min. Ricardo Lewandowski, DJ 1.6.2006). O Ministro Sepúlveda Pertence tem enfatizado, quando em análise de decisões que concederam o benefício com base em legislação superveniente à Lei 8.742/93, que as decisões reclamadas não têm declarado a inconstitucionalidade do § 3º do art. 20 dessa lei, mas dado interpretação a tal dispositivo em conjunto com a legislação posterior, a qual não foi objeto da ADI n. 1.232 (Rcl n. 4.280/RS, Rel. Min. Sepúlveda Pertence, DJ 30.6.2006). Somem-se a estas as decisões do Ministro Marco Aurélio, que sempre deixou claro seu posicionamento no sentido da insuficiência dos critérios definidos pelo § 3º do art. 20 da Lei n. 8.742/93 para fiel cumprimento do art. 203, inciso V, da Constituição (Rcl n. 4.164/RS, Rel. Min. Marco Aurélio). Em decisão mais recente (Rcl n. 3.805/SP, DJ 18.10.2006), a Ministra Cármen Lúcia também posicionou-se sobre o assunto, em trechos dignos de nota, *verbis*: "(...) O que se põe em foco nesta Reclamação é se seria possível valer-se o Reclamante deste instituto para questionar a autoridade de decisão do Supremo Tribunal, que, ao menos em princípio, não teria sido observada pelo Reclamado. A única fundamentação da Reclamação é esta: nos termos do art. 102, inc. I, alínea *l*, da Constituição da República, haverá de conhecer este Tribunal da reclamação 'para a preservação de sua competência e garantia da autoridade de suas decisões'. Na presente Reclamação, expõe-se que teria havido afronta à autoridade da decisão que se põe no acórdão proferido na Ação Direta de Inconstitucionalidade 1.232, na qual afirmou este Tribunal Supremo que "inexiste a restrição alegada em face do próprio dispositivo constitucional (art. 203, inc. V, da Constituição da República) que reporta à lei para fixar os critérios de garantia do benefício de salário mínimo à pessoa portadora de deficiência física e ao idoso. Esta lei traz hipótese objetiva de prestação assistencial do Estado". (Rel. Ministro Ilmar Galvão, DJ 1º.6.2001)

[...]. De fato, não se pode negar que a superveniência de legislação que estabeleceu novos critérios mais elásticos para a concessão de outros benefícios assistenciais — como a Lei n. 10.836/2004, que criou o Bolsa Família; a Lei n. 10.689/2003, que instituiu o Programa Nacional de Acesso à Alimentação; a Lei n. 10.219/01, que criou o Bolsa Escola; a Lei n. 9.533/97, que autoriza o Poder Executivo a conceder apoio financeiro a Municípios que instituírem programas de garantia de renda mínima associados a ações socioeducativas; assim como o Estatuto do Idoso (Lei n. 10.741/03) — está a revelar que o próprio legislador tem reinterpretado o art. 203 da Constituição da República." (grifo nosso)

Assim, pelo *critério cronológico* como forma de solução para as antinomias, não é arriscado observar que o conceito de miserabilidade trazido à baila pelo § 3º do art. 20 da Lei n. 8.742/93 foi revogado pelo art. 2º, § 2º, da Lei n. 10.689/2003.

Pelo *critério hierárquico*, nota-se a extinção da Aposentadoria por Tempo de Serviço criada originariamente pela Lei Eloy Chaves em razão da Emenda Constitucional n. 20, de 1998, na qual era devida de forma proporcional ao segurado que completasse 25 anos de serviço, se mulher, e 30 anos, se homem, desde que cumprido o período de carência exigido sem idade mínima. Desta forma, aqueles que ingressarem no Regime Geral de Previdência após a promulgação da EC n. 20, de 1998, não poderão se aposentar por este benefício.

Note-se a posição do STF neste sentido:

"INSS. Aposentadoria. Contagem de tempo. Direito adquirido. Art. 3º da EC 20/98. Contagem de tempo de serviço posterior a 16.12.1998. Possibilidade. Benefício calculado em conformidade com normas vigentes antes do advento da referida emenda. Inadmissibilidade. (...) Embora tenha o recorrente direito adquirido à aposentadoria, nos termos do art. 3º da EC 20/98, não pode computar tempo de serviço posterior a ela, valendo-se das regras vigentes antes de sua edição. Inexiste direito adquirido a determinado regime jurídico, razão pela qual não é lícito ao segurado conjugar as vantagens do novo sistema com aquelas aplicáveis ao anterior. A superposição de vantagens caracteriza sistema híbrido, incompatível com a sistemática de cálculo dos benefícios previdenciários." (RE 575.089, Rel. Min. Ricardo Lewandowski, julgamento em 10.9.08, DJE de 24.10.08)

O *critério da especialidade* como forma de solução de antinomias jurídicas pôde ser constatado quando o novo Código Civil, em seu art. 5º, ao entrar em vigor, abaixou a faixa etária da capacidade civil de 21 para 18 anos, fazendo crer por parte de alguns que isto teria consequentemente abaixado a faixa etária do dependente do Regime Geral de Previdência Social.

Omar Chamon, em sua obra *Introdução ao direito previdenciário* (2005:51), é claro ao dizer que: "consideramos que, por a lei de Benefícios ser uma lei especial, e expressamente, referir-se à idade de 21 anos, a mudança não atinge os dependentes da previdência social".

Ademais, na Jornada de Direito Civil promovida pelo Centro de Estudos Judiciários do Conselho da Justiça Federal, no período de 11 a 13 de setembro de 2002, sob a coordenação científica do Ministro Ruy Rosado, do Superior Tribunal de Justiça (www.cjf.gov.br), prevaleceu o entendimento de que, por ser a lei previdenciária uma norma especial em face do Código Civil, as regras previstas no art. 16 da Lei 8.213/91 continuam em vigor, *in verbis*:

"Art. 5º A redução do limite etário para a definição da capacidade civil aos 18 anos não altera o disposto no artigo 16, I, da Lei 8.213/91, que regula específica situação de dependência econômica para fins previdenciários e outras situações similares de proteção, previstas em legislação especial."

4.3.2. Conflito entre princípios

A colisão ou conflito entre princípios haverá sempre que a Constituição: a) proteger simultaneamente dois valores ou bens em contradição concreta; b) proteger uma situação através de um princípio e outrora proibi-la pela aplicação de outro princípio ou vice-versa.

No caso concreto, determinado princípio terá maior relevância que outro, preponderando segundo circunstâncias fáticas e jurídicas.

4.3.2.1. *Conflito entre direitos fundamentais*

J. J. Gomes Canotilho (1998:1192) leciona que as colisões de direitos fundamentais podem ser divididas em dois tipos: colisão de direitos entre vários titulares de direitos fundamentais e colisão entre direitos fundamentais e bens jurídicos da comunidade e do Estado.

Na esteira deste entendimento, há colisão de direitos quando o exercício de um direito fundamental por parte de seu titular colide com o exercício do direito fundamental por parte de outro titular. Não há, pois, cruzamento ou acumulação, mas um "choque", um autêntico conflito de direitos. A colisão ou conflito de direitos fundamentais encerra, por vezes, realidades diversas nem sempre diferenciadas com clareza (1998:1192).

Tomado como um direito fundamental, os postulados que informam a previdência social, bem como os demais princípios sociais, possibilitam a visualização de conflitos principiológicos. Destarte, verifica-se a colisão do exercício do direito fundamental em sede de benefícios da Previdência Social quando existem dois titulares na busca da mesma prestação na seguinte situação:

Conforme preceitua o art. 16 da Lei n. 8.213/91, são considerados dependentes de 1ª classe o cônjuge, a companheira, o companheiro e o filho, de qualquer condição, menor de 21 anos. O fim social almejado pela norma ao conferir ao cônjuge e ao companheiro a qualidade de dependentes da previdência social pressupôs a existência de vida em comum entre um e outro, acrescida à presunção absoluta de dependência econômica, sem prejuízo da manutenção da família.

Em que pese a legislação previdenciária inovar o ordenamento jurídico trazendo amparo àqueles que vivem sob a égide da união estável, há a hipótese factível de colisão de princípios fundamentais entre dois titulares, a saber: o concubinato adulterino.

O concubinato adulterino ou impuro é a união estável que decorre de mais de uma união de fato, em face da deslealdade para com o primeiro companheiro ou para a união incestuosa cuja ilicitude deriva do próprio direito natural (OLIVEIRA, 1999:21).

Assim, diante da intenção da norma de amparar aqueles que tinham uma vida em comum, não será teratológico acreditar que existam segurados da previdência social que possuam concomitantemente, além do cônjuge, um companheiro ou companheira na forma que preceitua o instituto da união estável.

Com o falecimento do segurado, fica a indagação: o companheiro adúltero é codependente do segurado? Quem serão os beneficiários da Previdência Social? Se o concubinato adulterino for oriundo de uma relação homoafetiva, mesmo assim será considerado codependente?

Acredita-se estar latente a colisão positiva de direitos fundamentais, na medida em que se apresenta mais de um titular. O benefício previdenciário foi erigido ao *status* de direito fundamental, conforme o *caput* do art. 6º da Constituição Federal.

Por outro lado, é factível atestar colisão entre direitos fundamentais e bens jurídicos da comunidade e do Estado em sede de tutela de benefício previdenciário? Em sede de direito previdenciário, é possível atestar conflito entre princípios constitucionais fundamentais? Acredita-se que sim, quando diz respeito à possibilidade de se rediscutir em juízo a qualidade de segurado especial da Previdência Social, daquele que na primeira oportunidade em juízo não conseguiu provar documentalmente a sua condição jurídica.

Para o reconhecimento do tempo de serviço para carência de benefício do trabalhador rural, bem como para comprovar a condição de segurado especial, o § 3º do art. 55 da Lei n. 8.213/91 exige que o interessado apresente documentos que comprovem a sua alegação. Nesta esteira, a Súmula n. 149 do Superior Tribunal de Justiça é clara ao dizer que:

> "A prova exclusivamente testemunhal não basta à comprovação da atividade rurícola, para efeito da obtenção do benefício previdenciário."

Como é notório, os trabalhadores rurais, em razão da precariedade, em que prestam os seus serviços no campo, longe dos centros urbanos, não possui a riqueza de documentos hábeis a comprovar a sua atividade de rurícola durante o período deduzido em juízo.

Para que se comprove de forma efetiva o tempo de serviço laborado no campo, seja para a obtenção de aposentadoria por idade de segurado especial, ou para a justificação de contagem de tempo de serviço, o INSS exige três documentos para cada ano trabalhado, prescindida da oitiva de testemunhas que atestem o serviço campestre.

Por outro giro, na esfera judicial, em razão do postulado constitucional previsto no art. 5º, LV e LVI, qual seja: da ampla defesa e do contraditório e da admissibilidade de quaisquer meios de provas lícitas, bem como os arts. 131 e 332, ambos do Código de Processo Civil, que dispõem sobre o princípio do livre convencimento e da liberdade da prova dos fatos, tem-se relativizada e abrandada a aplicação do § 3º do art. 55 da Lei n. 8.213/91.

Assim, as jurisprudências dos tribunais estão decidindo que apenas um único documento idôneo que comprove a situação de segurado especial da parte autora satisfaz a exigência da Súmula n. 149 do Egrégio STJ, desde que contemporânea com o tempo laborado. Claro que a apresentação do documento não conduz, por si só, à obtenção da pretensão deduzida em juízo, sendo indispensável a análise das demais provas contidas nos autos.

O Desembargador Federal Antonio Cedenho da 7ª Turma do Tribunal Regional Federal da 3ª Região, ao julgar a Apelação Cível n. 1.199.077, Processo n. 2007.03.99.022400-8, explanou com muita propriedade a dificuldade do trabalhador rural em obter documentos que justifiquem a sua condição de rurícola, e a orientação que o magistrado deve tomar diante desses casos, a saber:

> "O argumento de que a prova oral desacompanhada de documentos é inadmissível não encontra fundamento. O princípio do devido processo legal pressupõe um juiz imparcial e independente, que haure a sua convicção dos elementos de prova produzidos no curso da ação. Assim, consagram a regra do artigo 131 do CPC, segundo a qual o juiz apreciará livremente a prova e art. 332 do referido estatuto, que estabelece:
>
> Todos os meios legais, bem como os moralmente legítimos, ainda que não especificados neste Código são hábeis para provar a verdade dos fatos, em que se funda a ação ou a defesa.
>
> Tais normas são específicas do poder jurisdicional e prevalecem sobre quaisquer outras. Ademais, o inciso XVI do artigo 20 do Decreto n. 611/92 prevê que qualquer outro elemento que possa levar à convicção do fato a comprovar é aceitável.
>
> Ainda é certo, se não fosse suficiente, que o artigo 5º, inciso LVI da Carta Magna, admite quaisquer provas desde não obtidas por meios ilícitos. Assim, válida a prova testemunhal, que não pode ter a sua eficácia limitada, por não vir acompanhada de prova documental, sob pena de cercear o poder do juiz, relativamente à busca da verdade e sua convicção quanto a ela.
>
> (...)
>
> Então em nome da Constituição, e sem desprezo ao contido no artigo 400 do Código de Processo Civil, além do § 3º do artigo 55 da Lei n. 8.213/91, é importante consignar a supremacia do TEXTO FUNDAMENTAL, ao consagrar no artigo 5º, inciso LV, o princípio processual da ampla defesa e, no inciso LVI, o princípio do devido processo legal. Não é demais anotar, outrossim, que estes princípios estão elencados no grande artigo constitucional, destinados aos *direitos e garantias fundamentais do cidadão*." (grifo nosso)

Fundamenta o Desembargador sobre a condição da vida precária do rurícola como óbice para a obtenção de documento que comprove a sua condição de segurado especial:

> "Assim, já decidiu que a realidade fática vivida pelos rurícolas não se coaduna com a exigência de prova documental, admitindo-se os depoimentos testemunhais isolados como suficientes a comprovar o tempo de serviço na atividade rural (TRF da 3ª Região, AC 96.03.032705-0, 5ª Turma Rel. Fed. Pedro Rotta, j. 13.07.1997, DJ 05.08.1997, p. 59.433)."

Assim, diante das dificuldades que o rurícola possui em obter documentos hábeis a comprovar a sua condição de segurado especial, acrescida à finalidade da garantia do piso vital mínimo que preserva o art. 6º da Constituição Federal, ousa-se lançar algumas indagações:

Faz coisa julgada a decisão que julga improcedente o pedido de benefício previdenciário por falta de prova documental?

O segurado, mesmo após transcorrido o prazo da ação rescisória, em posse de um novo documento, estaria impedido de pleitear o mesmo pedido previdenciário que outrora fora indeferido por ofensa à Súmula n. 149 do STJ?

Estaria privado o segurado de ser beneficiado por um direito fundamental destinado à sua subsistência em razão de um direito fundamental que tutela a segurança jurídica das decisões judiciais?

A coisa julgada (art. 5º, XXXVI), classificada como elemento limitativo da Constituição Federal, visa a enrijecer e a dificultar a busca do direito fundamental pelo ser humano ou tem por finalidade frenar a atividade estatal negando a prestação jurisdicional em prejuízo do particular?

Buscando a efetiva interpretação dos dispositivos legais em comento, almejando o efeito desejado da decisão, segundo a sua utilidade no caso concreto, o Desembargador Federal *Sérgio Nascimento*, em sua belíssima obra *Interpretação do direito previdenciário*, São Paulo: Editora Quatier Latin, 2007, p. 124, ensina que:

> "(...) a interpretação teleológica dos dispositivos legais que versam sobre a questão em exame leva a conclusão de que a ausência nos autos de documento tido por início de prova material é causa de extinção do feito sem resolução do mérito, com base no inciso IV do art. 267 do CPC, tendo em vista que o § 3º do artigo 55 da Lei n. 8.213/91 e a Súmula n. 149 do E. STJ, ao vedarem a prova exclusivamente testemunhal em tais casos, criaram um óbice de procedibilidade nos processos em que envolvam o reconhecimento em tempo de serviço, não fazendo, portanto, coisa julgada a sentença que extinguisse esses feitos.
>
> Em consequência, o autor que venha localizar um documento admitido como início de prova material para o período que objetive comprovar, pode ajuizar, a qualquer época, nova ação com mesmo pedido".

Convém, antes de qualquer coisa, ter como nobre a orientação tomada pelo Douto Desembargador acerca da possibilidade de que o segurado especial tem de rediscutir a decisão de extinção do processo passada em julgado, quando o seu fundamento for por insuficiência de provas materiais, em suma, por não satisfazer a exigência da Súmula n. 149 do Egrégio Superior Tribunal de Justiça.

Ocorre, porém, que, diante da exegese trazida, esta rediscussão da decisão judicial só encontraria guarida quando fulcrada sem análise do mérito. Nesta esteira (NASCIMENTO, 2007:126):

> "Isso não ocorreria caso o pedido fosse simplesmente julgado improcedente, ainda que o juiz não tenha feita alusão ao artigo 129 do CPC, pois quando há improcedência do pedido, o julgamento de mérito é presumido."

Data maxima venia, em que pese a sua louvável intenção em garantir o acesso à previdência social, o que se vê pela jurisprudência esmagadoramente dominante é que, nestes casos, há a improcedência do pedido, impossibilitando o autor de repropor a ação nos casos de documento novo, demonstrando-se sem efeito prático tal raciocínio interpretativo. Para que a decisão proferida nestes casos fosse julgada, sem resolução do mérito, o autor, na formulação da petição inicial, teria de elaborar um pedido alternativo, em que, se por acaso, o seu pedido restasse indeferido por inobservância da Súmula n. 149 do STJ, a sua resolução teria de ser sem análise de mérito.

José Antonio Savaris, na obra intitulada *Direito processual previdenciário*, com bases nas decisões do TRF da 4ª Região, acolhe o princípio da não preclusão do direito previdenciário, na qual não há que se falar em perda da oportunidade de pleitear benefícios previdenciários por falta de provas, sempre que forem estas renovadas (2008:85). Assim, para o autor, a coisa julgada previdenciária será sempre segundo as provas dos autos. Isto porque a falta de documento que ateste o fato constitutivo de seu direito *é pré-condição para a própria admissibilidade da lide*, pois é documento essencial que deve instruir a inicial sob pena de indeferimento (art. 283 c/c art. 295, ambos do Código de Processo Civil).

Ocorre que a impossibilidade do autor em comprovar os fatos constitutivos do seu direito é questão que envolve o mérito do processo, sendo, pelo menos neste raciocínio, impossível deixar de apreciar o bem da vida.

Por outro giro, se nos casos em que houvesse a extinção do processo com a resolução do mérito, julgando improcedente o pedido, restaria impossibilitado o segurado de ser beneficiado pela Previdência Social? Existiria uma solução a ser tomada ou o cidadão estaria impedido para sempre de obter este benefício?

Neste caso, é clara a colisão de direitos fundamentais: de um lado, a obtenção de um direito social: benefício previdenciário, em detrimento da existência da coisa julgada.

4.3.2.2. *Conflito entre direito fundamental e outro valor constitucional*

Sucede a colisão entre direitos fundamentais e outros valores constitucionais quando interesses individuais se contrapõem aos interesses da comunidade, reconhecido também pela Constituição, tais como: integridade social, patrimônio cultural, segurança pública, família e outros (FARIAS, 2000:118).

Os interesses da coletividade não são todos e quaisquer bens jurídicos, são exclusivamente aqueles bens coletivos protegidos pela Constituição. Somente a necessidade de salvaguardar estes últimos justifica a restrição de direitos fundamentais quando colidentes com valores coletivos outros, ou seja, sempre prevalecerá a supremacia do interesse público sobre o do particular quando se tratar de conflito de princípios constitucionais (CANOTILHO, 1998:136).

Neste caso, verifica-se a colisão de um direito fundamental com princípios de ordem pública. Na lição de *Alexy* (*apud* RORIZ, 2001:18): "Bens coletivos não se apresentam apenas como adversários dos direitos individuais. Eles podem também significar o pressuposto ou meio de realização destes direitos".

Destarte, justifica-se a restrição imposta pela Lei n. 9.732/98, que alterou o art. 22 da Lei 8.212/91, bem como a própria Previdência Social, em ambos os casos estabelecendo ao segurado beneficiado pela aposentadoria especial de estar proibido de continuar trabalhando nestas condições.

O art. 36 da Instrução Normativa INSS n. 49, de 3 de maio de 2001, dispõe expressamente que:

> "Art. 36. Sob pena de suspensão da aposentadoria especial, requerida a partir de 29.04.1995, o segurado não poderá retornar ou permanecer em atividade sujeita às condições especiais que prejudiquem a saúde ou a integridade física constantes do Anexo IV do Decreto n. 3.048, de 1999, ou, se afastado, não poderá voltar ao exercício dessas atividades."

Com efeito, a aposentadoria especial tem previsão expressa no art. 57 da Lei de Benefícios da Previdência Social, cuja finalidade é de abreviar o tempo de serviço daquele segurado que prestou os seus serviços em condições perigosas ou que causasse prejuízo à sua saúde.

Assim, já que o fundamento deste benefício é salvaguardar a expectativa de sobrevida e a saúde do segurado depois de ter prestado serviços em condições especiais, não teria como se conceber a possibilidade deste continuar trabalhando nestas condições.

Trata-se, no caso, de uma intervenção direta da restrição do exercício do direito de trabalho, em desfavor do aposentado em razão de circunstâncias que possam causar prejuízo à sua saúde. Neste caso, o direito fundamental do valor social do trabalho está mitigado ante o interesse público da preservação da saúde do trabalhador. Isto, mesmo se a postulação da obtenção do benefício ter sido requerida anteriormente à Lei n. 9.032, de 28 de julho de 1995.

O dever do Estado de proteger a saúde do seu cidadão obriga-o a desenvolver mecanismos de proteção desse bem, *verbi gratia*, o art. 7º, XXXIII, da Constituição Federal, que proíbe o trabalho noturno, perigoso ou insalubre aos menores de 18 anos. Isto não é possível sem intervenção no direito de liberdade daqueles que podem afetar ou ameaçar a segurança pública. Na composição entre esses princípios há de ser preservado o interesse da coletividade, isto é, o interesse público primário. O direito de preservar saúde pública é uma das inúmeras formas de se garantir o valor social do trabalho.

A norma previdenciária, ao restringir o trabalho do aposentado especial, se compatibiliza de maneira proporcional com a preservação da saúde, bem coletivo que se sobrepõe à vontade individual do obreiro. Neste caso, a intervenção do Estado visa a proteger a saúde do cidadão mediante ação que restrinja a sua atividade, evitando o agravamento da patologia que gerou a incapacidade laboral.

4.3.2.3. *A dignidade da pessoa humana e os conflitos entre princípios*

O princípio da dignidade da pessoa humana impõe, por um lado, dever de abstenção ou de condutas negativas e, por outro, de condutas positivas tendentes a efetivar e proteger a pessoa humana. É imposição que recai sobre o Estado de respeitar, proteger e promover as condições que viabilizem a vida com dignidade.

No Brasil, em que pese o elevado grau de indeterminação, o princípio da dignidade da pessoa humana constitui critério para integração da ordem constitucional, prestando-se para reconhecimento de direitos fundamentais. Por isso, o postulado da dignidade da pessoa humana deve ser considerado no ato de interpretar, aplicar ou criar as regras jurídicas (RIZZATTO, 2007:51).

Assim, a dignidade da pessoa humana é um valor que deve ser considerada determinante interpretativo para a harmonização dos princípios jurídicos, oferecendo parâmetro para a solução do conflito entre os princípios, iluminando todo o ordenamento.

Diante da plena aplicabilidade do postulado em comento, é lícito dizer que ela é uma premissa absoluta capaz de elidir outros direitos catalogados da Carta Magna? O que se pretende responder é: a dignidade da pessoa humana é um princípio constitucional absoluto? Seria a dignidade da pessoa humana uma exceção principiológica no Estado Democrático de Direito?

A dignidade da pessoa humana é um valor que se exterioriza por meio de um princípio fundamental, um axioma. Como critério de valor, necessita ser permanentemente reafirmado para manter-se vivo, visto que tem a pretensão de se projetar para o futuro, sobretudo quando incorporado em normas e princípios, e se religa ao passado, enquanto promessa que perdura no tempo, ou legado de umas gerações para as outras.

Rizzatto Nunes, em sua belíssima obra *O princípio constitucional da dignidade da pessoa humana — doutrina e jurisprudência* (2007:57), é claro ao dizer que: "forçoso repetir que é dever de todos, especialmente aqueles que militam no campo jurídico (...) pautar sua conduta e decisões pela necessária implementação real do respeito à dignidade da pessoa humana, *princípio absoluto*".

Edílson Pereira de Farias, ao comentar o princípio da dignidade da pessoa humana em sua obra *Colisão de direitos* (2000:64), de maneira distinta, acentua que a dignidade da pessoa humana "não é um princípio absoluto no sentido de que deva prevalecer incondicionalmente sobre os princípios opostos em qualquer situação". E acrescenta ainda o autor que "está sujeito também à lei de colisão e, sob determinadas circunstâncias, poderá não prevalecer sobre princípios colidentes".

Como já mencionado na primeira parte de capítulo, não é possível atribuir um caráter absoluto a um determinado princípio, sob pena de ver caracterizada a criação de princípios reciprocamente incompatíveis, gerando a destruição da unidade normativa da Constituição, acarretando a declaração de inconstitucionalidade de normas constitucionais oriundas de Poder Constituinte Originária.

Com efeito, se for tomado como absoluto o postulado da dignidade da pessoa humana, não há que se falar em colisão, pois ela sempre irá prevalecer em detrimento de outro princípio constitucional, o que parece inviável.

Não existe no ordenamento jurídico princípio que, em qualquer caso, impreterivelmente se sobreponha aos demais, independe das circunstâncias do caso concreto. No entanto, não podemos olvidar que a dignidade da pessoa humana, em razão de sua enorme carga valorativa, seja capaz de preceder quase a totalidade das situações de colisão. Mas, mesmo assim, não parece cauteloso afirmar que se trata de um postulado absoluto.

Por outro lado, se diante do problema houver a contraposição da dignidade da pessoa humana com outro princípio constitucional, somente diante da análise do caso concreto é que a resposta poderá ser dada.

Farias (*apud* ALEXY, 1997:65) exemplifica um caso em que se permitiu a "escuta" para que se tutelasse o princípio da proteção do Estado, visando à preservação das instituições democráticas e a própria existência do Estado de Direito. Nestes casos, o princípio não foi violado por uma "desconsideração ou subestimação da pessoa humana, senão pela necessidade de manter em segredo medidas para a proteção da ordem democrática e a existência de direito".

Registra-se, porém, que dificilmente enfrentará situações em que a dignidade da pessoa humana seja preterida na aplicação de outro princípio, ainda mais na tutela de direitos sociais.

O Tribunal Superior do Trabalho, no Recurso de Revista registrado sob o n. TST-RR-578.399/99-1, enfrentou questão sob a ótica da colisão de princípios constitucionais. Debateu-se, no caso concreto, a liberdade de iniciativa e o direito de propriedade perante o princípio da dignidade da pessoa humana em que, na relação de emprego, o ato patronal se revelou afrontoso aos direitos da personalidade como o da intimidade:

> *"COLISÃO DE DIREITOS E PRINCÍPIOS FUNDAMENTAIS. LIBERDADE DE INICIATIVA E DIRETO À PRIVACIDADE. EXCESSOS DE PODER DO EMPREGADOR. EMPREGADOS SUBMETIDOS À SITUAÇÃO VEXATÓRIA E HUMI-*

LHANTE EM VISTORIA DENTRO DA EMPRESA. INDENIZAÇÃO POR DANOS MORAIS. VIABILIDADE. Indiscutível a garantia legal de o empregador poder fiscalizar seus empregados (CF/88, art. 170, *caput*, incisos II e IV), na hora de saída do trabalho, de forma rigorosa, em se tratando de atividade industrial ou comercial de medicamentos visados pelo comércio ilegal de drogas. A fiscalização deve dar-se, porém, mediante métodos razoáveis, de modo a não expor a pessoa a uma situação vexatória e humilhante, não submetendo o trabalhador à violação de sua intimidade (CF/88, art. 5º, X). Exigir que o trabalhador adentre a uma cabine, dentro da qual deva ficar completamente nu para ser vistoriado por vigilantes da empresa, caracteriza violência à sua intimidade. A colisão de princípios constitucionais em que de um lado encontra-se a livre iniciativa (CF/88, art. 170) e de outro a tutela aos direitos fundamentais do cidadão (CF/88, art. 5º, X) obriga o juiz do trabalho a sopesar os valores e interesses em jogo para fazer prevalecer o respeito à dignidade da pessoa humana. Recurso de revista não conhecido."

4.3.3. Conflito entre princípios e regras

Trata-se aqui da verificação da antinomia jurídica heterogênea existente entre as duas espécies de normas jurídicas.

Os princípios não estão acima ou além do direito. Convivem, no ordenamento jurídico, com as regras, orientando sua produção. Diz mais, "não há oposição entre princípios e regras, ou seja, as normas jurídicas é que se dividem em princípios e regras" (CRUZ, 2004:100).

Isto quer dizer que não há conflito entre regras e princípios. As regras, como posto, não podem se opor aos princípios, não podem ser antagônicas, nem podem contrariar os princípios, pois orientam sua produção. Todavia, isto é o ideal, porque, na prática, verifica-se que o Poder Legislativo, ao criar a norma jurídica, seja princípio ou regra, poderá fazê-lo em conflito uns com outros. É uma contingência do jogo de forças políticas subjacente à edição de normas jurídicas, pelo Legislativo.

Eros R. Grau, na obra *Ensaio e discurso sobre a interpretação e aplicação do Direito* (2003:185), é claro ao dizer que "não se manifesta jamais antinomia jurídica entre princípios e regras jurídicas", porque não se aplicam as regras que são produto final da concreção dos princípios, na medida em que se dará a aplicação não da norma, mas do princípio que lhe deu origem.

Com efeito, somente no momento em que tais preceitos entram em contato com situações concretas é que se atesta o conteúdo da norma e se esta preencherá seu real sentido na solução da antinomia heterogênea. Assim, para apurar qual regra ou princípio que irá prevalecer, deverão ser examinadas as espécies normativas em colisão, mediante sopesamento da dimensão dos valores em confronto.

Tal como o conflito entre princípios, o conflito entre este e a regra também pode ser objeto de um processo intelectual de averiguação da validade da norma a ser aplicada, usando-se, em suma, o que podemos chamar de critérios instrumentais da proporcionalidade ou da razoabilidade.

Alexy (1997:123) admite a existência de conflito entre regra e princípio e assevera que também neste caso há que se usar destes instrumentos — proporcionalidade ou razoabilidade —, pois "não há outra maneira de decidir racionalmente como não seja através da ponderação entre a razão da restrição e o direito fundamental que se quer limitar", afinal, quando estamos diante de conflito de regras com princípios, via de regra, se está diante de uma limitação a um direito fundamental, havendo, então, a necessidade de se utilizar, na interpretação e solução do caso em concreto, as máximas de adequação, necessidade e proporcionalidade em sentido estrito para a solução desta modalidade de conflito.

Note-se, porém, uma situação que demanda maior reflexão acerca da antinomia das regras jurídicas com os princípios jurídicos:

A interpretação sistêmica do art. 1º da Lei n. 9.494/97, bem como o art. 1º da Lei n. 8.437/92, proíbe a concessão de medida liminar contra atos do Poder Público, em sede que qualquer tutela jurisdicional de urgência que esgote o objeto da ação.

Pois bem, diante desta premissa restam indagações puramente verossímeis: estaria o segurado da Previdência Social obrigado a aguardar uma cognição exauriente de um processo de conhecimento para, ante uma injusta cessação do auxílio-doença, tenha o seu benefício restabelecido? Seria inviável conceder uma tutela jurisdicional de urgência nestes casos? Como o segurado garantirá a sua sobrevivência e de sua família durante o longo trâmite do processo de conhecimento? Diante do princípio constitucional da universalidade de atendimento que garante no amparo às pessoas que se encontram em situação de necessidade, como compatibilizar a aplicação do art. 1º da Lei 9.494/97, nestes casos?

Em que pese a justificativa do legislador ordinário, ao editar regra que impede, de forma genérica, a concessão de tutela antecipada que reverta ato do poder público, nas questões em que tais regras se chocam com o princípio da dignidade da pessoa humana, quando ignora a morosidade da justiça, em situações de urgência, que a sua concessão visa a propiciar a sobrevivência de segurados da previdência social, enquanto não haja decisão final do processo.

Destarte, em que pese os fortes argumentos do Ministro *Eros Roberto Grau*, do Supremo Tribunal Federal, não há como fechar os olhos diante desta situação puramente factível. Ao contrário: cabe ao Poder Judiciário a ingente tarefa de eliminar a lesão de direito de forma mais efetiva possível.

Neste sentido é o enunciado da Súmula n. 729 do Supremo Tribunal Federal ao descrever que:

> "A decisão na ação direta de constitucionalidade não se aplica à antecipação de tutela em causa de natureza previdenciária."

Isto se deve em razão da imensidão de lides previdenciárias que tutela a obtenção de um provimento jurisdicional de urgência, esta questão atualmente encontra-se plenamente pacificada em nossos tribunais, inclusive sumulada pelas Turmas de Uniformização de Decisões dos Juizados Especiais Federais:

O Enunciado n. 14 das Turmas Recursais do Juizado Especial Federal do Rio de Janeiro e Espírito Santo — TRF2 declara que:

> "Sendo possível a concessão de antecipação dos efeitos da tutela no âmbito do JEF, será vedado o ajuizamento de ação cautelar autônoma, ressalvada a possibilidade de pedido incidental cautelar (art. 4º, da L. 10.259/2001), desde que o Juizado seja competente para apreciar o pedido principal."

Outrossim, o Enunciado n. 61 do Fórum Nacional dos Juizados Especiais Federais (FONAJEF) prescreve que:

> "O recurso será recebido no duplo efeito, salvo em caso de antecipação de tutela ou medida cautelar de urgência."

Independe se a concessão da tutela de urgência seja genérica, na forma do art. 273, ou específica, nos moldes do art. 461, ambos do Código de Processo Civil. Neste sentido é o Enunciado n. 63 do FONAJEF:

> "Cabe multa ao ente público pelo atraso ou não-cumprimento de decisões judiciais com base no art. 461 do CPC, acompanhada de determinação para a tomada de medidas administrativas para a apuração de responsabilidade funcional e/ou por dano ao erário. Havendo contumácia no descumprimento, caberá remessa de ofício ao Ministério Público Federal para análise de eventual improbidade administrativa."

Ademais, o Enunciado n. 86 da FONAJEF autoriza a concessão da liminar de ofício pelo magistrado:

> "A tutela de urgência em sede de Turmas Recursais pode ser deferida de ofício."

Em relação ao INSS, a jurisprudência dominante não veda a concessão de tutela de urgência, seja em sede de antecipação dos efeitos da tutela jurisdicional genérica — art. 273 —, ou específica — art. 461 —, ambos do CPC, bem como a concessão de medida cautelar — art. 796 e seguintes do CPC, em que pese o conteúdo do art. 8º da Lei n. 8.620/93.[17]

---

(17) Art. 8º O Instituto Nacional do Seguro Social (INSS), nas causas em que seja interessado na condição de autor, réu, assistente ou opoente, gozará das mesmas prerrogativas e privilégios assegurados à Fazenda Pública, inclusive quanto à inalienabilidade e impenhorabilidade de seus bens.

4.4. *DIMENSÕES DE CONFLITOS*

O enfoque especial acerca da dimensão dos conflitos é no sentido de apontar quais os casos em que realmente se depara com o conflito normativo, sem incidir em equívoco. Esta observação feita por *Bobbio*, acerca das antinomias, é para delimitar as hipóteses em que se constata como caracterizada a ocorrência de contradição.

As dimensões dos conflitos serão apuradas de acordo com a natureza das normas que se encontram em tensão. *Norberto Bobbio* (1999:82/86) esclarece que, se normas incompatíveis são aquelas que não podem ser ambas verdadeiras, as relações de incompatibilidade normativa verificar-se-ão nestes três casos:

a) entre uma norma que ordena fazer algo e uma norma que proíbe fazê-lo (contrariedade);

b) entre uma norma que ordena fazer e uma que permite não fazer (contrariedade);

c) entre uma norma que proíbe fazer e uma que permite fazer (contraditoriedade).

Estes três casos podem ser ilustrados por três exemplos:

Primeiro caso, o art. 27 da Constituição italiana, no qual se lê: "A responsabilidade penal é pessoal", está em oposição com o art. 57, § 2º, do CP, o qual atribui ao diretor de jornal uma responsabilidade para os delitos cometidos por meio da imprensa pelos seus colaboradores, se se interpretar este artigo como configurante de uma responsabilidade objetiva (mas pode-se interpretar também de outras formas que fazem desaparecer a antinomia).

Trata-se de dois artigos dirigidos aos órgãos judiciários, dos quais o primeiro pode ser formulado deste modo: "Os juízes não devem condenar ninguém que não seja pessoalmente responsável"; e o segundo: "Os juízes devem condenar alguém (no caso específico o diretor de jornal), mesmo não sendo pessoalmente responsável". Uma vez que uma norma obriga e a outra proíbe o mesmo comportamento, trata-se de duas normas incompatíveis por contrariedade.

Segundo caso, o art. 18 das leis sobre a Segurança Pública italiana preconiza: "Os promotores de uma reunião num lugar público ou aberto ao público devem avisar, pelo menos três dias antes, o delegado"; o art. 17, § 2º, da Constituição diz: "Para as reuniões, também em lugares abertos ao público, não é exigido aviso prévio". Aqui a oposição está clara, o art. 18 da lei de Segurança Pública obriga a fazer aquilo que o art. 17 da Constituição permite não fazer. Trata-se de duas normas incompatíveis porque são contraditórias.

Terceiro caso, o art. 502 do Código Penal italiano considera a greve um delito; o art. 40 da Constituição diz que: "O direito à greve exercita-se no âmbito das leis que o regulam". O que a primeira norma proíbe, a segunda norma considera lícito, isto é, permite fazer (se bem que dentro de certos limites). Também essas duas normas são incompatíveis por contraditoriedade.

Nestes casos, há conflitos normativos, pois ambas possuem naturezas opostas, uma em relação a outra, isto é, uma obriga determinada conduta e a outra proíbe ou nega a permissão, ou uma proíbe e a outra permite. São incompatíveis entre si, devendo uma prevalecer sobre a outra diante do caso concreto.

Visto de outra forma, não há que se falar em conflito de normas se, de um lado, está uma norma que obriga e outra que permite, ou uma norma que proíbe e outra norma que nega a permissão, ou se ambas normas permitem. Nestes casos, todas as normas podem coexistir pacificamente, uma em razão da outra, quando uma prevalecer sobre a outra, pois a relação entre elas é de subordinação e complementaridade.

5. SOLUÇÃO DE CONFLITOS

5.1. NOÇÕES PRELIMINARES

Até o presente momento, discorremos acerca das modalidades de conflitos entre as normas constitucionais e oferecemos indagações práticas para a melhor identificação e compreensão das colisões de princípios. A proposta deste capítulo, portanto, é mostrar como solucionar esses conflitos e oferecer, conforme o sistema adotado, respostas que alcancem a justiça desejada ao caso concreto.

A existência prática de conflitos entre princípios constitucionais é mais corriqueira do que se possa imaginar, mesmo quando não se percebe, à primeira vista, que estamos diante deste fenômeno jurídico.

A dificuldade, no entanto, não é somente desvendar a situação da existência de princípios colidentes, mas também decidir de forma correta a questão discutida no caso concreto.

No Capítulo II deste trabalho, a preocupação da hermenêutica jurídica foi de assegurar a garantia de instrumentos jurídicos hábeis a preservar a prevalência da Constituição no ordenamento jurídico dentro Estado Democrático de Direito, como parâmetros para a solução dos conflitos. Ao se estudar a Unidade da Constituição (item 2.2.1.1), demonstrou-se a razão da existência da conflituosidade principiológica, na medida em que na Constituição brasileira não há que se falar em hierarquia entre as regras constitucionais. Aqui já se mostra interessante ressaltar que não se resolve conflito entre princípios constitucionais hierarquizando-os.

A ponderação de valores (item 2.2.2), como instrumento de hermenêutica, visa a resolver casos de difíceis soluções, ante a falta de previsão legal, sem deixar de alcançar a justiça. Ademais, quando da aplicação correta do direito na solução do caso concreto, o juiz deverá fazê-lo mediante raciocínio coeso, lógico e consistente, que aponte a fundamentação correta, em todo um processo de argumentação jurídica (item 2.2.3).

Pois bem. Após os estudos dos princípios fundamentais da nossa Constituição, neles compreendidos os direitos sociais, o que nos preocupa agora é a hermenêutica constitucional aplicada ao Direito Previdenciário. Claro, a tutela dos direitos civis e políticos no mais das vezes são concretizados de uma maneira mais simples do que a proteção de um direito social.

Como bem observa *Manuel Gonçalves Ferreira Filho*, na obra *Direitos humanos fundamentais* (1998:50), *o objeto do direito social é, tipicamente, uma contraprestação sob a forma da prestação de um serviço.* Assim, a tutela e a concretização dos direitos fundamentais sociais dependem de uma atuação afirmativa do Poder Público, isto é, a realização de ações concretas que tenham o condão de assegurar a fruição desse direito. Na saúde, por exemplo, a falta de medicamentos na rede pública não se resolve tão somente por uma decisão judicial. Para a satisfação deste direito, além de uma determinação judicial, há que se impor uma ação governamental hábil a satisfazer os anseios sociais.

Com efeito. Ao contrário do que ocorre com os direitos individuais (direito à vida, à propriedade, à intimidade etc.), que se encontram assegurados por meio dos denominados "remédios constitucionais", à ameaça aos direitos à saúde, à educação, ao trabalho, à previdência, não corresponde nenhum remédio constitucional específico. Isto não significa que os direitos sociais se encontram totalmente desprotegidos pela ordem constitucional. Sucede que a satisfação dos direitos sociais pela intervenção do Poder Judiciário se restringe diretamente pelo fornecimento da prestação jurisdicional, meio para a obtenção de um comando para a realização de um direito social (medicamentos, moradia, trabalho, benefício previdenciário). Conclui-se, portanto, que na tutela dos direitos sociais, o Poder Judiciário é meio de obtenção da prestação social do Estado, na medida em que o órgão público encarregado da prestação concreta da obrigação estatal é de outra esfera pública.

Como menciona *Sergio Fernando Moro*, em seu artigo publicado no *Curso de especialização em direito previdenciário* (v. 1, Editora Juruá, p. 283):

> "Em alguns casos, a enfermidade do texto constitucional, aliada às dificuldades em complementá-lo com elementos extratextuais, poderá implicar decisão judicial que reconheça a impossibilidade de se atingir uma interpretação inconsistente, o implica remeter a questão, mesmo relativa a um direito fundamental, à esfera política."

No item 3.6 deste trabalho, destacou-se a aplicabilidade dos direitos fundamentais no que tange ao acesso à garantia do "piso vital mínimo". Naquela oportunidade foi dito que esses direitos reclamam atuação do governo, cujas deficiências são latentes, em razão de se exigir recursos para a obtenção de um direito.

A partir do momento em que a Constituição estabelece a imposição de uma diretriz a ser perquirida pelo Poder Público e este não o faz ou se nega a fazer, incide em inconstitucionalidade por omissão (art. 103, § 2º, da CF/88), ou descumprimento de preceito fundamental (art. 102, § 1º, da CF/88).

Os comandos judiciais para suprir tais omissões estatais ou reparar as lesões delas decorrentes são mais complexos do que aparentam. O Pacto Internacional sobre os Direitos Econômicos, Sociais e Culturais, da Assembleia Geral das Nações Unidas, de 16 de dezembro de 1966, respeita a capacidade e a autonomia econômica e financeira de cada parte integrante do acordo nos seguintes termos:

> "1. Cada um dos Estados Partes no presente Pacto compromete-se a agir, quer com o seu próprio esforço, quer com a assistência e cooperação internacionais, especialmente nos planos econômico e técnico, no máximo dos seus recursos disponíveis, de modo a assegurar progressivamente o pleno exercício dos direitos reconhecidos no presente Pacto por todos os meios apropriados, incluindo em particular por meio de medidas legislativas." (Segunda Parte, art. 2º)

Desta forma, ao estudar a solução dos conflitos principiológicos, a utilização destes instrumentos e métodos de hermenêutica constitucional mostram-se indispensáveis para a obtenção da justa solução, ao caso concreto, dentro da realidade econômica brasileira. Não cabe neste trabalho envolver paradigmas estrangeiros com situações da realidade nacional.

Ressalta-se, ainda, que a solução da colisão deva ser reparada sopesando-se a importância relativa de cada direito ou princípio envolvido, para que, no final, decida qual destes valores ou princípios, diante do caso concreto, deve prevalecer ou ter a sua aplicabilidade restringida em relação ao outro. Esta foi a razão de mencionar, desde logo, no início do Capítulo 4, que nenhum princípio no Estado Democrático de Direito deve ser encarado de forma absoluta, em razão da incompatibilidade recíproca entre os princípios jurídicos.

Carlos Roberto Siqueira de Castro, em sua obra *A Constituição aberta e os direitos fundamentais* (2003:53), é claro ao dizer que:

> "O mais prudente e razoável nos contextos conflitivos é, em primeiro lugar, preservar a unidade sistêmica da Constituição e, além disso, sopesar as circunstâncias de cada situação concreta para definir, caso a caso, o interesse ou grupo de interesses que estejam a merecer a tutela constitucional, mediante a escolha de comando protetor melhor aplicável à espécie de que se trate."

Todas as colisões de princípios deverão ser sanadas através da restrição da aplicabilidade de uma em relação à outra. O que nos resta saber, portanto, é como isso vai se realizar.

5.2. *TÉCNICAS DE SOLUÇÃO DE CONFLITOS*

5.2.1. *Ponderação de valores*

Como visto no item 2.3.2 deste trabalho, a ponderação de valores é um instrumento de hermenêutica que tem por finalidade auxiliar o julgador na solução de casos difíceis, uma vez que não há previsão legal para a solução daquele específico fato, ou, se existente, não alcança o fim social desejável.

Como não poderia deixar de ser, a ponderação de valores se destina também à solução de conflitos entre princípios constitucionais.

Ao contrário das regras, as soluções das antinomias impróprias não se dão no campo da validade, mas sim no âmbito do valor. A dimensão valorativa é própria dos princípios, qualidade que não diz respeito às regras, já que nelas se aplica o preceito do tudo ou nada (*all or nothing*). Com efeito, valor constitui um aspecto axiológico das normas, que, uma vez inseridos nos princípios jurídicos, adquirem uma vertente deontológica, cuja característica é o alcance de um estado de coisa.

Nos casos de colisão, não é lícito reconhecer que um princípio constitucional possa ser declarado inválido, porque ele não é aplicável em um caso concreto. O que se verifica, neste caso, é um recuo deste princípio, diante daquele de maior peso e dimensão naquele específico caso, de outro princípio também reconhecido pela Constituição.

Como bem ensina *Paulo Bonavides* (2003:587), "o princípio cuja aplicabilidade ao caso concreto se viu recusada por ensejo da ponderação estimativa de valores, bens e interesses levados a cabo pelo intérprete, continua a circular válido na corrente normativa do sistema, conservando, intacta, a possibilidade de aplicação futura".

Pois bem, este método destinado a conferir pesos e importância aos princípios que estão envolvidos no embate denomina-se *ponderação de valores*.

A dimensão do conflito vai se verificar de acordo com os preceitos estabelecidos por *Bobbio*, como foram comentados no último item do capítulo anterior. Ou seja, se uma hipótese é proibida por um princípio, mas permitido por outro, há que se falar em conflito, em que pese inexistir nulidade de um pela aplicação do outro. Ocorre que, sob certas circunstâncias, a aplicação de um dos princípios precede ao outro.

Trata-se da *relação de precedência condicionada* mencionada por *Alexy* (1997:89), isto é, no caso concreto, determinado princípio terá maior relevância que o outro, preponderando segundo as circunstâncias fáticas e jurídicas. Assim, tomando-se como base a situação no caso concreto, são determinadas certas condições sob as quais um princípio constitucional precede ao outro. Uma vez modificada as condições acima estabelecidas, a relação de precedência pode ser resolvida de forma diversa.

Na resolução de colisão entre princípios constitucionais devem ser consideradas as circunstâncias que rodeiam a questão debatida, para que, sopesados os seus aspectos específicos, prepondere aquele postulado de maior importância. Este estado de desequilíbrio principiológico dentro do ordenamento jurídico conduz a uma mudança de conduta. Mudança esta que visa a restaurar o estado de normalidade, oferecendo uma coerência geral de sua estrutura interna.

Pois bem, esta tensão dentro do ordenamento jurídico se caracteriza pela conexão entre dois postulados que estão ligados apenas por sua oposição. Mediante a ponderação destes interesses opostos, determina-se qual deles, *in abstrato*, possui maior peso no caso concreto.

Esta tensão se resolve pela aplicação dos mandamentos de otimização com base na relação de precedência condicionada. Diga-se, toda relação de precedência principiológica é condicionada, ou seja, relativa, uma vez que não existem princípios constitucionais absolutos.

As condições de precedência são as situações que determinam, conforme o caso concreto, as razões suficientes para a decisão pela maior importância de um princípio em detrimento do outro. A qualificação das condições relevantes e o seu sopesamento desempenham um papel central na teoria da colisão de princípios.

É neste mister que se justifica o estudo feito no Capítulo 2, acerca da argumentação jurídica. A precedência de valores é uma decisão racional que, como toda decisão judicial, precisa ser motivada e fundamentada. Nesta fundamentação racional, em que a ponderação reconheceu precedência de um ou mais princípios em desacordo, é que se buscará a decisão mais justa e menos danosa. Princípios e ponderação, então, caminham necessariamente juntos.

A argumentação jurídica, seja por meio da retórica ou da tópica, é um instrumento destinado a justificar as decisões judiciais, *in casu*, na solução de conflito de princípios pela precedência de um valor em detrimento de outro, alcançando a justiça desejada.

A máxima da ponderação como forma de justificação jurídica nada mais é do que *uma forma de evitar que as decisões judiciais pela precedência de um ou outro princípio fiquem sujeitas ao arbitrário sopesamento do juiz* (CRISTÓVAM, 2006:237).

Esta técnica de solução de conflitos pode ser visualizada na seguinte situação factível:

Imagine-se uma ação de aposentadoria por invalidez, na qual o requerente visa à percepção de benefício previdenciário ante o indeferimento administrativo pelo INSS, obtendo, *initio litis*, a antecipação dos efeitos da tutela jurisdicional consistente em auxílio-doença.

Durante toda cognição processual, o autor recebeu o valor referente a seu benefício. A perícia judicial realizada apontou a incapacidade do autor para as atividades que exercia anteriormente, podendo vir a sofrer crises psicóticas, inexistindo capacidade laborativa residual e que não é passível de tratamento que o capacite para o retorno, *verbi gratia*.

Entretanto, inexplicavelmente, o Magistrado *a quo* julgou o feito improcedente e revogou a liminar deferida anteriormente, sob o argumento de que inexiste nos autos a atividade desempenhada pelo autor e por isso não seria possível afirmar que está incapacitado para todo e qualquer trabalho.

Pergunta-se: como resguardar o direito invocado pelo autor diante desta injusta decisão?

A Desembargadora Federal Marianina Galante do Tribunal Regional Federal da 3ª Região, ao apreciar a Medida Cautelar n. 2006.03.00.008867-5/MCI n. 5.092, visando à ocorrência do mal menor no caso concreto, proferiu a seguinte decisão:

> "PROCESSO CIVIL. PREVIDENCIÁRIO. MEDIDA CAUTELAR. AUXÍLIO-DOENÇA. INCAPACIDADE PARA O TRABALHO. PRESENÇA DOS REQUISITOS LEGAIS AUTORIZADORES DA CONCESSÃO. I — A sentença de mérito, após exauriente instrução da causa, julgou improcedente o pedido formulado, uma vez que, em face da inexistência de informações sobre as atividades profissionais do autor, não seria possível afirmar que está incapacitado para todo e qualquer trabalho. II — Laudo pericial, quando se refere ao transtorno psiquiátrico do requerente, deixa claro que necessita de tratamento constante e do uso de medicamentos, sem reversão do quadro; que esse mesmo mal o incapacita totalmente para as atividades que vinha exercendo, e que, em função desse quadro, não possui condições de exercer outras profissões. III — Qualidade de segurado do autor é indiscutível, uma vez que já vinha percebendo auxílio-doença desde 2004. *IV — A plausibilidade do direito invocado pela parte autora tem o exame norteado pela natureza dos direitos contrapostos a serem resguardados. In casu, o dano possível ao INSS é proporcionalmente inferior ao severamente imposto àquele que carece do benefício.* V — Medida cautelar provida."

Verifica-se que Douta Desembargadora, vislumbrando a possível irreversibilidade de danos para ambas as partes, sopesou as circunstâncias do caso concreto, e optou por tomar uma medida cuja irreversibilidade do dano levaria à ocorrência de um prejuízo em menor escala.

5.2.2. *Concordância prática*

A aplicação da concordância prática tem origem no princípio da unidade da Constituição. Esta técnica busca a harmonia das concepções entre as variadas normas constitucionais, mediante uma interpretação constitucional sistemática, com vistas a um ponto de equilíbrio entre elas.

Nos dizeres de *Canotilho* (*apud* RORIZ, 41):

"Como 'ponto de orientação', 'guisa de discussão', e 'fator hermenêutico de decisão', o princípio da unidade obriga o intérprete a considerar a constituição na sua globalidade e a procurar harmonizar os espaços de tensão existentes entre as normas constitucionais a concretizar."

Neste aspecto, a concordância prática nos aparece como um consectário lógico da ponderação de valores, uma vez que ela se apresenta como um instrumento de direcionamento da ponderação, isto é, o dever de imbricar ao máximo os valores previstos na Constituição (ÁVILA, 2006:133).

Esta técnica surge da coexistência de valores constitucionais que, diante do caso concreto, assinalam em sentidos, total ou parcialmente, opostos. É neste mister que se deve falar em harmonização dos valores, já que a proteção do direito, *in abstracto*, deve ser conferida ao máximo.

Assim, se existe uma relação de conflito entre princípios constitucionais que garantem proteção à fruição do direito de um cidadão em contraponto com outro que atribuem poderes ao Estado, deve ser buscado um equilíbrio entre eles.

Retornando à rediscussão da comprovação do tempo de serviço rural, ventilado no item 4.3.2.1 desta pesquisa, presencia-se, *in casu*, a latente colisão de princípios entre a percepção de benefício previdenciário em face da coisa julgada. Ao se deparar com a coisa julgada, veda-se ao segurado especial munido de um documento novo a possibilidade de rediscutir a sua condição de rurícola, quando, em decisão judicial passada em julgado, há mais de dois anos, teve o seu pedido indeferido, por ofensa ao enunciado da Súmula n. 149 do Egrégio Superior Tribunal de Justiça.

A colisão dos princípios fundamentais se encontra no direito da Previdência Social (art. 6º, *caput*, da CF/88), com a coisa julgada (art. 5º, XXXVI, da CF/88).

O benefício previdenciário é um direito fundamental, com previsão expressa do art. 6º da Constituição Federal. Assim, a Previdência Social, como forma de amparo aos cidadãos em face das contingências sociais, mediante a captação prévia de recursos financeiros, tem suporte no princípio da solidariedade, fundamento da República (art. 3º, I, da Constituição da República). O solidarismo é uma característica marcante de todo Estado Social, na medida em que a obrigação positiva do Estado em prestações de benefícios continuados garanta amparo na velhice, na invalidez, doença, reclusão, maternidade etc., oferecendo medidas concretas de igualdade e dignidade entre os cidadãos (art. 3º, I e III, da CF/88).

A finalidade da Previdência Social, portanto, é garantir condições dignas de vida do segurado que se encontra em situação previamente estabelecida em lei que o impossibilita de prover a sua sobrevivência e daqueles que dele dependam, erradicando, assim, a pobreza e as desigualdades sociais. Destarte, todos os segurados da Previdência Social que se encontrem numa contingência social fixada em lei, ao solicitarem tal prestação estatal, devem receber o devido amparo do Poder Público. É direito público subjetivo do segurado receber as prestações previdenciárias quando atendidos os requisitos estabelecidos em lei. Nesta esteira é a lição do professor *Miguel Horvarth Júnior*, em sua obra *Direito previdenciário* (6. ed., Quartier Latin, p. 117), *in verbis*: "A natureza de direito subjetivo permite ao sujeito de direito o exercício do direito de ação, sempre que a relação trilateral entre o titular, o destinatário e o objeto do direito se fizerem presentes".

Os direitos sociais prestacionais são direitos fundamentais que consolidam a existência de um Estado Social. A fruição dos direitos sociais só é crível mediante a atuação afirmativa do Estado, devendo demonstrar-se como um suporte de apoio ao homem na consolidação da dignidade da pessoa humana e mitigando a desigualdade social.

O direito de amparo pela Previdência Social, portanto, para ser encarada como direito fundamental, deve ter uma característica mínima de garantia da dignidade da pessoa humana, em um plano de uniformidade e cobertura no atendimento, sem prejuízo da solidariedade na proteção dos segurados de baixa renda, mediante a atuação efetiva do Estado, amparando as contingências sociais previstas em lei.

Em contraponto, a coisa julgada constitui uma importantíssima garantia de direito individual com fundamento no valor segurança jurídica. Assim, a coisa julgada é garantia fundamental, cuja relevância fez com o constituinte lhe atribuísse a característica de cláusula pétrea (art. 60, § 4º, IV, da CF/88).

A noção de coisa julgada é trazida pelo art. 467 do Código de Processo Civil, mas tal definição é extremamente criticada pela maioria dos doutrinadores, por não tratar a coisa julgada como uma qualidade da sentença, conforme *Enrico Tullio Liebman*. Na verdade, o art. 467 do referido diploma legal estaria conceituando coisa julgada formal e não material.

Para *Enrico Tullio Liebman* (1984:78):

> "(...) a coisa julgada não é um efeito da sentença, mas uma qualidade da mesma, que a torna imutável."

Cumpre destacar que efeito e eficácia não se confundem, significando conceitos distintos. *Paulo Valério Dal Pai Moraes* (1997:134) brilhantemente traz a distinção:

"Eficácias são potencialidades, virtualidades inclusas no conteúdo das sentenças, as quais são 'materializadas, concretizadas', atualizadas sob a forma de efeitos. Efeitos, portanto, corresponderiam à expressão dinâmica das eficácias ou à sua exteriorização em relação ao formalismo sentencial, representando, precipuamente, a execução, por intermédio da atividade jurisdicional, da ação de direito material a que foram impedidos os 'particulares'."

Os efeitos da sentença não se tornam imutáveis. Estes são passíveis de modificação, até porque o Estado não pode invadir o relacionamento extra-autos. Como impedir que, em uma ação condenatória, *v. g.*, o autor deixe de optar pelo recebimento de outra prestação que não a que consta nos autos? Mesmo que a sentença tenha transitado em julgado, podem as partes acordar de modo diferente e alterar os efeitos da decisão? Que ingerência pode o Estado ter sobre a referida situação? Nenhuma. Assim, não podemos afirmar que na coisa julgada ocorre a imutabilidade dos efeitos. Eficácia é a possibilidade de materializar o conteúdo da sentença, e efeito é a exteriorização dessa materialização.

A finalidade da coisa julgada no ordenamento jurídico constitucional é frenar a conduta do Estado, impedindo que este esbulhe a garantia do exercício de um direito obtido pelo jurisdicionado. O fenômeno da coisa julgada visa a limitar a atividade estatal na esfera jurídica do particular. Como os demais direitos individuais brasileiros, a coisa julgada é concebida numa organização democrática como forma de proteção do ser humano em face das ingerências arbitrárias do Estado.

Pois bem. Resta, por fim, harmonizar a aplicação destes dois princípios constitucionais antagônicos deste caso concreto.

Visando à obtenção de uma solução justa, sem deixar de ferir a unidade da Constituição, busca-se um diálogo entre os fundamentos jurídicos constitucionais destes institutos, almejando-se, através de interpretação sistemática, o fim desejado pela ordem constitucional: a prevalência da dignidade da pessoa humana, fundamento da República.

Desta forma, se a finalidade da previdência é amparar o cidadão com vistas à erradicação da pobreza e da desigualdade social por meio do solidarismo, bem como a coisa julgada de servir como instrumento de proteção do cidadão, é lícito afirmar que, pela compatibilização destes dois institutos, pode-se chegar à seguinte conclusão: sempre que houver discussão judicial acerca de algum benefício previdenciário, a coisa julgada estará presente segundo a utilidade de seu conteúdo, isto é, se resolver favoravelmente o pedido judicial, atingindo, assim, o fim desejado pela norma social, qual seja, amparar o cidadão diante da contingência social.

Essa relativização da coisa julgada tem pleno cabimento diante de sua utilidade na proteção dos direitos sociais prestacionais. Seria teratológico fazer uma interpretação constitucional que impossibilitaria o acesso ao Poder Judiciário para reparar uma lesão ou ameaça de Direito Social (art. 5º, XXXV, c/c o art. 6º, *caput*, ambos da CF/88) em razão da aplicação de um princípio constitucional, cuja finalidade é de proteger o cidadão e não de impossibilitar a percepção de um benefício social garantido pela Constituição. Não se pode olvidar sobre a segurança jurídica que deve amparar o instituto previdenciário nas lides sociais. Ocorre que a dignidade da pessoa humana como um vetor interpretativo, para a busca do "piso vital mínimo", orienta o operador de direito a usar o direito à vida como instrumento de aplicabilidade das normas constitucionais. Neste caso, a tensão constitucional deve ser resolvida neste víeis.

Almeja-se, diante deste raciocínio, a harmonia dos valores embutidos na Constituição, projetando-se a proteção de ambos, na mesma medida em que o que se deseja é a tutela da dignidade da pessoa humana.

Neste sentido, as decisões dos nossos tribunais demonstram que eles se curvam diante das novas provas apresentadas em juízo, permitindo rediscutir a condição de segurado especial, em que pese a matéria versar somente em sede de ação rescisória. O raciocínio jurídico para a justificação do deferimento do benefício foi o seguinte:

> AÇÃO RESCISÓRIA. PREVIDENCIÁRIO. APOSENTADORIA POR IDADE. EXERCÍCIO DE ATIVIDADE RURAL. DOCUMENTO NOVO. CONFIGURAÇÃO. REQUISITOS PARA O DEFERIMENTO DO BENEFÍCIO. PRESENÇA. TERMO INICIAL. VALOR. CORREÇÃO MONETÁRIA. JUROS DE MORA. HONORÁRIOS ADVOCATÍCIOS. CUSTAS PROCESSUAIS. ANTECIPAÇÃO DE TUTELA. CONCESSÃO DE OFÍCIO. I — Em sede de ação rescisória versando pedido de benefício previdenciário formulado por trabalhador rural , é abrandado o rigor posto para a rescisão de acórdão ao fundamento da localização de documento novo — art. 485, VII, CPC —, com vistas à condição social do rurícola. Precedentes do STJ e desta Corte. *II — Em consideração ao entendimento pretoriano, os elementos trazidos pela autora a esta ação rescisória — declaração emitida pelo Sindicato dos Trabalhadores Rurais de General Salgado/SP e homologada pelo Ministério Público; certidão de casamento e Título de Eleitor, em cujos assentos o marido da autora, Sr. Pedro Oliveira Costa, é descrito como lavrador; e recibo de pagamento de benefício rural deferido ao cônjuge, elementos hábeis, segundo a autora, à configuração da prova indiciária reclamada na ação originária — preenchem os requisitos à sua admissão como documentos novos.* III — Na ausência de prova documental para comprovar o exercício de atividade laborativa, é admissível a sua demonstração por meio de início razoável de prova material, conjugada com depoimentos testemunhais idôneos, servindo, para a configuração da prova indiciária, documentos contemporâneos à época da prestação do trabalho, mesmo que não se encontrem em nome do próprio segurado. Aplicação do art. 55, § 3º, da Lei n. 8.213/91. Jurisprudência uníssona do STJ. IV — O rol de documentos a que alude o art. 106 da mesma Lei n. 8.213/91 não é taxativo, cedendo o passo ao exame das provas coligidas aos autos segundo o prudente arbítrio do juiz, a

teor do que dispõe o artigo 131, CPC. V — A declaração do Sindicato dos Trabalhadores Rurais de General Salgado/SP, homologada pelo Ministério Público de Estado de São Paulo em 06 de março de 1993, em sintonia ao que dispunha o art. 106, III, da Lei n. 8.213/91, atesta o exercício do labor rural junto ao 'Sítio 3 Meninas', de propriedade de Fermino Marques Neto, no período de 1º de fevereiro de 1986 a 30 de junho de 1991, observando-se que, face ao princípio da irretroatividade das leis, não pode a autarquia rejeitar tal documento, a menos que haja suspeita de fraude ou irregularidade na sua produção, hipótese em que lhe caberá o ônus de comprovar o erro ou falsidade da declaração, providências não desembaraçadas, na espécie. Precedentes. VI — Quanto à certidão de casamento, ocorrido em 14 de junho de 1958, e ao Título de Eleitor, emitido em 6 de junho de 1972, dos quais consta a profissão de lavrador do marido, são igualmente aptos à configurar prova indiciária do trabalho rural exercido pela autora. Inteligência do art. 226, § 3º, CF. VII — Na mesma linha, a demonstração de que o marido é beneficiário de prestação deferida na via administrativa em retribuição ao desempenho de atividade rural também aproveita à esposa, e é o que se dá, no caso, em que o cônjuge da autora percebe aposentadoria por invalidez de trabalhador rural — espécie 4 —, consoante cópia do Carnê de Pagamento de Benefícios presente nos autos, fato confirmado por pesquisa realizada junto ao CNIS. VIII — Logo, é de se ter por comprovados os pressupostos para a rescisão do acórdão impugnado pelo fundamento a que alude o art. 485, VII, CPC: à autora, em vista de sua condição socioeconômica e cultural, é escusada a ignorância em relação à preexistência dos documentos ora trazidos a esta ação; a documentação em comento possui o requisito da novidade, eis que não integrou o feito originário; e trata-se de documentos com potencial para ensejar pronunciamento favorável à autora. IX — Em sede do juízo rescisório, é de se ter por presentes os pressupostos dos arts. 48 e 143, eis que positivada a prova indiciária do labor rural, já citada, conjugada à idônea prova testemunhal colhida no processo de origem, em conformidade à exigência contida no art. 55, § 3º, da Lei n. 8.213/91. X — O requisito aludido no art. 48, § 2º, e no art. 143 da Lei 8.213/91, de comprovação do exercício da atividade rural no período imediatamente anterior ao requerimento, não é juridicamente legítimo, pois a sua aplicação literal causaria tratamento injusto a segurados que por algum motivo deixaram de trabalhar, após o labor por períodos superiores aos exigidos no artigo 142 da referida lei, daí porque, demonstrado o trabalho rural, não há que se falar em perda da qualidade de segurado da Previdência Social, dado ser indispensável tão-somente a prova da idade e do tempo de atividade, para os fins da legislação previdenciária em comento. XI — Na esteira da jurisprudência do Superior Tribunal de Justiça, o conceito de carência, para o diarista e para o segurado especial, tem conotação peculiar, que se satisfaz com o exercício da atividade, dispensando o pagamento das contribuições previdenciárias. XII — Quanto à data de início da aposentadoria por idade, a demonstração do preenchimento dos requisitos legais à aposentação somente se deu no âmbito desta ação, razão pela qual incide na espécie, a regra do art. 219, *caput*, CPC, sendo o benefício devido a partir da data da citação realizada neste processo, ocorrida em 26 de agosto de 2003. XIII — O valor do benefício corresponde a um salário mínimo. Aplicação do art. 143 da Lei n. 8.213/91, na redação da Lei n. 9.063/95.

XIV — A correção monetária incide desde o vencimento de cada prestação, na forma das Súmulas n. 8 deste Tribunal, e 148, do Superior Tribunal de Justiça, bem como da Lei n. 8.213/91 e legislação superveniente. XV — Os juros moratórios são contados a partir da citação, à base de 1% ao mês, com fundamento no § 1º do art. 161, CTN. XVI — Honorários advocatícios fixados ao índice de 10% (dez por cento) das parcelas vencidas até a sentença, base de cálculo fixada em obediência aos novos parâmetros postos pela Súmula n. 111/STJ. XVII — O INSS é isento de custas processuais, nada sendo devido, na espécie, a título de reembolso, eis que a autora, beneficiária da justiça gratuita, nada despendeu sob essa rubrica. XVIII — Presentes os requisitos do art. 461, § 3º, CPC, é de ser deferida a antecipação de tutela, de ofício, para permitir a imediata implantação do benefício de aposentadoria por idade. XIX — Ação rescisória julgada procedente para rescindir o acórdão proferido nos autos n. 264/95, que tramitou perante o Juízo de Direito da Vara Única da Comarca de General Salgado/SP (AC n. 95.03.060245-9), com fundamento no art. 485, VII, CPC, e, proferindo-se novo julgamento, dar pela procedência do pedido formulado na ação originária, para conceder à autora o benefício previdenciário de aposentadoria por idade. (Classe: AR — AÇÃO RESCISÓRIA — 3124 — Processo: 2003.03.00.046601-2 UF: SP Doc.: TRF300112542 Relator: Juíza Marisa Santos; Órgão Julgador: Terceira Seção: Data do Julgamento 08.11.2006; Data da Publicação DJU 23.02.2007, p. 217).

Ocorre que as questões debatidas nos autos rescisórios tiveram como alvo um Acórdão publicado em 6 de dezembro de 2002, ou seja, dentro do biênio previsto na legislação adjetiva. O grande problema a ser dirimido é a solução deste caso, se a demanda fosse proposta após o prazo decadencial? A jurisprudência não se manifestou sobre o tema.

Um dos propósitos deste trabalho é oferecer um raciocínio jurídico válido ao atribuir a possibilidade jurídica de se repropor ação judicial na tutela destes direitos quando o seu indeferimento anterior tiver por fundamento a violação da Súmula n. 149 do Superior Tribunal de Justiça, diante da utilidade social que se presta à demanda.

5.2.3. *Proibição do excesso*

Na acepção de *Humberto Ávila*, a proibição de excesso veda a restrição excessiva de qualquer direito fundamental (2006:133).

Como já enfocado outrora, em qualquer hipótese em que se verificar a eficácia dos princípios constitucionais, a aplicabilidade nunca é absoluta, ou seja, existem determinados casos em que há restrições de sua amplitude, tornando relativa sua abrangência.

Destarte, o postulado da proibição do excesso visa à restrição desmedida de um direito fundamental, em detrimento de uma menor incidência prática, conferindo-lhe ínfima a sua eficácia jurídica.

O princípio da proibição de excesso, tal como concebido pelo legislador português, afirma *Canotilho* (1993:617-618), "constitui um limite constitucional à liberdade de conformação do legislador".

Assim, o *postulado da proibição de excesso depende, unicamente, de estar um direito fundamental sendo excessivamente restringido* (ÁVILA, 2006:133).

Marcus Orione Gonçalves Correia, ao estudar o capítulo sobre "Interpretação do direito previdenciário", no *Curso de especialização em direito previdenciário* (v. 1, Editora Juruá, p. 265), explica de forma peculiar a restrição desmedida que alguns juízes têm na interpretação do art. 103 da Lei de Benefícios da Previdência Social.

Prescreve o dispositivo em comento que:

> "Art. 103. *É de dez anos o prazo de decadência de todo e qualquer direito ou ação do segurado ou beneficiário para a revisão do ato de concessão de benefício,* a contar do dia primeiro do mês seguinte ao do recebimento da primeira prestação ou, quando for o caso, do dia em que tomar conhecimento da decisão indeferitória definitiva no âmbito administrativo. (Redação dada pela Lei n. 10.839, de 2004)
>
> Parágrafo único. Prescreve em cinco anos, a contar da data em que deveriam ter sido pagas, toda e qualquer ação para haver prestações vencidas ou quaisquer restituições ou diferenças devidas pela Previdência Social, salvo o direito dos menores, incapazes e ausentes, na forma do Código Civil. (Incluído pela Lei n. 9.528, de 1997)"

Pela exegese literal deste artigo, extrai-se a noção de que qualquer cidadão que teve a postulação administrativa de benefício social indeferida perante a Previdência Social terá o prazo decadencial de dez anos para promover medida judicial visando à reparação do seu direito. A leitura desapercebida deste artigo leva à precipitada conclusão de que o prazo para se pleitear a concessão de benefício previdenciário que outrora fora indeferido pelo instituto previdenciário será fatal e insuperável, o que não se admite.

Nas palavras de *Wladimir Novaes Martinez* (2006:537), *o comando é obscuro, mal alinhado e confuso.* Observa-se, ainda, que restaram infrutíferas as tentativas do legislador ordinário em ofertar uma redação coesa a tal dispositivo, uma vez que este passou por três reformas, a saber: Lei n. 9.528, de 1997, Lei n. 9.711, de 20.11.98 e, por último, a redação dada pela Lei n. 10.839, de 2004.

Note que a aplicação deste artigo invade de forma abrupta o acesso da previdência social pelo segurado, restringindo ao máximo a fruição do benefício social, extirpando o devido amparo a uma contingência social, limitando a aplicabilidade do direito fundamental.

Com efeito, *os benefícios previdenciários estão ligados ao direito à vida e são direitos sociais que compõem o conceito de previdência, ou seja, direito fundamental previdenciário* (CORREIA, 2007:265). Por se tratar de um direito fundamental, os direitos sociais são considerados subespécie dos direitos humanos, que são imprescritíveis. Desta forma, os benefícios previdenciários não podem sofrer restrições legislativas de maneira a inviabilizar *in totum* o exercício por simples decurso de prazo.

Houve, assim, por parte do legislador infraconstitucional um excesso ao restringir a aplicabilidade de um direito social. Há, neste caso, uma medida excessivamente restritiva de um direito fundamental, ofendendo o núcleo central de um direito social, qual seja: o amparo ao segurado necessitado.

Neste caso, diante da colisão de uma regra previdenciária com um princípio constitucional, é patente a inconstitucionalidade daquela, em razão da incompatibilidade material das normas jurídicas, ofertando como solução para este conflito o *critério hierárquico* comentado no item 4.3.1 deste trabalho.

Outro aspecto da proibição por excesso na tutela de benefício previdenciário se verifica nos casos em que o segurado especial diretamente, sem provocar a via administrativa, ingressa com uma medida judicial para obter um provimento jurisdicional sobre a aposentadoria por idade de trabalhador rural (art 5º, XXXV, da CF/88). Inadvertidamente, nesta espécie de benefício, os Juizados Especiais Federais exigem como uma das condições da ação previdenciária a mera provocação da via administrativa perante o INSS, para que se justifique o interesse de agir do autor em provocar o Poder Judiciário. Neste sentido é o Enunciado n. 77 do Fórum Nacional dos Juizados Especiais Federais:

> "Enunciado FONAJEF n. 77 — O ajuizamento da ação de concessão de benefício da seguridade social reclama prévio requerimento administrativo."

No que tange à concessão de aposentadoria por idade de trabalhador rural na esfera administrativa, é notória a exigência feita pela autarquia federal: comprovação, ano a ano, de todo período exercido no campo de forma documental, corroborado por justificação administrativa através do depoimento de testemunhos idôneos.

A Instrução Normativa n. 20 INSS/Pres, de 10 de outubro de 2007, estabelece critérios a serem adotados pela área de Benefícios no âmbito administrativo. No que tange à comprovação do exercício da atividade rural, dispõe a Instrução que:

> "Art. 133. A comprovação do exercício de atividade rural do segurado especial, bem como de seu respectivo grupo familiar (cônjuge, companheiro ou companheira e filhos, inclusive os a estes equiparados), observada a idade mínima constitucionalmente estabelecida para o trabalho, desde que devidamente comprovado o vínculo familiar, será feita mediante a apresentação de um dos seguintes documentos:
>
> (...)

§ 2º Para requerimento de aposentadoria por idade, o segurado especial deverá comprovar o cumprimento da carência determinada pelos arts. 51 e 182 do RPS, conforme o caso, na forma prescrita no *caput* e/ou no § 7º do art. 138 cumulado com a comprovação de que exerceu efetivamente a respectiva atividade no período imediatamente anterior ao requerimento, observado o disposto nos §§ 1º, 2º e 3º do art. 58.

§ 3º Para o benefício citado no parágrafo anterior, caso haja a apresentação de um dos documentos referidos no § 1º deste artigo, referente aos últimos doze meses a serem comprovados, um documento referente aos primeiros doze meses do período e documentos intercalados referentes a períodos com intervalo não superior a três anos, não é necessária a apresentação de declaração do sindicato de trabalhadores rurais, de sindicato dos pescadores ou colônia de pescadores.

Este dispositivo normativo ofende diretamente a previsão constitucional estampada no art. 5º, LV e LVI, que permite aos litigantes em processo administrativo o contraditório e a ampla defesa com os meios e recursos a ela inerentes, bem como a *produção de qualquer meio de prova lícita*. A partir do momento em que a autarquia condiciona a comprovação de tempo de serviço com prevalência em prova documental, impede o *due process of law* no âmbito administrativo.

Com efeito. Visando à proteção do deficiente na relação jurídica previdenciária, denota-se, neste caso, a relativização desmedida do princípio da inafastabilidade do acesso ao Poder Judiciário (art. 5º, XXXV, da CF/88), em face do princípio da universalidade na cobertura do atendimento (art. 194, I, da CF/88).

"PROCESSUAL CIVIL. PREVIDENCIÁRIO. INTERESSE EM RECORRER. FALTA DE INTERESSE DE AGIR . INÉPCIA DA INICIAL. AUSÊNCIA DE CÓPIAS ACOMPANHANDO A CONTRAFÉ. APOSENTADORIA POR TEMPO DE SERVIÇO. TRABALHO RURAL. ATIVIDADE ESPECIAL. RUÍDO. SUBSTÂNCIAS QUÍMICAS. CONVERSÃO. CUSTAS. HONORÁRIOS ADVOCATÍCIOS. I — Ressente-se do pressuposto de admissibilidade a apelação interposta sem que haja algum proveito prático a ser alcançado, com o que fica afastado o interesse recursal. *II — Presença do interesse de agir , ainda que não tenha havido prévio pedido administrativo, ante o princípio da inafastabilidade do controle jurisdicional (art. 5º, inc. XXXV, CF).* III — Descabida a alegação de inépcia da inicial pelo fato de a contrafé não ter sido acompanhada das cópias dos documentos acostados à exordial, uma vez que a ré poderia consultá-los e extrair as cópias que julgasse necessárias. IV — Os honorários periciais deverão ser reduzidos ao valor máximo constante da Tabela II, da Resolução n. 558 de 22/5/07 do Conselho da Justiça Federal. V — Havendo início de prova material corroborada pelos depoimentos testemunhais produzidos em Juízo, há de ser reconhecido o exercício da atividade rural. Precedentes jurisprudenciais. VI — Em que pese o fato de o rol dos anexos dos Decretos ns. 53.831/64 e 83.080/79 ser meramente exemplificativo, não ficou demonstrado que a parte autora esteve particularmente exposta a penosas condições de trabalho em grau de intensidade e constância que pudesse causar danos à sua saúde ou integridade física. A ausência de condições perfeitas e ideais de trabalho não significa necessariamente o exercício de atividades sob condições especiais. VII — A soma do tempo de trabalho rural reconhecido aos períodos anotados em CTPS resulta no total de 27 anos, 7 meses e 70 dias de tempo de serviço. VIII — *In casu*, não foram preenchidos os requisitos necessários à concessão do benefício, consoante dispõem os arts. 52 e 53 da Lei n. 8.213/91. IX — Incabível a condenação do réu em custas, uma vez que o autor litigou sob o manto da assistência judiciária gratuita e não comprovou ter efetuado nenhuma despesa ensejadora de reembolso. X — Os honorários advocatícios e os periciais deverão ser fixados nos termos do art. 21, *caput*, do Código de Processo Civil, tendo em vista que ambos foram simultaneamente vencedores e vencidos. XI — Agravo Retido de fls. 166/168 improvido. Agravo Retido de fls. 257/258 parcialmente provido. Matéria preliminar rejeitada. No mérito, Apelação do INSS parcialmente conhecida e parcialmente provida. Remessa Oficial oficial parcialmente provida. Recurso Adesivo do autor prejudicado." (Classe: AC — Apelação Cível — 1063852 — n. Documento: 9 / 1247 — Processo: 2005.03.99.045608-7 — UF: SP — Doc.: TRF300165797 — Relator Juiz Newton de Lucca — Órgão Julgador Oitava Turma — Data do Julgamento 19/05/2008 — Data da Publicação DJF3 01/07/2008)

Neste sentido:

"AGRAVO DE INSTRUMENTO — PREVIDENCIÁRIO — PROCESSUAL — INTERESSE DE AGIR — DESNECESSÁRIO PRÉVIO REQUERIMENTO ADMINISTRATIVO — AGRAVO PROVIDO. 1. *O prévio requerimento em âmbito administrativo não se consubstancia em pressuposto de desenvolvimento válido e regular do processo. 2. O art. 5º, XXXV, da CF prevê o acesso ao Poder Judiciário em caso de ameaça ou lesão a direito. 3. A parte agravante apresenta nítido interesse processual quando busca a tutela jurisdicional que lhe reconheça o direito a perceber benefício previdenciário por meio do exercício do direito de ação.* 4. Agravo de instrumento provido." (Processo Classe: AG — Agravo de Instrumento — 295455 — n. Documento: 11 / 1247 — Processo: 2007.03.00.025636-9 — UF: SP — Doc.: TRF300164369 — Relator Juiza Leide Polo — Órgão Julgador Sétima Turma — Data do Julgamento 12/05/2008 — Data da Publicação DJF3 25/06/2008)

A doutrina constitucional enfatiza que, em se tratando de imposição de restrições a determinados direitos, deve-se indagar acerca da admissibilidade constitucional da restrição eventualmente fixada.

Ademais, como já fora declinado no capítulo anterior, salvo casos raros, é difícil que um "bóia-fria", cujo grau de escolaridade não completa o ensino fundamental, se tanto, consiga arrecadar os documentos que sirvam de início de prova material e que neles conste a profissão ou qualquer outro dado que evidencie o exercício da atividade de rurícola e ainda seja contemporâneo ao fato nele declarado, extraídos de registros efetivamente existentes, idôneos e acessíveis à Previdência Social referentes a quinze anos de exercício na lavoura, sem prejuízo da prova oral para satisfazer as exigências da Previdência Social (art. 133, IX, da Instrução Normativa n. 20 do INSS).

É ilegítima a exigência judicial, pois estará convalidando uma instrução normativa do INSS que é flagrantemente inconstitucional, caracterizando negativa de prestação jurisdicional por parte do Poder Judiciário, já que sempre restará indeferido o protocolo administrativo.

O que deve ser percebido neste mister é que o direito processual não é um fim em si mesmo, mas mero instrumento que dispõe o jurisdicionado para a obtenção do bem da vida que, neste caso, é o benefício previdenciário. Negar a prestação jurisdicional por questões de ordem formal que não influenciam o mérito da decisão final ofende a efetividade da atividade do Poder Judiciário prevista no art. 5º, LXXVIII , retirando com isso o seu prestígio.

Em nenhum momento defende-se a ideia de que o Poder Judiciário tenha de suprir as deficiências da autarquia, quando não atende a infinidade de beneficiários. Ocorre que, em casos específicos como este, a provocação da via administrativa causa prejuízo ao segurado, sendo a provocação direta do Poder Judiciário o único meio legítimo e hábil para reparar esta lesão presumida.

José Antonio Savaris (2008:65) demonstra de forma cristalina que o indeferimento administrativo do pedido de concessão de benefício, ainda que não exista o exaurimento da via administrativa, retrata a lesão ou ameaça de direito que enseja a necessidade da tutela jurisdicional. O mesmo autor, porém, indaga acerca da existência de interesse em casos em que há presunção do indeferimento por parte da autarquia:

> "Poderíamos questionar se é necessário o formal indeferimento administrativo ou é suficiente o indeferimento verbal. Também colocaríamos a questão da ameaça de lesão nas ações de concessão, isto é, se é possível presumir que o INSS indefirirá o benefício, ainda assim, é de condicionar-se o acesso à justiça ao indeferimento formal?"

5.2.4. *A máxima da razoabilidade*

Não se encontra o princípio da razoabilidade em fonte expressa, mas implícito na Constituição Federal, com subsídio lógico na disposição normativa que disciplina o devido processo legal (art. 5º, LIV, da CF/88). A origem da razoabilidade surge através da cláusula *due process of law*, que se desenvolveu no direito anglo-saxônico.

O devido processo legal como primado da razoabilidade transmite a noção de igualdade e a ideia de justiça para a defesa dos interesses individuais, cujo fundamento de aplicação se encontra no direito natural, pois decorre de valores históricos jusnaturalistas (CRISTÓVAM, 2006:201).

O princípio do devido processo legal, aliado à separação dos poderes, constitui-se em fundamento essencial do regime democrático, uma vez que sua abrangência ultrapassa a condição de simples garantia processual. Incorporado à Constituição norte-americana de 1787, por meio das emendas 5ª e 14, o referido princípio tornou-se prontamente objeto constante de intenso trabalho doutrinário e jurisprudencial.

O que importa salientar é que o princípio da razoabilidade é parte integrante do Direito Constitucional brasileiro, devendo ser aplicado pelo operador do direito em qualquer caso submetido ao seu conhecimento. Devendo ser utilizado como instrumento do Estado de Direito, ainda que considerado como princípio implícito do ordenamento constitucional, extraído da cláusula do devido processo legal.

Para *Luiz Roberto Barroso*, em sua belíssima obra *Os princípios da razoabilidade e da proporcionalidade no direito constitucional* (1998:69), define a máxima da razoabilidade como:

> "um parâmetro de valoração dos atos do Poder Público para aferir se eles estão informados pelo valor superior inerente a todo ordenamento jurídico: a justiça. Sendo mais fácil de ser sentido do que conceituado, o princípio se dilui um conjunto de proposição que não o libertam de uma dimensão excessivamente subjetiva. É razoável o que seja conforme à razão, supondo equilíbrio, moderação e harmonia; o que não seja arbitrário ou caprichoso, o que corresponda a um senso comum, aos valores vigentes em um dado momento ou lugar."

A proposta aqui é oferecer uma orientação interpretativa que permita a aferição da legalidade dos atos, com o objetivo de concretizar o desejo final da norma: justiça.

Finalmente, no que se refere ao ato administrativo, o princípio da razoabilidade funciona como limite do poder discricionário da administração pública, contribuindo para um satisfatório atendimento ao interesse público.

Diogo de Figueiredo Moreira Neto (1989:40) ressalta que:

> "[...] em se tratando da discricionariedade tem que haver uma relação de pertinência entre oportunidade e conveniência, de um lado, e a finalidade, de outro. Para si, a razoabilidade, agindo como um limite à discrição na avaliação dos motivos exige que sejam eles adequados, compatíveis e proporcionais, de modo a que o ato atenda à finalidade pública específi-

ca; agindo como um limite à discrição na escolha do objeto, exige que ele se conforme fielmente à finalidade e contribua eficientemente para que ela seja atingida".

Para *Celso Antônio Bandeira de Mello* (1998:38), o princípio da razoabilidade funciona igualmente como limite à discricionariedade administrativa. Sustenta que a lei outorga poder discricionário à administração pública para que, diante do caso concreto, o administrador adote a melhor solução para atender ao interesse público, eis que:

"repugnaria ao senso normal dos homens e a existência de discrição administrativa fosse um salvo conduto para a Administração agir de modo incoerente, ilógico, desarrazoado e o fizesse precisamente a título de cumprir uma finalidade legal."

No direito positivo brasileiro, entretanto, encontra-se explicitamente contemplada a exigência do emprego do princípio da razoabilidade no art. 111 da Constituição do Estado de São Paulo;[(18)] de maneira implícita na alínea *d* do parágrafo único do art. 2º da Lei n. 4.717, de 29.6.65, que considera inexistente o motivo quando a matéria de fato ou de direito em que se fundamenta o ato é materialmente inexistente ou juridicamente inadequada ao resultado obtido; o art. 2º da Lei n. 9.784, de 29.1.99, que disciplina o processo administrativo federal, insere a razoabilidade entre os seus princípios jurídicos.

5.2.4.1. Razoabilidade como equidade

É uma diretriz que exige a relação da norma geral com a individualidade do caso concreto, mostrando como ela deve ser aplicada, bem como indicar as hipóteses em que o caso individual não se enquadra na norma geral (CRISTÓVAM, 2006:202). A aplicação da norma geral diante das circunstâncias excepcionais do fato deve ser considerada com a presunção de estarem dentro da normalidade.

A equidade, com abordagem no item 2.3.2, gizou que se trata da aplicação do princípio constitucional da igualdade às funções do legislador e do juiz, a fim de que, na elaboração das normas jurídicas e em suas adaptações aos casos concretos, todos os casos iguais, explícitos ou implícitos, sem exclusão, sejam tratados igualmente e com prevalência na dignidade da pessoa humana, ou benignidade, corrigindo-se a rigidez de fórmulas gerais usadas pelas normas jurídicas, seus erros ou omissões (RÁO, 1999).

---

(18) Art. 111. A administração pública direta, indireta ou fundacional, de qualquer dos Poderes do Estado, obedecerá aos princípios de legalidade, impessoalidade, moralidade, publicidade, razoabilidade, finalidade, motivação e interesse público.

Diante da colisão positiva de direitos dos titulares de um mesmo direito fundamental, buscar-se-á responder à indagação feita no item 4.3.2.1 sobre o direito à pensão por morte do adúltero homossexual, aplicando-se a razoabilidade por meio da equidade. Senão vejamos:

Assim, diante da previsão da regra geral do art. 16 da Lei n. 8.213/91, o fim social almejado pela norma é conferir ao cônjuge ou ao companheiro a qualidade de dependentes da previdência social, pressupondo a existência de vida em comum, acrescida da presunção absoluta de dependência econômica, sem prejuízo da manutenção da família. Como a finalidade da regra é oferecer suporte àqueles que mantinham uma vida em comum, mesmo além do cônjuge, nos casos de concubinato adulterino, o codependente faz jus a pensão por morte. O Superior Tribunal de Justiça, ao analisar um caso concreto, concedeu o rateio da pensão em razão de restar provada a situação fática:

> "RECURSO ESPECIAL. PENSÃO PREVIDENCIÁRIA. PARTILHA DA PENSÃO ENTRE A VIÚVA E A CONCUBINA. COEXISTÊNCIA DE VÍNCULO CONJUGAL E A NÃO SEPARAÇÃO DE FATO DA ESPOSA. CONCUBINATO IMPURO DE LONGA DURAÇÃO. 'Circunstâncias especiais reconhecidas em juízo'. Possibilidade de geração de direitos e obrigações, máxime, no plano da assistência social. Acórdão recorrido não deliberou à luz dos preceitos legais invocados. Recurso especial não conhecido." (Processo REsp 742685 — RJ — Recurso Especial 2005/0062201-1 — Relator(a) Ministro José Arnaldo da Fonseca (1106) — Órgão Julgador T5 — Quinta Turma — Data do Julgamento 04/08/2005 — Data da Publicação/Fonte DJ 05.09.2005 — p. 484)

O Supremo Tribunal Federal, ao analisar um caso concreto, concedeu o rateio da pensão em razão de restar provada a situação fática:

> "Dependente — Companheira — Dissolução da sociedade de fato — Acordo judicial — Alimentos e continuidade da condição de dependente. Preceito de lei ordinária, no caso, o inciso II do artigo 9º da Lei n. 7.672/82, do Rio Grande do Sul, há de merecer interpretação norteada pela Constituição Federal. Dispondo esta sobre o reconhecimento da união estável entre o homem e a mulher como entidade familiar, a gerar a proteção do Estado, a norma legal que enquadra a companheira como dependente do segurado alcança situação na qual, mediante acordo, previu-se a continuidade do sustento e a reinclusão desta como beneficiária no Instituto de Previdência do Estado do Rio Grande do Sul." (RE 229.349, Rel. Min. Marco Aurélio, julgamento em 11.9.01, DJ de 9.11.01)

No que tange à concessão de benefício homoafetivo, através de um julgamento por equidade, o Superior Tribunal de Justiça reconhece como legítima a percepção de pensão por morte, a saber:

> "RECURSO ESPECIAL. DIREITO PREVIDENCIÁRIO. PENSÃO POR MORTE. RELACIONAMENTO HOMOAFETIVO. POSSIBILIDADE DE CONCESSÃO

DO BENEFÍCIO. MINISTÉRIO PÚBLICO. PARTE LEGÍTIMA. 1 — A teor do disposto no art. 127 da Constituição Federal, 'O Ministério Público é instituição permanente, essencial à função jurisdicional do Estado, incumbindo-lhe a defesa da ordem jurídica, do regime democrático de direito e dos interesses sociais e individuais indisponíveis.' *In casu*, ocorre reivindicação de pessoa, em prol de tratamento igualitário quanto a direitos fundamentais, o que induz à legitimidade do Ministério Público, para intervir no processo, como o fez. 2 — No tocante à violação ao artigo 535 do Código de Processo Civil, uma vez admitida a intervenção ministerial, quadra assinalar que o acórdão embargado não possui vício algum a ser sanado por meio de embargos de declaração; os embargos interpostos, em verdade, sutilmente se aprestam a rediscutir questões apreciadas no v. acórdão; não cabendo, todavia, redecidir, nessa trilha, quando é da índole do recurso apenas reexprimir, no dizer peculiar de Pontes de Miranda, que a jurisprudência consagra, arredando, sistematicamente, embargos declaratórios, com feição, mesmo dissimulada, de infringentes. 3 — A pensão por morte é: 'o benefício previdenciário devido ao conjunto dos dependentes do segurado falecido — a chamada família previdenciária — no exercício de sua atividade ou não (neste caso, desde que mantida a qualidade de segurado), ou, ainda, quando ele já se encontrava em percepção de aposentadoria. O benefício é uma prestação previdenciária continuada, de caráter substitutivo, destinado a suprir, ou pelo menos, a minimizar a falta daqueles que proviam as necessidades econômicas dos dependentes.' (ROCHA, Daniel Machado da, *Comentários à lei de benefícios da previdência social*/Daniel Machado da Rocha, José Paulo Baltazar Júnior. 4. ed. Porto Alegre: Livraria do Advogado Editora: Esmafe, 2004. p. 251). 4 — Em que pesem as alegações do recorrente quanto à violação do art. 226, § 3º, da Constituição Federal, convém mencionar que a ofensa a artigo da Constituição Federal não pode ser analisada por este Sodalício, na medida em que tal mister é atribuição exclusiva do Pretório Excelso. Somente por amor ao debate, porém, de tal preceito não depende, obrigatoriamente, o desate da lide, eis que não diz respeito ao âmbito previdenciário, inserindo-se no capítulo 'Da Família'. Face a essa visualização, a aplicação do direito à espécie se fará à luz de diversos preceitos constitucionais, não apenas do art. 226, § 3º da Constituição Federal, levando a que, em seguida, se possa aplicar o direito ao caso em análise. 5 — Diante do § 3º do art. 16 da Lei n. 8.213/91, verifica-se que o que o legislador pretendeu foi, em verdade, ali gizar o conceito de entidade familiar, a partir do modelo da união estável, com vista ao direito previdenciário, sem exclusão, porém, da relação homoafetiva. 6 — Por ser a pensão por morte um benefício previdenciário, que visa suprir as necessidades básicas dos dependentes do segurado, no sentido de lhes assegurar a subsistência, há que interpretar os respectivos preceitos partindo da própria Carta Política de 1988 que, assim estabeleceu, em comando específico: 'Art. 201. Os planos de previdência social, mediante contribuição, atenderão, nos termos da lei, a: [...] V — pensão por morte de segurado, homem ou mulher, ao cônjuge ou companheiro e dependentes, obedecido o disposto no § 2º'. 7 — Não houve, pois, de parte do constituinte, exclusão dos relacionamentos homoafetivos, com vista à produção de efeitos no campo do direito previdenciário, configurando-se mera lacuna, que deverá ser preenchida a partir de outras fontes do direito.

8 — Outrossim, o próprio INSS, tratando da matéria, regulou, através da Instrução Normativa n. 25 de 07/06/2000, os procedimentos com vista à concessão de benefício ao companheiro ou companheira homossexual, para atender a determinação judicial expedida pela juíza Simone Barbasin Fortes, da Terceira Vara Previdenciária de Porto Alegre, ao deferir medida liminar na Ação Civil Pública n. 2000.71.00.009347-0, com eficácia erga omnes. Mais do que razoável, pois, estender-se tal orientação, para alcançar situações idênticas, merecedoras do mesmo tratamento. 9 — Recurso Especial não provido."

Pelo que se nota, em sede de tutela administrativa, a Instrução Normativa da Diretoria Colegiada do Instituto Nacional do Seguro Social — INSS n. 25, de 7.6.00:

"Estabelece, por força de decisão judicial, procedimentos a serem adotados para a concessão de benefícios previdenciários ao companheiro ou companheira homossexual. (Data: 07/06/2000, Publicação: 08/06/2000)"

Nota-se em ambas as situações a especificidade que cada caso concreto possui: o impossibilita da aplicação da regra geral em razão de sua excepcionalidade, suprimindo, assim, o efeito social esculpido na norma.

É neste mister que surge a equidade como viés da razoabilidade, isto é, diante da deficiência da previsão legal ao caso concreto, busca-se através do fim social previsto no ordenamento constitucional o amparo a esta situação específica.

Como bem assevera *Humberto Ávila* (2006:142), *a razoabilidade serve como instrumento metodológico para demonstrar que a incidência da norma não é condição necessária, mas não suficiente para a sua aplicação.* Assim, a razoabilidade atua na interpretação das regras gerais como desdobramento da justiça e bem-estar social.

Neste passo, retoma-se a indagação: caso o concubinato adulterino for oriundo de uma relação homoafetiva, terá o companheiro supérstite o direito do rateio da pensão por morte?

A questão formulada envolve a colisão entre os princípios da participação e fonte no custeio (art. 194, V, c/c o art. 195, § 5º, ambos da Constituição Federal) e o princípio do solidarismo (art. 3º, I, da CF/88). A participação no custeio se refere ao caráter contributivo da previdência social, onde cada benefício previdenciário terá como base uma fonte de custeio. Em contraponto, a solidariedade como inclusão nos direitos fundamentais trata-se de uma corresponsabilidade dos cidadãos com os seus pares na garantia do piso vital mínimo, visando à redução das desigualdades regionais e sociais.

A partir, portanto, do momento em que a regra do art. 16 da Lei n. 8.213/91 preconiza o amparo daquele que dependia economicamente de outrem, não há que se insurgir com distinções de ordens moral e sexual para afastar a incidência da norma. É necessário aplicar a regra para se obter uma satisfação das condições previstas no caso concreto.

Note-se que a ausência nominal ou expressa desta espécie de dependente, por si só, não elide a incidência da norma previdenciária ante a previsão da solidariedade. Reconhecida a convivência em uma unidade social como hipótese de incidência deflagradora do benefício previdenciário, a ilicitude na seara civil de ser considerado impuro ou até homoafetivo não retira a responsabilidade social previdenciária do Poder Público com os codependentes do segurado.

5.2.4.2. *Razoabilidade como congruência*

Trata-se de uma técnica de solução de conflitos na qual se pretende alcançar os efeitos das normas com a realidade fática. Neste caso, o postulado da razoabilidade exige a harmonização das normas com a condição externa de aplicação da regra (ÁVILA, 2006:142).

Diga-se que a colisão ocorre entre a norma e os parâmetros externos a ela; exigindo uma relação congruente entre o critério de diferenciação escolhido e a medida adotada, uma vez que diferenciar sem motivo lógico viola o princípio da igualdade.

Parte-se da ideia de um caso em que um dependente, já beneficiário da Previdência Social, é obrigado a abandonar a faculdade de período integral porque o seu benefício de pensão por morte cessa ao atingir 21 anos de idade. A realidade externa da norma do art. 16 da Lei n. 8.213/91 diante deste caso concreto foi plenamente satisfeita?

Pelo que se nota, a medida que foi tomada por presunção na norma legal, como fundamento da capacidade de autoprover-se, em razão da idade, qual seja, 21 anos, não se revela factível nem justa. Isto porque o critério adotado, de forma genérica, pelo legislador (idade de 21 anos) levou a circunstâncias deste caso concreto, já que o curso de medicina, por ser de período integral em todo o território nacional, o impede de trabalhar em horário de recesso estudantil, de forma a propiciar condições dignas de sobrevivência.

A afirmação de que não depende de interpretação, quando a norma é clara, é equivocada. Colacionamos o clássico exemplo, citado por *Chain Perelmam*, ao dizer que um letreiro colocado na entrada de um parque público proíbe a entrada de veículos. Um cidadão sofre um enfarte dentro do parque. Chama-se uma ambulância. Seria razoável que o porteiro impedisse a entrada da ambulância, arriscando a vida do enfartado?

Carlos Maximiliano Pereira dos Santos, em sua inesquecível obra *Hermenêutica e aplicação do direito*, explica: "Quem só atende à letra da lei não merece o nome de jurisconsulto; é simples pragmático".

Ocorre que certos magistrados indeferem a extensão do benefício previdenciário fundamentando-se simplesmente pela falta de amparo legal. Senão vejamos:

"PREVIDENCIÁRIO. PENSÃO POR MORTE. FILHO MAIOR DE 21 ANOS E NÃO INVÁLIDO. AUSÊNCIA DE PREVISÃO LEGAL. ART. 16 DA LEI 8.213/91. 1. Autor que apesar de ser filho da segurada, na época do óbito era maior de 21 anos e não era inválido, não ostentando a qualidade de dependente do segurado. 2. A interpretação da legislação previdenciária, no que concerne à enumeração do rol de benefícios e serviços, bem como dos seus beneficiários, há de ser literal, não podendo criar beneficiários que a lei não selecionou. 3. Apelação do INSS e remessa oficial providas. Prejudicado o recurso do autor. (Apelação — Tribunal — Terceira Região 868113/SP, Rel. Ministra Marisa Santos, Nona Turma, julgado em 04/09/2003, DJ p. 335)"

Não pode o intérprete ignorar a realidade social ao arrepio da norma e negar o amparo por mera exegese literal da lei previdenciária. Há que se conjugar os preceitos constitucionais da dependência econômica previstos no art. 201, V, da Constituição Federal, bem como o dever do Estado de amparar a família e de promover a educação profissionalizante, nos moldes do art. 227 do Texto Fundamental.

Como bem assevera *Humberto Ávila* (2006:144), *desvincular-se da realidade é violar os princípios do Estado de Direito e do devido processo legal.* Pelo que se percebe neste caso, aplicar a norma por um critério de interpretação literal, sem se ater às peculiaridades que a justiça do fato exige, retiraria a lógica do critério adotado pela norma com a medida por ela atribuída.

Novamente, depara-se com a tensão entre o princípio da fonte de custeio e o da solidariedade.

Neste caso, parece apropriada a conveniência de deixar os efeitos fáticos externos interferirem na forma pela qual a regra deverá ser aplicada diante de um caso concreto específico. Com efeito, não se pode utilizar critérios idênticos para aferir situações fáticas distintas, sob pena de infringir o *caput* do art. 5º da Lei Magna, sendo este o instrumento para a solução deste conflito. A eficácia dos princípios constitucionais do Estado de Direito e do devido processo legal soma-se à eficácia do princípio da igualdade, que impede a utilização de critérios inadequados, sob pena de inconstitucionalidade. *Verbi gratia*, a possibilidade da dedução dos gastos com despesas educacionais (ensino médio, graduação e pós-graduação) no Imposto de Renda daqueles que tenham idade superior a 21 anos.

Sabiamente, alguns magistrados têm decidido de forma justa acerca da questão, da seguinte maneira:

"PREVIDENCIÁRIO — SUSPENSÃO DE BENEFÍCIO DE PENSÃO POR MORTE — FILHO MAIOR DE IDADE — ESTUDANTE UNIVERSITÁRIO —

DEPENDÊNCIA ECONÔMICA. I — Faz jus ao benefício da pensão por morte, o filho do segurado da previdência social, com idade superior a 21 anos, mas inferior aos 24 anos, que comprove ser universitário e depender da renda deixada pelo pai para concluir seus estudos e sua capacitação profissional. II — Tal entendimento não contraria a Lei n. 8.213/91, mas adequa a lei à realidade social e aos comandos contidos na Constituição Federal, que determina que a família, a sociedade e o Estado devem assegurar o direito social à educação, visando ao pleno desenvolvimento da pessoa, seu preparo para o exercício da cidadania e sua qualificação para o trabalho. III — Apelação provida para determinar o restabelecimento da pensão por morte do Impetrante, até sua conclusão do curso universitário, ou até que o mesmo atinja os 24 anos de idade, o que ocorrer primeiro, mantidos os efeitos pretéritos da decisão liminar de fls. 32/33. (Acordão Origem: Tribunal — Segunda Região — Classe: AMS — Apelação em Mandado de Segurança — 55878 — Processo: 200351015043800 — UF: RJ — Órgão Julgador: Segunda Turma ESP. — Data da decisão: 13/09/2005 — Documento: TRF200146015 — Fonte DJU DATA: 22/09/2005 — Página: 111 — Relator(a) Juiz Messod Azulay Neto — Decisão: A Turma, por unanimidade, deu provimento ao recurso, nos termos do voto do Relator.)"

É neste mister que se atesta a aplicabilidade da razoabilidade em face dos preceitos fundamentais da República. É preciso considerar o caráter assecuratório do benefício, para o qual o segurado contribuiu durante toda a sua vida com vistas a garantir, no caso de seu falecimento, o sustento e o pleno desenvolvimento profissional de seus descendentes que, se vivo fosse, manteria com o resultado de seu trabalho, por meio do salário ou da correspondente pensão.

É claro que o raciocínio delineado não visa a privilegiar estudantes maiores de 21 anos que podem exercer atividade remunerada em período diverso daquele empreendido na sala de aula. Não há, por exemplo, razão que justifique um estudante de Direito permanecer como beneficiário da previdência social, uma vez que é possível prestar serviços que lhe garantam a subsistência, já que o curso pode ser feito no período noturno.

Infelizmente, este não é o entendimento dominante em nossos tribunais, a exemplo o Enunciado n. 37 da Turma Nacional de Uniformização de Juizados Especiais Federais:

> "A pensão por morte devida ao filho até os 21 anos de idade não se prorroga pela pendência do curso universitário."

5.2.4.3. *Razoabilidade como equivalência*

Nas lições de *Humberto Ávila*, a razoabilidade exige uma relação de equivalência entre a medida adotada e o crédito que a menciona, isto é, deverá existir uma correspondência justa entre os meios utilizados e os fins desejados. Aqui a equivalência visa a evitar a ocorrência da "proibição do excesso", ou seja, a realização de uma determinada conduta legislativa que acarrete de forma demasiada e sem justificativa plausível um resultado mais gravoso ao titular do direito.

No que tange à contribuição dos inativos, denota-se a discussão de sua inconstitucionalidade de alguns dispositivos da Emenda Constitucional n. 41, de 19 de dezembro de 2003. Senão vejamos:

Estabelece o § 18 do art. 40 da Constituição Federal que:

> "§ 18. Incidirá contribuição sobre os proventos de aposentadorias e pensões concedidas pelo regime de que trata este artigo que superem o limite máximo estabelecido para os benefícios do regime geral de previdência social de que trata o art. 201, com percentual igual ao estabelecido para os servidores titulares de cargos efetivos."

Por outro lado, o *caput* do art. 4º da Emenda Constitucional n. 41, de 2003, preconiza que:

> "Art. 4º Os servidores inativos e os pensionistas da União, dos Estados, do Distrito Federal e dos Municípios, incluídas suas autarquias e fundações, em gozo de benefícios na data de publicação desta Emenda, bem como os alcançados pelo disposto no seu art. 3º, contribuirão para o custeio do regime de que trata o art. 40 da Constituição Federal com percentual igual ao estabelecido para os servidores titulares de cargos efetivos."

A incidência da cobrança da contribuição dos inativos previstos no § 18 do art. 40 da Constituição Federal, em razão da exegese do *caput* do art. 4º da Emenda Constitucional n. 41/03, será a todos os beneficiários da previdência pública, não importando o momento em que o benefício previdenciário surgiu, mesmo se os requisitos para a sua percepção foram preenchidos antes ou depois da promulgação da Emenda.

Assim, a aplicação da contribuição dos inativos operou para todos os benefícios concedidos antes ou após 19 de dezembro de 2003, independentemente da época em que foram satisfeitas as exigências na lei.

É latente o conflito entre o princípio da diversidade na base de financiamento com o princípio da irredutibilidade do valor dos benefícios, ambos princípios constitucionais da Seguridade Social. No entanto, o tema exige maior reflexão de ordem constitucional.

A Constituição, no art. 5º, XXXVI, estabelece que "a lei não prejudicará o direito adquirido, o ato jurídico perfeito e a coisa julgada". Por sua vez, no art. 6º, § 2º, da Lei de Introdução ao Código Civil, consideram-se, adquiridos "assim os direitos que o seu titular, ou alguém por ele, possa exercer, como aqueles cujo começo do exercício tenha termo prefixo, ou condição preestabelecida, inalterável, a arbítrio de outrem".

Sérgio Pinto Martins, em sua obra *Direito da seguridade social* (2005:72), define o direito adquirido, com vistas à Seguridade Social, como:

> "Direito adquirido integra o patrimônio jurídico e não o econômico da pessoa. Esta não conta como algo concreto, como um valor a mais em sua conta bancária. O direito já é da pessoa em razão de que cumpriu todos os requisitos para adquiri-lo, por isso faz parte de seu patrimônio jurídico, ainda que não integre o seu patrimônio econômico, como na hipótese de a aposentadoria não ter sido requerida apesar de a pessoa já ter implementado todas as condições para esse fim."

O art. 5º, XXXVI, da Constituição, bem como os direitos sociais, considerados preceitos fundamentais da pessoa humana, aplicam-se sob o manto da garantia prevista no art. 60, § 4º, IV, da Constituição Federal, que proíbe alterações constitucionais tendentes a aboli-los, ainda que de forma implícita.

Ademais, pelo que se depara neste caso, há desequilíbrio atuarial, bem como violação de direito adquirido, uma vez que, como sustenta *Sérgio de Andréa Ferreira*, o equilíbrio econômico-financeiro deve existir mesmo na relação estatutária do servidor público. Acrescenta o autor que "o funcionário brasileiro tem direito a um equilíbrio econômico-financeiro, que traduz a equação entre os ônus e as vantagens funcionais" (*Reforma da previdência e contribuição dos inativos*. Belo Horizonte: Fórum, 2003, p. 73).

Na opinião de *Fábio Konder Comparato*, em artigo publicado no jornal Folha de S. Paulo, de 18 de agosto de 2003, p. A-12, ao comentar o Projeto de Emenda Constitucional que originou a Emenda Constitucional em comento: "alguns pontos do texto aprovado na Câmara são perdidamente inconstitucionais. A taxação dos inativos fere o princípio elementar do respeito ao direito adquirido. O mesmo ocorre com a redução das pensões para familiares de segurados já mortos".

Vislumbra-se, neste caso, a falta de uma equivalência entre a contribuição exigida e o benefício concedido, inexistindo uma causa razoável para a sua instituição retroativa, já que o regime previdenciário contributivo prescinde da relação custo-benefício, o que não se verifica na hipótese em questão.

Está configurada, pois, no caso da contribuição dos inativos, violação de cláusula pétrea da Constituição Federal. Sem mencionar a violação do princípio da irredutibilidade do valor dos benefícios, a Emenda Constitucional fere a regra da isonomia, constante do art. 5º da Constituição, especializada, para efeitos tributários, no art. 150, II, que veda "instituir tratamento desigual entre contribuintes que se encontrem em situação equivalente, proibida qualquer distinção em razão de ocupação profissional ou função por eles exercida, independentemente da denominação jurídica dos rendimentos, títulos ou direitos", sem deixar de mencionar ofensa ao art. 60, § 4º, IV, da Constituição Federal, que proíbe propostas de emendas tendentes a abolir direitos e garantias individuais, como esta que se discute.

A partir deste raciocínio, o correto seria que a contribuição dos servidores inativos fosse feita somente para os futuros aposentados e pensionistas, ou seja, quando estes adquirirem tal direito após o início da vigência das normas que a criaram, de forma a preservar uma das mais importantes garantias previstas constitucionalmente: o direito adquirido.

Infelizmente, foi outra a orientação tomada pelo Supremo Tribunal Federal:

> "Seguridade social. Servidor público. Vencimentos. Proventos de aposentadoria e pensões. Sujeição à incidência de contribuição previdenciária. Ofensa a direito adquirido no ato de aposentadoria. Não ocorrência. Contribuição social. Exigência patrimonial de natureza tributária. Inexistência de norma de imunidade tributária absoluta. Emenda Constitucional n. 41/2003 (art. 4º, *caput*). Regra não retroativa. Incidência sobre fatos geradores ocorridos depois do início de sua vigência. Precedentes da Corte. Inteligência dos arts. 5º, XXXVI, 146, III, 149, 150, I e III, 194, 195, *caput*, II e § 6º, da CF, e art. 4º, *caput*, da EC n. 41/2003. No ordenamento jurídico vigente, não há norma, expressa nem sistemática, que atribua à condição jurídico-subjetiva da aposentadoria de servidor público o efeito de lhe gerar direito subjetivo como poder de subtrair *ad aeternum* a percepção dos respectivos proventos e pensões à incidência de lei tributária que, anterior ou ulterior, os submeta à incidência de contribuição previdencial. Noutras palavras, não há, em nosso ordenamento, nenhuma norma jurídica válida que, como efeito específico do fato jurídico da aposentadoria, lhe imunize os proventos e as pensões, de modo absoluto, à tributação de ordem constitucional, qualquer que seja a modalidade do tributo eleito, donde não haver, a respeito, direito adquirido com o aposentamento. Inconstitucionalidade. Ação direta. Seguridade social. Servidor público. Vencimentos. Proventos de aposentadoria e pensões. Sujeição à incidência de contribuição previdenciária, por força de Emenda Constitucional. Ofensa a outros direitos e garantias individuais. Não ocorrência. Contribuição social. Exigência patrimonial de natureza tributária. Inexistência de norma de imunidade tributária absoluta. Regra não retroativa. Instrumento de atuação do Estado na área da previdência social. Obediência aos princípios da solidariedade e do equilíbrio financeiro e atuarial, bem como aos objetivos constitucionais de universalidade, equidade na forma de participação no custeio e diversidade da base de financiamento." (ADI 3.105, Rel. p/ o ac. Min. Cezar Peluso, julgamento em 18.8.04, DJ de 18.2.05)

5.2.5. A máxima da proporcionalidade

A origem histórica da máxima da proporcionalidade está ligada à evolução dos direitos e garantias individuais da pessoa humana, verificada a partir do surgimento do Estado de Direito.

No sistema jurídico pátrio, o princípio da proporcionalidade não está expresso na Constituição Federal e foi influenciado pela doutrina portuguesa, cujo conteúdo se originou da Alemanha, pela Constituição *Weimar*. No ordenamento infraconstitucional, a norma do art. 2º da Lei n. 9.784, de 29.1.99, que disciplina o processo administrativo federal, contempla a proporcionalidade entre os seus princípios jurídicos.

O art. 18 da Constituição portuguesa de 1976 apresenta as limitações a serem seguidas pelos funcionários públicos no exercício de suas funções, explicitando-se a vinculação de todas as entidades públicas e privadas no respeito aos direitos fundamentais e o critério da necessidade como parâmetro inafastável na formulação e aplicação de leis que restrinjam direitos e garantias constitucionais, delineando indubitavelmente, ainda que de forma implícita, os requisitos essenciais do princípio da proporcionalidade.

A máxima da proporcionalidade exige que o Poder Legislativo e o Poder Executivo, para a realização de seus fins pretendidos, escolham caminhos adequados, necessários e proporcionais. A aplicação da proporcionalidade exige a relação de causalidade entre meio e fim, de tal sorte que, adotando-se o meio, promove-se o fim (ÁVILA, 2006:146).

Willis Santiago Guerra Filho, em sua obra *Processo constitucional e direitos fundamentais* (2005:80), leciona que para solucionar conflitos entre os princípios constitucionais deve-se se socorrer ao: "princípio dos princípios, o princípio da proporcionalidade, que determina a busca de uma solução de compromisso, na qual respeita mais em determinada situação, um dos princípios em conflito...". Acredita-se que a denominação "princípio dos princípios" tenha como fundamento a ideia de um verdadeiro *topos* argumentativo, exteriorizado através de um mandamento de otimização.

Tomado como um mandamento de otimização, o princípio da proporcionalidade visa à prevalência dos direitos fundamentais colocados em questão, na medida do jurídico e faticamente possível (GUERRA FILHO, 2005:95).

O exame da proporcionalidade aplica-se sempre que houver uma medida concreta destinada a realizar uma finalidade. Aplica-se a proporcionalidade nas situações em que há uma relação de causalidade entre aqueles dois elementos: meio/fim e a utilidade de um ato para a proteção de um determinado direito. O *meio* pode ser entendido como instrumento utilizado para a persecução da finalidade. A *finalidade* significa um estado desejado de coisas (ÁVILA, 2006:150).

Na busca de possibilitar a melhor compreensão do conteúdo do princípio da proporcionalidade, *Paulo Bonavides* (2005:396-397) destaca três elementos do princípio da proporcionalidade: a) *pertinência ou aptidão* — cumpre perquirir se determinada medida é adequada para alcançar um fim desejado; b) *necessidade* — a medida escolhida não pode exceder os limites indispensáveis para atingir o fim que se almeja, ou seja, deve ser dosada para alcançar o fim pretendido — *entre dois males, faz-se mister escolher o menor*; c) *proporcionalidade propriamente dita* — levando-se em conta os interesses em jogo, conjuga-se ao mesmo tempo as ideias de obrigação e interdição. "Obrigação de fazer uso dos meios adequados e interdição quanto ao uso dos meios desproporcionais." O insigne mestre da Universidade Federal do Ceará arremata com a doutrina de *Pierre Müllher*: "É em função do duplo caráter de obrigação e interdição que o princípio da proporcionalidade tem o seu lugar no Direito, regendo todas as esferas jurídicas e compelindo os órgãos do Estado a adaptarem todas as suas atividades e meios de que dispõem aos fins que buscam e aos efeitos de seus atos. A proporção adequada se torna assim condição de legalidade". Enfim, a ilegalidade ou à inconstitucionalidade da medida decorre da medida excessiva, injustificável, que *não cabe na moldura da proporcionalidade*.

Note-se, destarte, que o princípio da proporcionalidade não se confunde com a ponderação de valores, nem com a concordância prática, com a proibição do excesso, tampouco com a máxima da razoabilidade.

Na *ponderação de valores* há uma análise na dimensão e na importância dos valores que estão inseridos nos princípios colocados em questão no caso concreto. Na proporcionalidade há uma correspondência entre o meio e o fim desejado.

Por outro lado, na *concordância prática* há uma harmonização na aplicação dos valores que estão umbilicalmente ligados entre si, em razão da inexistência de hierarquia das regras constitucionais. A proporcionalidade, ao revés, tomada como mandamento de otimização, incide no conflito para justificar os instrumentos utilizados diante da finalidade adequada.

No que se refere à *proibição de excesso*, busca-se elidir a restrição desmedida de um princípio constitucional para justificar a medida tomada, retirando proteção deficiente do princípio relativizado.

Por fim, a razoabilidade se diferencia da proporcionalidade, uma vez que aquela atinge as particularidades individuais dos sujeitos atingidos pela aplicação concreta do direito, sem qualquer proporção entre meios e fins. A razoabilidade busca a compatibilidade do geral com o individual, para que se possa aplicar a regra dentro de um estado de normalidade. Não há relação de causalidade entre meio e fim. A proporcionalidade confere um maior poder ao Judiciário, quando da análise de uma colisão entre princípios constitucionais, de uma lei ou de um ato administrativo. Não basta que a medida seja razoável; será necessário que a proporção que se conferiu a cada interesse (ou direito) em jogo não seja ultrapassada (BORNHOLDT, 2005:166).

Neste sentido, o princípio da proporcionalidade (*Verhältnismässigkeitsgrundsatz*) significa um axioma (*Grundzatz*), que possui como subprincípios a adequação (*Geeignetheit*), a necessidade ou medida mais benigna (*Erforderlichkeit*) e a proporcionalidade em sentido estrito (*Verhältnismässigkeit im engeren Sinne*).

5.2.5.1. *Adequação* (Geeignetheit)

O princípio da adequação — por vezes também denominado princípio da idoneidade ou princípio da conformidade — ordena que se verifique, no caso concreto, se a decisão normativa restritiva (o meio, a medida) do direito fundamental oportuniza o alcance da finalidade perseguida. Trata-se de examinar se o meio é apto, útil, idôneo ou apropriado para atingir ou promover o fim pretendido (STEINMETZ, 2004:212).

Isto significa que o operador do direito terá de escolher o meio mais seguro que promova a realização do fim desejado de forma racional. O ato praticado deverá ser condizente com os fins adotados na sua execução.

A medida adotada pelo Estado deverá ser adequada à obtenção do fim que o legislador pretende atingir. É a utilidade da medida adotada.

No campo da discricionariedade pública, é amplamente debatida a correspondência da correta adequação dos meios utilizados e dos fins tomados. A questão torna-se tormentosa quando, em razão do amplo campo de atuação do administrador, o controle final das leis amplia a atuação do administrador.

No que tange à obtenção de benefício previdenciário, por se tratar de um direito subjetivo do segurado, a sua fruição nasce a partir do momento da satisfação dos requisitos. Portanto, o ato de concessão do benefício previdenciário por parte do instituto autárquico é caracterizado como ato administrativo vinculado. Com efeito. Satisfeitos os requisitos para a concessão do benefício, o único comportamento possível ao agente público diante do caso concreto será agir como a lei expressamente lhe impõe, ou seja: deferimento do benefício.

Há, no entanto, caso de benefício previdenciário que exige a adoção de medida diversa da prevista em lei para atingir o fim desejável, retirando o caráter vinculante do ato concessivo. Senão vejamos:

Para a concessão de aposentadoria por invalidez, são três os requisitos a ser satisfeitos (art. 42 da Lei n. 8.213/91): qualidade de segurado, carência e incapacidade total permanente para exercer a função que outrora desenvolvia, sem possibilidade de reabilitação profissional. *In verbis*:

> "Art. 42. A aposentadoria por invalidez, uma vez cumprida, quando for o caso, a carência exigida, será devida ao segurado que, estando ou não em gozo de auxílio-doença, for considerado incapaz e insusceptível de reabilitação para o exercício de atividade que lhe garanta a subsistência, e ser-lhe-á paga enquanto permanecer nesta condição."

Pois bem. Para ilustrar, parte-se da seguinte hipótese factível: segurado obrigatório da previdência social com 56 anos de idade; grau de escolaridade é ínfimo; sempre realizou trabalhos que demandavam grande esforço físico, como um estivador. Os longos anos de trabalho, nestas condições, a sobrecarga, acarretaram uma patologia na sua estrutura óssea que o impede de continuar realizando essa atividade. A perícia médica do INSS atestou a sua incapacidade definitiva para o trabalho, porém, parcial, sendo insusceptível de reabilitação profissional.

Diante desta conclusão médica, o agente público ficará vinculado à decisão da perícia e se limitará a conceder o auxílio-doença, ou poderá adotar uma medida mais adequada ao caso apresentado, objetivando um fim que corresponda com a situação do problema posto?

Note-se que para o pronunciamento jurídico adequado acerca da existência de incapacidade laborativa, não é suficiente tão somente a informação da patologia e o seu grau de evolução, mas exige-se que se relacione com a atividade que o segurado desenvolve, bem como a idade, o grau de escolaridade e o retorno ao mercado de trabalho de acordo com a susceptibilidade de reabilitação profissional.

A jurisprudência mostra-se dividida sobre o tema, ora os tribunais não aceitam, ora aceitam os parâmetros extralegais ao adequar as características específicas do segurado com a previsão legal:

Este julgado é exemplar da situação em que não se aceita:

"PREVIDENCIÁRIO. AUXÍLIO-DOENÇA. LAUDO PERICIAL. INCAPACIDADE PARCIAL. 1. Comprovada, mediante perícia médica, com a qual o próprio assistente técnico da autarquia previdenciária se colocou de acordo, a incapacidade do autor para o exercício de atividades envolventes de maior esforço físico, faz ele jus ao auxílio-doença, desde a data de sua indevida cessação, até sua reabilitação profissional para o desenvolvimento de ofício profissional que lhe garanta meios de subsistência, ou que seja considerado não recuperável, pela Previdência Social, e aposentado por invalidez. 2. *Não identificada, contudo, incapacidade total e permanente para qualquer ofício funcional, aliada à relativamente pouca idade do autor, não autoriza, o simples fato de contar com baixo grau de instrução e pequena qualificação profissional, reconhecimento de direito a aposentação por invalidez, ficando a cargo da própria Previdência Social a verificação da viabilidade de sua recuperação para atividade assecuratória dos meios de subsistência.* [...]. 5. Recursos de apelação e adesivo a que se nega provimento, parcialmente provida a remessa oficial. (Origem: TRF — Primeira Região — Classe: AC — Apelação Cível — 200038000104911 — Processo: 200038000104911 — UF: MG — Órgão Julgador: Segunda Turma — Data da decisão: 1/11/2006 — Documento: TRF100222267 — DJ: 1/30/2006 — p.17 — Relator(a) Desembargador Federal Carlos Moreira Alves)"

Em outras circunstâncias, entendeu-se que a aposentação por invalidez é a medida adequada:

"PREVIDENCIÁRIO. APOSENTADORIA POR INVALIDEZ. INCAPACIDADE LABORATIVA PARCIAL ATESTADA. DIFICULDADE DE REABILITA-

ÇÃO. HONORÁRIOS ADVOCATÍCIOS. JUROS DE MORA. APELAÇÃO IMPROVIDA. REMESSA OFICIAL IMPROVIDA. 1. Apesar de o laudo oficial indicar a incapacidade laborativa da autora apenas para algumas atividades, tendo em vista a sua condição pessoal, sua dificuldade na fala, déficit cognitivo e a dificuldade de readaptação profissional, deve ser concedido à segurada o benefício de aposentadoria por invalidez. [...] 4. Apelação a que se nega provimento. Remessa oficial improvida. (Origem: TRF — Primeira Região — Classe: AC — Apelação Cível — 200038010039497 — Processo: 200038010039497 — UF: MG — Órgão Julgador: Segunda Turma — Data da decisão: 7/9/2007 — Documento: TRF100256320 — Fonte DJ Data: 9/3/2007 — Página: 89 — Relator(a) Juíza Federal Monica Neves Aguiar da Silva (Conv.))

Na hipótese de ato jurídico individual, como este, a adequação deve ser analisada no plano das peculiaridades do caso concreto, individual e prévio, que possibilita a adequação, para o fim ser alcançado. Diz-se ser particular a adequação, pois a exigência da adoção da medida a ser tomada será considerada aquela específica para aquele determinado fim. A antecedência se refere no momento em que a medida foi tomada, já que a medida adequada será aquela em que o intérprete avaliou e projetou de forma correta a promoção do fim desejado.

A proporcionalidade exige do aplicador uma análise em que preponderem juízos probabilísticos e indutivo (ÁVILA, 2006:156).

5.2.5.2. *Necessidade ou medida mais benigna* (Erforderlichkeit)

O princípio da necessidade — também denominado princípio da exigibilidade ou princípio da indispensabilidade — ordena que se examine, entre os meios de restrição disponíveis, que o escolhido seja o menos restritivo — isto é, menos prejudicial ou gravoso — ao(s) direito(s) fundamental(is) em questão. Assim, uma determinada restrição é necessária se não é possível escolher outra restrição igualmente efetiva que limite menos o(s) direito(s) fundamental(is) em questão (STEINMETZ, 2004:213).

A necessidade envolve o estudo da existência de meios alternativos àquele inicialmente escolhido pelo intérprete e que possam promover o adequado fim, sem restringir, contudo, os mesmos direitos fundamentais adotados.

Nesta perspectiva, o princípio da proporcionalidade está vinculado aos direitos constitucionais por via dos direitos fundamentais. Portanto, é um princípio constitucional, que visa, sobretudo, à proteção da dignidade da pessoa humana. Não pode o intérprete anular um princípio em detrimento do outro, mas deve ele preservar, na medida do possível, as garantias estabelecidas, sem privar qualquer delas de sua substância elementar.

O "instituto" da "alta programada" criada pela Orientação Interna Conjunta 1 — DIRBEN/PFN, de 13.9.05, define-se pela cessação de um auxílio-doença ao segurado em data certa e determinada por presumir-se capaz de realizar atividades que garantam a sua subsistência. Com base nele, o médico-perito, fundamentando-se na sua experiência profissional, bem como na espécie da patologia, estipulará uma data certa para a sua alta. Assim, a "alta programada" tem por fundamento o princípio da seletividade e distributividade na prestação dos benefícios e serviços.

Daí surge a seguinte indagação: existe outro meio menos gravoso para o INSS selecionar as prestações previdenciárias aos seus segurados para adequar os seus custos?

Acredita-se que sim.

Em contraponto à seletividade das prestações dos benefícios, verifica-se a máxima da solidariedade (art. 3º, I, da CF/88), que fundamenta o disposto no art. 60 da Lei n. 8.213/91:

> "Art. 60. O auxílio-doença será devido ao segurado empregado a contar do décimo sexto dia do afastamento da atividade, e, no caso dos demais segurados, a contar da data do início da incapacidade e enquanto ele permanecer incapaz." (Redação dada ao *caput* pela Lei n. 9.876, de 26.11.1999, DOU 29.11.1999)

No mais das vezes, o sistema da "alta programada" poderá acarretar sérias injustiças aos segurados, por ter o seu benefício cancelado, apesar de ainda estarem incapacitados para o trabalho. Isto torna temerária a eficácia do "instituto", já que o meio utilizado para cessar a vigência do benefício não propicia o fim desejado, qual seja, redução de custos; ao contrário, gera mais despesas ao invocar a sua procuradoria para atuar nas demandas judiciais de restabelecimento de benefício. Não se pode esquecer que o fim maior da Previdência Social é garantir meios de subsistência dos segurados e dos seus dependentes em face das contingências sociais.

O meio alternativo mais correto é a aplicação da legislação previdenciária ao pé da letra, ou seja, a cessação do benefício previdenciário só será possível com perícia médica que ateste a recuperação da capacidade laborativa do segurado, independentemente da natureza ou história da doença.

Não há respaldo constitucional para a paralisação da concessão do benefício ao segurado em razão da preservação do equilíbrio financeiro da seguridade social, quando se verifica a necessidade da manutenção da subsistência do segurado diante da contingência social.

A ideia da manutenção da vida com dignidade desarma o argumento da "alta programada" para a redução de custos da previdência, pois este não é o meio alternativo adequado para o fim a que ela se destina.

Eventuais abusos ou desvios de conduta que venham a propiciar a manutenção de benefícios, em prol de quem já não faz jus, é questão que não se resolve, pois atinge indiscriminadamente pessoas que dele realmente necessitam.

5.2.5.3. *Proporcionalidade em sentido estrito (*Verhältnismässigkeit im engeren Sinne*)*

O princípio da proporcionalidade em sentido estrito (*Grundsatz Verhältnismässigkeit im engeren Sinne*) ordena que "os meios elegidos devam manter-se em uma relação razoável com o resultado perseguido". Esse dever é cumprido mediante o exame do equilíbrio ou da "justa medida" entre a restrição (o meio) e a finalidade pretendida (STEINMETZ, 2004:213-214).

Segundo *André Ramos Tavares* (2003:539), o princípio da proporcionalidade em sentido estrito "trata-se de um sopesamento de valores do ordenamento jurídico, em que se procura atingir a mais oportuna relação entre os meios e fins para melhor garantir os direitos do cidadão em situações concretamente relacionadas".

Para *Luiz Roberto Barroso* (2003:210), tal princípio refere-se a uma "ponderação entre o ônus imposto e o benefício trazido para constatar se é justificável a interferência na esfera dos direitos do cidadão".

Na lição de *Gilmar Ferreira Mendes* (2002:251): "um juízo definitivo sobre a proporcionalidade da medida há de se resultar da rigorosa ponderação e do possível equilíbrio entre o significado da intervenção para o atingido e os objetivos perseguidos pelo legislador".

A ponderação de valores ingressa na proporcionalidade como elemento formador do princípio. É o método que consiste em adotar uma decisão de preferência entre os direitos ou bens em conflito; o método que determinará qual o direito ou bem, e em que medida, prevalecerá, solucionando a colisão. Para a aplicação da ponderação são necessários alguns pressupostos: a colisão de direitos fundamentais e bens constitucionalmente protegidos; e a inexistência de uma hierarquia entre os direitos em colisão, matérias já estudadas anteriormente.

Conclusão

No desenvolvimento deste trabalho, preocupou-se em enfatizar a importância da teoria da normatividade dos princípios jurídicos e sua definitiva relevância na hermenêutica e aplicação do Direito Constitucional e do Direito Previdenciário. Esta postura principiológica do hermeneuta diante do direito posto, entretanto, não pode relegar as regras de direito, por uma questão de segurança jurídica, mas permiti-lhe ter uma visão mais aberta do ordenamento jurídico, na medida em que os princípios são erigidos à espécie normativa e, como tal, com poderes vinculantes, válidos e eficazes.

Tradicionalmente, os princípios jurídicos tinham mera função de auxiliar o intérprete, como elemento de integração na lacuna e obscuridade da lei. Modernamente, com a teoria da normatividade, ganharam força obrigatória igual ou superior ao preceito de lei. Esta nova visão faz com que os princípios jurídicos não tenham mais apenas a função interpretativa e supletiva, mas assumam o caráter fundamental no ordenamento jurídico. Assim, a norma compreende as subespécies: princípios e regras. Esta postura legitima que se tomem as regras de direito como mero ponto de partida para a interpretação e aplicação de norma, permitindo adequar os seus comandos a situações concretas que sequer eram cogitadas quando a regra foi criada, atualizando a norma (o direito) às vicissitudes da vida, portanto, para a concretização dos ideais de justiça.

Ademais, almeja-se com este trabalho a perseguição do justo possível, dentro de um sistema jurídico positivo, numa sociedade estruturada em uma economia capitalista, amplamente escudada na nossa Constituição Federal. A visão que se pretende obter é enfatizar uma posição pós-positivista que consiste no assíduo uso dos preceitos constitucionais para satisfazer os ditames da justiça social, com o auxílio de uma nova hermenêutica que não desprestigia, mas enfatiza, a tópica e a retórica na argumentação jurídica.

A aplicação dos direitos sociais, antes de qualquer coisa, deve escudar-se na hermenêutica voltada aos princípios constitucionais, que permite dar ao ordenamento jurídico uma compreensão sistêmica. A partir do estudo dos princípios, parte-se, então, para a análise do sistema infraconstitucional, sem deixar de verificar a sua efetividade na esfera da administração pública. A exegese dos direitos sociais deverá ser feita sob a ótica de que, ao lado dos direitos individuais, estes são considerados fundamentais. É nesta visão que se pretendeu dar novos fundamentos para uma visão mais atual do Direito Previdenciário.

Os caminhos utilizados neste trabalho pautaram-se pela necessidade de interpretar os princípios com profundidade nos axiomas que o compõem, enfatizando o contexto fático delineado, cotejando com os diversos pontos de contato do sistema em que se insere no ordenamento jurídico. Mas para isto o raciocínio jurídico é indispensável.

O raciocínio depende de alguns fatores para que a sua validade possa ser aferida. O raciocínio, às vezes, pode não resistir às provas e, ainda assim, no futuro, apresentar-se incorreto.

Na esfera jurídica, embora se aproveite conceitos advindos da lógica formal, o raciocínio será embasado em lógica própria, a lógica jurídica, haja vista as peculiaridades atinentes à ciência do direito. A lógica jurídica, embora também possa ser estudada cientificamente, gozará de diversas interpretações, conforme o sistema jurídico em que for inserida, porque necessitará de se recorrer aos conceitos vigentes neste ou naquele lugar, com as variações do tempo e, às vezes, até da pessoa.

O raciocínio jurídico poderá basear-se em modais deônticos, os quais significarão como o ser humano deveria comportar-se. Poderíamos compará-lo ao "dever-ser" comportamental. Referido comportamento, porém, não poderá ser juridicamente analisado, hipoteticamente, pois, dependerá das razões fáticas materiais existentes no mundo da vida real, no comportamento efetivamente realizado. Deveremos perguntar: seria razoável outra reação que não a tomada naquela circunstância?

É neste viés que se justifica a utilização da hermenêutica constitucional, em face das colisões de princípios, por exemplo.

Sucede, porém, que existe uma enorme distinção na aplicabilidade e na efetividade dos direitos individuais e do direito social.

No estudo acerca da aplicabilidade dos princípios de direitos fundamentais, assinalou-se a distinção da efetividade entre os direitos sociais e os direitos individuais. Conclui-se que a proteção daqueles depende de políticas públicas complexas, exigindo a edição de atos normativos com efeitos concretos, sem prejuízo de atos administrativos, ao contrário destes, em que uma manifestação jurisdicional é apta a resolver a questão judicial.

Esta diferença tem servido de base de argumento para desprestigiar a fundamentalidade dos direitos sociais, o que não se admite. Aqueles direitos sociais que têm por finalidade atender a demandas básicas de garantia de subsistência do ser humano asseguram a garantia do "piso vital mínimo", tendo por conteúdo jurídico a dignidade da pessoa humana, fundamento da

República. Assim, na interpretação do direito social hão de ser realçados os valores destinados a implementar a dignidade da pessoa humana a partir dos princípios fundamentais.

A defesa e a garantia dos direitos sociais se tornam mais difíceis quando estes se confrontam, no caso concreto, com os direitos individuais, como foi destacado, o direito constitucional ao benefício social do segurado especial, em face da coisa julgada. Isto porque a efetividade de cada direito deve subsumir-se a planos jurídicos distintos.

A resolução dos conflitos dos princípios constitucionais na tutela de benefícios previdenciários não é tão clara e tranquila como na tutela das liberdades públicas. Em razão da diferença da aplicabilidade dos direitos sociais para os direitos individuais, a solução pelos conflitos, em alguns casos, não se verifica apenas pela proporcionalidade dos meios utilizados com os fins desejados, nem tanto pela razoabilidade, mas pela efetividade da prevalência da dignidade da pessoa humana.

O caminho tomado foi a partir de uma ideia da unidade da Constituição, independentemente do atributo do direito fundamental discutido, se social ou individual. Toma-se como base sempre a busca da prevalência da dignidade da pessoa humana, independente da técnica de solução de conflitos a ser adotada pelo intérprete.

É a dignidade da pessoa humana o *princípio dos princípios;* deve ser o vetor interpretativo para a busca da solução mais justa, para enfrentar a grave questão da colisão de princípios jurídicos.

Assim, o operador do direito, ao se defrontar com situação fática conflituosa, deverá visualizar com profundidade, inferindo condições que vão habilitá-lo a se pronunciar, para extrair os seus efeitos, se estes efeitos produzirão o impacto desejado no ordenamento posto, para poder, desta forma, formular o raciocínio jurídico justificável.

BIBLIOGRAFIA

ALEXY, Robert. *Teoría de los derechos fundamentales*. Madrid: Centro de Estudios Constitucionales, 1997.

ALLY, Raimundo Cerqueira. *Normas previdenciárias no direito do trabalho*. 5. ed. ampl. e atual. São Paulo: IOB, 2002.

ARAGON, Manuel. *Constitución y democracia*. Temas Clave de la constitución española. Madrid: Tecnos, 1989.

ARAÚJO, Luiz Alberto David; NUNES JUNIOR, Vidal Serrano. *Curso de direito constitucional*. 5. ed. São Paulo: Saraiva, 2002.

ARISTÓTELES. *Retórica*. Tradução de Manuel Alexandre Junior. Lisboa: Imprensa Nacional — Casa da Moeda, 1998.

ÁVILA, Humberto. *Teoria dos princípios*. Da definição à aplicação dos princípios jurídicos. 6. ed. São Paulo: Malheiros, 2006.

BALERA, Wagner. *Noções preliminares de direito previdenciário*. Atual. São Paulo: Quartier Latin do Brasil, 2004.

__________. O valor social do trabalho. *Revista LTr*, n. 58, p. 1.168, 1994.

BARBI, Celso Agrícola. *Do mandado de segurança*. 3. ed. Rio de Janeiro: Forense, 1976.

BARROS, Wellington Pacheco; BARROS, Wellington Gabriel Zuchetto de. *A proporcionalidade como princípio de direito*. Porto Alegre: Livraria do Advogado, 2006.

BARROSO, Luís Roberto. *A nova interpretação constitucional*. Ponderação, direitos fundamentais e relações privadas. São Paulo: Renovar, 2003.

__________. Os princípios da razoabilidade e da proporcionalidade no direito constitucional. *Caderno de Direito Constitucional e Ciência Política*. São Paulo: RT, ano 6, n. 23, 1998.

BASTOS, Celso Ribeiro. *Curso de direito constitucional*. 13. ed. São Paulo: Saraiva, 1990.

__________. *Hermenêutica constitucional*. Separata da Revista de Informação Legislativa n. 24, de 6 de outubro de 1987. Senado Federal: Brasília, 1987.

__________. *Mandado de segurança*. 2. ed. São Paulo: Saraiva, 1982.

BASTOS, Celso Ribeiro; MARTINS, Ives Gandra. *Comentários à Constituição do Brasil (promulgada em 5 de outubro de 1988)*. São Paulo: Saraiva, 1988.

BOBBIO, Norberto. *El problema del positivismo jurídico*. Tradução castelhana: Ernesto Garzón Valdéz. 6. ed. México: Distribuiciones Fontamara, 1999.

__________. *Teoria do ordenamento jurídico*. Traduzido por Maria Celeste Cordeiro Leito dos Santos. 10. ed. Brasília: UNB, 1999.

__________. *A era dos direitos*. Traduzido por Maria Celeste Cordeiro Leito dos Santos. 10. ed. Brasília: UNB, 2002.

BONAVIDES, Paulo. *Curso de direito constitucional*. 13. ed., 2. tir. São Paulo: Malheiros, 2003.

BORNHOLDT, Rodrigo Meyer. *Métodos para resolução do conflito entre direitos fundamentais*. São Paulo: RT, 2005.

BRANCO, Paulo Gustavo Gonet; COELHO, Inocêncio Mártires; MENDES, Gilmar Ferreira. *Hermenêutica constitucional e direitos fundamentais*. Brasília: Brasília Jurídica, 2000. v. 1.

_________. *Curso de direito constitucional*. São Paulo: Saraiva e Brasília: Instituto Brasileiro de Direito Público, 2007.

BRASIL. *Constituição da República Federativa do Brasil*. Fonte: Diário Oficial (da União) de 5.10.88, p. 1.

BRASIL. *Lei n. 5.869, de 11 de janeiro de 1973*. Institui o Código de Processo Civil. Diário Oficial da União. Brasília, 17 jan.1973, n. 12, p. 3.

BRASIL. *Lei n. 8.213, de 24 de julho de 1991*. (DOU 25.7.91, consolidada no DOU 14.8.98). Dispõe sobre os Planos de Benefícios da Previdência Social e dá outras providências. Diário Oficial da União. Brasília, 25 jul.1991.

BRASIL. *Lei n. 8.742, de 7 de dezembro de 1993*. Dispõe sobre a organização da Assistência Social e dá outras providências. Diário Oficial da União. Brasília, 8.12.93, p. 18.769.

CANARIS, Claus-Wilhelm. *Pensamento sistemático e conceito de sistema na ciência do direito*. 2. ed. Lisboa: Fundação Calouste Gulbenkian, 1996.

CANOTILHO, Joaquim José Gomes. *Direito constitucional e teoria da Constituição*. 3. ed. Coimbra: Almedina, 1998.

_________. *Direito constitucional*. 6. ed. Coimbra: Almedina, 1993.

CAPEZ, Fernando. *Curso de processo penal*. 4. ed. São Paulo: Atlas, 1998.

CAPPELLETTI, Mauro. *Acesso à justiça*. Tradução por Ellen Gracie Northfleet. Porto Alegre: Sergio Antonio Fabris, 1988.

CASSIRER, Ernst. *Ensaio sobre o homem — Introdução a uma filosofia da cultura humana*. Tradução de Tomás Rosa Bueno. São Paulo: Martins Fontes, 2005.

CASTRO, Carlos Alberto Pereira; LAZZARI, João Batista. *Manual de direito previdenciário*. 7. ed. rev. São Paulo: LTr, 2006.

CASTRO, Carlos Roberto Siqueira de. *A Constituição aberta e os direitos fundamentais*. Rio de Janeiro: Forense, 2003.

CHAMON, Omar. *Introdução ao direito previdenciário*. Barueri: Manole, 2005.

COELHO, Fernando. *Lógica jurídica e interpretação das leis*. Rio de Janeiro: Forense, 1981.

COMPANHOLE, Adriano; COMPANHOLE, Hilton Lobo. *Constituições do Brasil*. 5. ed. São Paulo: Atlas, 1981.

CRISTÓVAM, José Sérgio da Silva. *Colisão entre princípios constitucionais. Razoabilidade, proporcionalidade e argumentação jurídica*. Curitiba: Juruá, 2006.

CRUZ, Paulo Márcio. *Fundamentos do direito constitucional*. 2. ed. Curitiba: Editora Juruá, 2004.

DESCARTES, René. *O discurso do método*. Tradução de Maria Ermatina Galvão. 2. ed. 4. tir. São Paulo: Martins Fontes, 2005.

DINIZ, Maria Helena. *Norma constitucional e seus efeitos*. 5. ed. São Paulo: Saraiva, 2001.

_________. *A ciência jurídica*. 4. ed. São Paulo: Saraiva, 1996.

DWORKIN, Ronad. *Levando os direitos a sério*. Tradução e notas Nelson Boeira. São Paulo: Martins Fontes, 2002.

_________. *Teoria da argumentação jurídica*. Tradução de Zilda Hutchinson Schild Silva. São Paulo: Landy, 2001.

ESPÍNDOLA, Ruy Samuel. *Conceito de princípios constitucionais*. 2. ed. São Paulo: RT, 2002.

FARIAS, Edílson Pereira de. *Colisão de direitos:* a honra, a intimidade, a vida privada *versus* a liberdade de expressão e informação. 2. ed. Porto Alegre: Sergio Antonio Fabris, 2000.

FERNANDES, Antonio Scarance. *Processo penal constitucional*. 2. ed. São Paulo: RT, 2000.

FERRAZ JR., Tercio Sampaio. *Teoria da norma jurídica*. 3. ed. Rio de Janeiro: Forense, 1999.

_________. *A ciência do direito*. 2. ed. 13. tir. São Paulo: Atlas, 1980.

_________. *Introdução ao estudo do direito*. 4. ed. rev. São Paulo: Atlas, 2003.

FERREIRA FILHO, Manuel Gonçalves. *Curso de direito constitucional*. 21. ed. São Paulo: Saraiva, 1994.

_________. *Direitos humanos fundamentais*. 2. ed. São Paulo: Saraiva, 1998.

FIORILLO, Celso Antonio Pacheco. *Curso de direito ambiental brasileiro*. 4. ed. São Paulo: Saraiva, 2003.

GIL, Antonio Hernandez. *Conceptus juridicus fundamentalis*. Obras completas, Madrid: Espasa Caupe, 1987. v. I.

GORDILLO, Agustín. *Princípios gerais de direito público*. Buenos Aires: Fundación de Derecho Administrativo, 1977.

GRAU, Eros Roberto. *A ordem econômica na Constituição de 1988*. 7. ed. São Paulo: Malheiros, 2002.

_________. *O direito posto e o direito pressuposto*. 4. ed. São Paulo: Malheiros, 2002.

_________. *Ensaio e discurso sobre a interpretação/aplicação do direito*. 2. ed. São Paulo: Malheiros, 2003.

GUERRA FILHO, Willis Santiago. *Processo constitucional e direitos fundamentais*. 4. ed. rev. e ampl. São Paulo: RCS, 2005.

GUIMARÃES, Ariane Stangni. *A importância dos princípios jurídicos no processo de interpretação constitucional*. Dissertação de Mestrado em Direito. PUC/SP, 2001.

HART, Herbert Lionel Adolphus. *O conceito de direito*. Tradução de Armindo Ribeiro Mendes. 2. ed. Lisboa: Calouste Gulbenkian, 1996.

HESSE, Konrad. *Escritos de derecho constitucional (Selección)*. Madrid: Centro de estudios constitucionales, 1983.

HORVATH JUNIOR, Miguel. *Direito previdenciário*. 6. ed. São Paulo: Quartier Latin do Brasil, 2006.

__________. *Os direitos fundamentais e a seguridade social*. Disponível em: <http://www.ambitojuridico.com.br/site/index.php?n_link=revista_artigos_leitura&artigo_id=1204>. Acesso em: 10.9.07.

INSS — *Instrução Normativa da Diretoria Colegiada do Instituto Nacional do Seguro Social* — INSS n. 25 de 7.6.00.

INSS — *Instrução Normativa da Diretoria Colegiada do Instituto Nacional do Seguro Social* — INSS n. 49, de 3 de maio de 2001.

INSS — *Instrução Normativa da Diretoria Colegiada do Instituto Nacional do Seguro Social* — INSS/Pres, n. 20 de 10 de outubro de 2007.

KELSEN, Hans. *Teoria pura do direito*. Tradução de João Batista Machado. 21. ed. São Paulo: Martins Fontes, 1995.

LASSALE, Ferdinand. *O que é uma Constituição?* Tradução de Hiltomar Martins de Oliveira. Belo Horizonte: Cultura Jurídica, 2001.

LEITE, Eduardo de Oliveira. *A monografia jurídica*. 4. ed. São Paulo: RT, 2000.

LEITE, George Salomão. *Do método tópico de interpretação constitucional*. Elaborado em: 7.2000. Disponível em: <http://jus2.uol.com.br/doutrina/texto.asp?id=34>. Acesso em: 11.10.07.

LIEBMAN, Enrico Tullio. *Eficácia e autoridade da sentença*. 3. ed. Rio de Janeiro: Forense, 1984.

LOEWENSTEIN, Karl. *Teoría de la constitución*. Tradução de Alfredo G. Anabitarte. Barcelona: Ariel, 1965.

LYOTARD, Jean-François. *A condição pós-moderna*. 6. ed. Rio de Janeiro: José Olympio, 2000.

MALUF, Sahid. *Direito constitucional*. 12. ed. São Paulo: Sugestões Literárias, 1980.

MARITAIN, Jacques. *Os direitos do homem e a lei natural*. Tradução de Afrânio Coutinho. 2. ed. Rio de Janeiro: Livraria José Olímpio, 1947.

MARTINEZ, Wladimir Novaes. *Comentários à lei básica da previdência social*. 7. ed. São Paulo: LTr, 2006.

MARTINS, Sergio Pinto. *Direito da seguridade social*. 21. ed. São Paulo: Atlas, 2005.

MELLO, Celso Antônio Bandeira de. *Conteúdo jurídico do princípio da igualdade*. 3. ed., 2. tir. São Paulo: Malheiros, 2000.

__________. *Curso de direito administrativo*. 8. ed. São Paulo: Malheiros, 1996.

MELLO FILHO, José Celso. *Constituição Federal anotada (CF/69)*. São Paulo: Saraiva, 1984.

MENDES, Gilmar Ferreira. *Jurisdição constitucional*. São Paulo: Saraiva, 1996.

__________. *Hermenêutica constitucional e direitos fundamentais*. Brasília: Brasília Jurídica, 2002.

__________. O princípio da proporcionalidade na jurisprudência do Supremo Tribunal Federal: novas leituras. *Revista Diálogo Jurídico*, Bahia, ano I, v. I, n. 5, ago. 2001.

MIRANDA, Henrique Savonitti. *Curso de direito constitucional*. 5. ed. Brasília: Senado Federal, 2007.

MIRANDA, Jorge. *Manual de direito constitucional*. 4. ed. Coimbra: Coimbra Editora, 1996.

MIRANDA, José Francisco Pontes de. *Comentários à Constituição de 1946*. São Paulo: Borsoi, 1960.

MORAES, Alexandre de. *Direito constitucional*. 4. ed. São Paulo: Atlas, 1998.

MORAES, Paulo Valério Dal Pai. *Conteúdo interno da sentença. Eficácia e coisa julgada*. Porto Alegre: Livraria do Advogado, 1997.

NASCIMENTO, Sérgio. *Interpretação do direito previdenciário*. São Paulo: Quartier Latin, 2007.

NERY JUNIOR, Nelson. *Princípios do processo civil na Constituição Federal*. 6. ed. São Paulo: RT, 2000.

NERY JUNIOR, Nelson; NERY, Rosa Maria de Andrade. *Código de processo civil comentado e legislação processual civil extravagante em vigor*. 6. ed. São Paulo: Revista dos Tribunais, 2002.

_________. *Constituição federal comentada e legislação constitucional*. São Paulo: Revista dos Tribunais, 2006.

NUNES, Castro. *Do mandado de segurança e de outros meios de defesa contra atos do Poder Público*. 5. ed. Rio de Janeiro: Revista Forense, 1956.

NUNES, Luiz Antonio Rizzatto. *Manual de introdução ao estudo do direito*. 5. ed. rev. e ampl. São Paulo: Saraiva, 2003.

_________. *Manual de filosofia jurídica*. 5. ed. São Paulo: Saraiva, 2003.

_________. *Manual de monografia jurídica*. 4. ed. São Paulo: Saraiva, 2002.

_________. *O princípio constitucional da dignidade da pessoa humana:* doutrina e jurisprudência. São Paulo: Saraiva, 2002.

OLIVEIRA, Euclides. *União estável*. São Paulo: Paloma, 1999.

ONU. *Pacto internacional sobre os direitos econômicos, sociais e culturais, da assembleia geral das Nações Unidas*, de 16 de dezembro de 1966.

PANCOTTI, José Antonio. Aspectos da hermenêutica constitucional dos direitos sociais. *Revista do Tribunal Regional do Trabalho da 15ª Região*. Direção e Coordenação da Escola da Magistratura. Campinas: TRT XV, n. 29, jul./dez. 2006.

PASTORE, Suzanan Vereta Nahoum. *Princípios constitucionais em conflito:* uma perspectiva no direito brasileiro. Dissertação de Mestrado em Direito. PUC/SP, 2007.

PERELMAN, Chaïm. *Ética e direito*. Tradução de Maria Emantina Galvão G. Pereira. São Paulo: Martins Fontes, 1996.

_________. *Lógica jurídica*. Tradução de Vergínia K. Pupi. São Paulo: Martins Fontes, 1999.

_________. *Lógica jurídica:* A nova retórica. Tradução de Vergínia K. Pupi. São Paulo: Martins Fontes, 2000.

_________. *Tratado da argumentação. A nova retórica*. Tradução de Maria Ermantina Galvão G. Pereira. São Paulo: Martins Fontes, 1996.

PIOVESAN, Flávia. *Direitos humanos e justiça internacional:* um estudo comparativo dos sistemas regionais europeus, interamericano e africano. São Paulo: Saraiva, 2006.

PONTIFÍCIO CONSELHO "JUSTIÇA E PAZ". *Compêndio da doutrina social da Igreja.* Tradução: Conferência Nacional dos Bispos do Brasil (CNBB) — São Paulo: Paulinas, 2005.

PORTANOVA, Rui. *Princípios do processo civil.* 6. ed. Porto Alegre: Livraria do Advogado, 2005.

RÁO, Vicente. *O direito e a vida dos direitos.* 5. ed. anotada e interpretada por Ovídio Rocha Barros Sandoval. São Paulo: Revista dos Tribunais, 1999.

REALE, Reale. *Lições preliminares de direito.* 24. ed. São Paulo: Saraiva, 1998.

RIBEIRO, Sandro. *Os argumentos dos princípios no discurso jurídico.* Dissertação de Mestrado em Direito. PUC/SP, 2006.

ROCHA, Carmem Lúcia Antunes. *Princípios constitucionais da administração pública.* Belo Horizonte: Del Rey, 1994.

ROCHA, Daniel Machado da; SAVARIS, José Antônio (coords.). *Curso de especialização em direito previdenciário.* 2. tir. Curitiba: Juruá, 2007. v. 1 e 2.

RORIZ, Liliane. *Conflito entre normas constitucionais.* 2. ed. Rio de Janeiro: América Jurídica, 2002.

ROSS, Alf. *Direito e justiça.* Tradução e notas de Edson Bini — Revisão Técnica de Alysson Leandro Mascaro. Bauru: Edipro, 2000.

ROTHENBURG, Walter Claudius. *Princípios constitucionais.* Porto Alegre: Sergio Antonio Fabris Editor, 1989.

SANTOS, Boaventura de Sousa. *Um discurso sobre as ciências.* 13. ed. Porto: Afrontamento, 2002.

________. *Os processos da globalização.* Disponível em: <http://www.ces.fe.uc.pt/emancipa>. Acesso em: 8.7.07.

SANTOS, Carlos Maximiliano Pereira. *Hermenêutica e aplicação do direito.* 10. ed. Rio de Janeiro: Forense, 1988.

SANTOS, Mario Ferreira dos. *Dicionário de filosofia e ciências culturais.* 2. ed. São Paulo: Maltese, 1964. v. I, II, III, IV e V.

SARLET, Ingo Wolfgang. *Dignidade da pessoa humana e direitos fundamentais da Constituição Federal de 1988.* 4. ed. rev. e atual. Porto Alegre: Livraria do Advogado, 2006.

SAVARIS, José Antonio. *Direito processual previdenciário.* Curitiba: Juruá, 2008.

SEVERINO, Antonio Joaquim. *A metodologia do trabalho científico.* 21. ed. São Paulo: Cortez, 2000.

SILVA, José Afonso da. *Aplicabilidade das normas constitucionais.* 3. ed. 3. tir. São Paulo: Malheiros, 1999.

________. *Curso de direito constitucional positivo.* 18. ed. São Paulo: Malheiros, 2000.

SILVA, José Afonso. *Comentário contextual à Constituição.* São Paulo: Malheiros, 2005.

SILVA, Paulo Napoleão Nogueira da. *Breves comentários à Constituição Federal.* Rio de Janeiro: Forense, 2002. v. 1.

________. *Elementos de direito público.* Rio de Janeiro: Forense, 1999.

SILVEIRA, Alípio. *Hermenêutica no direito brasileiro*. São Paulo: Revista dos Tribunais, 1968.

STEINMETZ, Wilson Antônio. *A vinculação dos particulares a direitos fundamentais*. São Paulo: Malheiros, 2004.

TAVARES, André Ramos. Princípio da proporcionalidade. In: *Curso de direito constitucional*. 2. ed. rev. e ampl. São Paulo: Saraiva, 2003.

VIEHWEG, Theodor. *Tópica y jursiprudencia*. Tradução de Luis Díez-Picazo Ponce de Leon. Madrid: Tauris, 1964.

WRÓBLEWSKI, Jerzy. *Constitución y teoría general de la interpretación jurídica*. Madrid: Cuadernos Civitas, 1985.

Anexo

SÚMULAS EM MATÉRIA DE BENEFÍCIOS PREVIDENCIÁRIOS

1. SÚMULAS DO SUPREMO TRIBUNAL FEDERAL

Súmula n. 234 — São devidos honorários de advogado em ação de acidente do trabalho julgada procedente.

Súmula n. 235 — É competente para a ação de acidente do trabalho a justiça cível comum, inclusive em segunda instância, ainda que seja parte autarquia seguradora.

Súmula n. 236 — Em ação de acidente do trabalho, a autarquia seguradora não tem isenção de custas.

Súmula n. 501 — Compete à justiça ordinária estadual o processo e o julgamento, em ambas as instâncias, das causas de acidente do trabalho, ainda que promovidas contra a união, suas autarquias, empresas públicas ou sociedades de economia mista.

Súmula n. 640 — É cabível recurso extraordinário contra decisão proferida por juiz de primeiro grau nas causas de alçada, ou por turma recursal de juizado especial cível e criminal.

Súmula n. 644 — Ao titular do cargo de procurador de autarquia não se exige a apresentação de instrumento de mandato para representá-la em juízo.

Súmula n. 655 — A exceção prevista no art. 100, *caput*, da Constituição, em favor dos créditos de natureza alimentícia, não dispensa a expedição de precatório, limitando-se a isentá-los da observância da ordem cronológica dos precatórios decorrentes de condenações de outra natureza.

Súmula n. 729 — A decisão na ação direta de constitucionalidade não se aplica à antecipação de tutela em causa de natureza previdenciária.

Súmula n. 736 — Compete à justiça do trabalho julgar as ações que tenham como causa de pedir o descumprimento de normas trabalhistas relativas à segurança, higiene e saúde dos trabalhadores.

Súmula Vinculante n. 4 — Salvo nos casos previstos na Constituição, o salário mínimo não pode ser usado como indexador de base de cálculo de vantagem de servidor público ou de empregado, nem ser substituído por decisão judicial.

2. SÚMULAS DO SUPERIOR TRIBUNAL DE JUSTIÇA

Súmula n. 3 — Compete ao Tribunal Regional Federal dirimir conflito de competência verificado, na respectiva região, entre juiz federal e juiz estadual investido de jurisdição federal.

Súmula n. 15 — Compete à justiça estadual processar e julgar os litígios decorrentes de acidente do trabalho.

Súmula n. 44 — A definição, em ato regulamentar, de grau mínimo de disacusia, não exclui, por si só, a concessão do benefício previdenciário.

Súmula n. 45 — Nas relações jurídicas de trato sucessivo em que a Fazenda Pública figure como devedora, quando não tiver sido negado o próprio direito reclamado, a prescrição atinge apenas as prestações vencidas antes do quinquênio anterior à propositura da ação.

Súmula n. 89 — A ação acidentaria prescinde do exaurimento da via administrativa.

Súmula n. 110 — A isenção do pagamento de honorários advocatícios, nas ações acidentárias, é restrita ao segurado.

Súmula n. 111 — Os honorários advocatícios, nas ações previdenciárias, não incidem sobre as prestações vencidas após a sentença (apreciando o projeto de Súmula n. 560, na sessão de 27.9.06, a Terceira Seção deliberou pela modificação da Súmula n. 111). Redação anterior (decisão de 6.10.94, DJ 13.10.94): "os honorários advocatícios, nas ações previdenciárias, não incidem sobre prestações vincendas".

Súmula n. 144 — Os créditos de natureza alimentícia gozam de preferência, desvinculados os precatórios da ordem cronológica dos créditos de natureza diversa.

Súmula n. 146 — O segurado, vítima de novo infortúnio, faz jus a um único benefício somado ao salário de contribuição vigente no dia do acidente.

Súmula n. 148 — Os débitos relativos a benefício previdenciário, vencidos e cobrados em juízo apos a vigência da Lei n. 6.899/81, devem ser corrigidos monetariamente na forma prevista nesse diploma legal.

Súmula n. 149 — A prova exclusivamente testemunhal não basta a comprovação da atividade rurícola, para efeito da obtenção de benefício previdenciário.

Súmula n. 159 — O benefício acidentário, no caso de contribuinte que perceba remuneração variável, deve ser calculado com base na média aritmética dos últimos doze meses de contribuição.

Súmula n. 178 — O INSS não goza de isenção do pagamento de custas e emolumentos, nas ações acidentárias e de benefícios, propostas na justiça estadual.

Súmula n. 203 — Não cabe recurso especial contra decisão proferida por órgão de segundo grau dos Juizados Especiais.

Súmula n. 204 — Os juros de mora nas ações relativas a benefícios previdenciários incidem a partir da citação válida.

Súmula n. 226 — O Ministério Público tem legitimidade para recorrer na ação de acidente do trabalho, ainda que o segurado esteja assistido por advogado.

Súmula n. 242 — Cabe ação declaratória para reconhecimento de tempo de serviço para fins previdenciários.

Súmula n. 272 — O trabalhador rural, na condição de segurado especial, sujeito à contribuição obrigatória sobre a produção rural comercializada, somente faz jus à aposentadoria por tempo de serviço, se recolher contribuições facultativas.

Súmula n. 278 — O termo inicial do prazo prescricional, na ação de indenização, é a data em que o segurado teve ciência inequívoca da incapacidade laboral.

Súmula n. 325 — A remessa oficial devolve ao Tribunal o reexame de todas as parcelas da condenação suportadas pela Fazenda Pública, inclusive dos honorários de advogado.

Súmula n. 336 — A mulher que renunciou aos alimentos na separação judicial tem direito à pensão previdenciária por morte do ex-marido, comprovada a necessidade econômica superveniente.

Súmula n. 340 — A lei aplicável à concessão de pensão previdenciária por morte é aquela vigente na data do óbito do segurado.

Súmula n. 348 — Compete ao Superior Tribunal de Justiça decidir os conflitos de competência entre juizado especial federal e juízo federal, ainda que da mesma seção judiciária.

3. *SÚMULAS, ORIENTAÇÕES JURISPRUDENCIAIS E PRECEDENTES NORMATIVOS DO TRIBUNAL SUPERIOR DO TRABALHO*

Súmula n. 46 — ACIDENTE DE TRABALHO (mantida) — Res. 121/2003, DJ 19, 20 e 21.11.2003. As faltas ou ausências decorrentes de acidente do trabalho não são consideradas para os efeitos de duração de férias e cálculo da gratificação natalina.

Súmula n. 52 — TEMPO DE SERVIÇO (mantida) — (Res. 121/2003, DJ 19, 20 e 21.11.2003). O adicional de tempo de serviço (quinquênio) é devido, nas condições estabelecidas no art. 19 da Lei n. 4.345, de 26.06.1964, aos contratados sob o regime da CLT, pela empresa a que se refere a mencionada lei, inclusive para o fim de complementação de aposentadoria.

Súmula n. 72 — APOSENTADORIA (nova redação) — Res. 121/2003, DJ 19, 20 e 21.11.2003. O prêmio-aposentadoria instituído por norma regulamentar da empresa não está condicionado ao disposto no § 2º do art. 14 da Lei n. 8.036, de 11.05.1990.

Súmula n. 92 — APOSENTADORIA (mantida) — Res. 121/2003, DJ 19, 20 e 21.11.2003. O direito à complementação de aposentadoria, criado pela empresa, com requisitos próprios, não se altera pela instituição de benefício previdenciário por órgão oficial.

Súmula n. 97 — APOSENTADORIA. COMPLEMENTAÇÃO (mantida) — Res. 121/2003, DJ 19, 20 e 21.11.2003. Instituída complementação de aposentadoria por ato da empresa, expressamente dependente de regulamentação, as condições desta devem ser observadas como parte integrante da norma.

Súmula n. 106 — APOSENTADORIA. FERROVIÁRIO. COMPETÊNCIA (mantida) — Res. 121/2003, DJ 19, 20 e 21.11.2003. É incompetente a Justiça do Trabalho para julgar ação ajuizada em face da Rede Ferroviária Federal, em que ex-empregado desta pleiteie complementação de aposentadoria, elaboração ou alteração de folhas de pagamento de aposentados, se por essas obrigações responde órgão da previdência social.

Súmula n. 160 — APOSENTADORIA POR INVALIDEZ (mantida) — Res. 121/2003, DJ 19, 20 e 21.11.2003. Cancelada a aposentadoria por invalidez, mesmo após cinco anos, o trabalhador terá direito de retornar ao emprego, facultado, porém, ao empregador, indenizá-lo na forma da lei (ex-Prejulgado n. 37).

Súmula n. 288 — COMPLEMENTAÇÃO DOS PROVENTOS DA APOSENTADORIA (mantida) — Res. 121/2003, DJ 19, 20 e 21.11.2003. A complementação dos proventos da aposentadoria é regida pelas normas em vigor na data da admissão do empregado, observando-se as alterações posteriores desde que mais favoráveis ao beneficiário do direito.

Súmula n. 295 — APOSENTADORIA ESPONTÂNEA. DEPÓSITO DO FGTS. PERÍODO ANTERIOR À OPÇÃO (nova redação) — Res. 121/2003, DJ 19, 20 e 21.11.2003. A cessação do contrato de trabalho em razão de aposentadoria espontânea do empregado exclui o direito ao recebimento de indenização relativa ao período anterior à opção. A realização de depósito na conta do Fundo de Garantia do Tempo de Serviço, de que trata o § 3º do art. 14 da Lei n. 8.036, de 11.05.1990, é faculdade atribuída ao empregador.

Súmula n. 326 — COMPLEMENTAÇÃO DOS PROVENTOS DE APOSENTADORIA. PARCELA NUNCA RECEBIDA. PRESCRIÇÃO TOTAL (mantida) — Res. 121/2003, DJ 19, 20 e 21.11.2003. Tratando-se de pedido de complementação de aposentadoria oriunda de norma regulamentar e jamais paga ao ex-empregado, a prescrição aplicável é a total, começando a fluir o biênio a partir da aposentadoria.

Súmula n. 327 — COMPLEMENTAÇÃO DOS PROVENTOS DE APOSENTADORIA. DIFERENÇA. PRESCRIÇÃO PARCIAL (nova redação) — Res. 121/2003, DJ 19, 20 e 21.11.2003. Tratando-se de pedido de diferença de complementação de aposentadoria oriunda de norma regulamentar, a prescrição aplicável é a parcial, não atingindo o direito de ação, mas, tão-somente, as parcelas anteriores ao quinquênio.

Súmula n. 371 — AVISO PRÉVIO INDENIZADO. EFEITOS. SUPERVENIÊNCIA DE AUXÍLIO-DOENÇA NO CURSO DESTE (conversão das Orientações Jurisprudenciais ns. 40 e 135 da SBDI-1) — Res. 129/2005, DJ 20, 22 e 25.04.2005. A projeção do contrato de trabalho para o futuro, pela concessão do aviso prévio indenizado, tem efeitos limitados às vantagens econômicas obtidas no período de pré-aviso, ou seja, salários, reflexos e verbas rescisórias. No caso de concessão de auxílio-doença no curso do aviso prévio, todavia, só se concretizam os efeitos da dispensa depois de expirado o benefício previdenciário. (ex-OJs ns. 40 e 135 da SBDI-1 — inseridas, respectivamente, em 28.11.1995 e 27.11.1998)

Súmula n. 378 — ESTABILIDADE PROVISÓRIA. ACIDENTE DO TRABALHO. ART. 118 DA LEI N. 8.213/1991. CONSTITUCIONALIDADE. PRESSUPOSTOS (conversão das Orientações Jurisprudenciais ns. 105 e 230 da SBDI-1) — Res. 129/2005, DJ 20, 22 e 25.04.2005.

I — É constitucional o artigo 118 da Lei n. 8.213/1991 que assegura o direito à estabilidade provisória por período de 12 meses após a cessação do auxílio-doença ao empregado acidentado. (ex-OJ n. 105 da SBDI-1 — inserida em 01.10.1997)

II — São pressupostos para a concessão da estabilidade o afastamento superior a 15 dias e a consequente percepção do auxílio-doença acidentário, salvo se constatada, após a despedida, doença profissional que guarde relação de causalidade com a execução do contrato de emprego. (primeira parte — ex-OJ n. 230 da SB-DI-1 — inserida em 20.06.2001)

Orientação Jurisprudencial da SBDI-1 n. 156 — COMPLEMENTAÇÃO DE APOSENTADORIA. DIFERENÇAS. PRESCRIÇÃO (inserida em 26.03.1999). Ocorre a prescrição total quanto a diferenças de complementação de aposentadoria quando estas decorrem de pretenso direito a verbas não recebidas no curso da relação de emprego e já atingidas pela prescrição, à época da propositura da ação.

Orientação Jurisprudencial da SBDI-1 n. 224 — COMPLEMENTAÇÃO DE APOSENTADORIA. REAJUSTE. LEI N. 9.069/95 (nova redação do título) — DJ 20.04.2005. A partir da vigência da Medida Provisória n. 542/94, convalidada pela Lei n. 9.069/95, o critério de reajuste da complementação de aposentadoria passou a ser anual e não semestral, aplicando-se o princípio *rebus sic stantibus* diante da nova ordem econômica.

Orientação Jurisprudencial da SBDI-1 n. 276 — AÇÃO DECLARATÓRIA. COMPLEMENTAÇÃO DE APOSENTADORIA (DJ 11.08.2003). É incabível ação declaratória visando a declarar direito à complementação de aposentadoria, se ainda não atendidos os requisitos necessários à aquisição do direito, seja por via regulamentar, ou por acordo coletivo.

Orientação Jurisprudencial da SBDI-1 n. 361 — APOSENTADORIA ESPONTÂNEA. UNICIDADE DO CONTRATO DE TRABALHO. MULTA DE 40% DO FGTS SOBRE TODO O PERÍODO (DJ 20, 21 e 23.05.2008). A aposentadoria espontânea não é causa de extinção do contrato de trabalho se o empregado permanece prestando serviços ao empregador após a jubilação. Assim, por ocasião da sua dispensa imotivada, o empregado tem direito à multa de 40% do FGTS sobre a totalidade dos depósitos efetuados no curso do pacto laboral.

Precedente Normativo n. 85 — GARANTIA DE EMPREGO. APOSENTADORIA VOLUNTÁRIA (positivo). Defere-se a garantia de emprego, durante os 12 meses que antecedem a data em que o empregado adquire direito à aposentadoria voluntária, desde que trabalhe na empresa há pelo menos 5 anos. Adquirido o direito, extingue-se a garantia.

4. *SÚMULAS DO TRIBUNAL REGIONAL FEDERAL DA 1ª REGIÃO*

Súmula n. 12 — A Lei 7.604/87 não impede a revisão dos cálculos iniciais e dos reajustes posteriores dos valores de benefícios previdenciários (TFR, Súmula 260).

Súmula n. 19 — O pagamento de benefícios previdenciários, vencimentos, salários, proventos, soldos e pensões, feito, administrativamente, com atraso, está sujeito a correção monetária desde o momento em que se tornou devido.

Súmula n. 20 — O critério de revisão previsto no art. 58, do Ato das Disposições Constitucionais Transitórias, da Constituição Federal de 1988, é diverso do estatuído na Súmula 260, do Tribunal Federal de Recursos, e aplica-se somente aos benefícios previdenciários concedidos até 04.10.1988.

Súmula n. 23 — São autoaplicáveis as disposições constantes dos §§ 5º e 6º, do art. 201, da Constituição Federal.

Súmula n. 27 — Não é admissível prova exclusivamente testemunhal para reconhecimento de tempo de exercício de atividade urbana e rural (Lei 8.213/91, art. 55, § 3º).

Súmula n. 33 — Aposentadoria especial decorrente do exercício de atividade perigosa, insalubre ou penosa não exige idade mínima do segurado.

Súmula n. 40 — O mandado de segurança não é a via própria para a comprovação de tempo de serviço para efeito previdenciário, quando ensejar dilação probatória.

5. *SÚMULAS DO TRIBUNAL REGIONAL FEDERAL DA 2ª REGIÃO*

Súmula n. 15 — O § 3º do art. 109 da Constituição Federal de 1988, institui, quanto às causas de natureza previdenciária, hipótese de competência relativa, pelo que não elide a competência concorrente da justiça federal.

Súmula n. 18 — O segurado da previdência social oficial, que recebe complementação de benefício de entidade de previdência privada, tem legitimidade *ad causam* para propor ação em face da primeira, com vistas à revisão de seu benefício previdenciário.

Súmula n. 32 — Conta-se como tempo de efetivo serviço, para fins previdenciários, o período de atividade como aluno-aprendiz em escola técnica, exercida sob a vigência do Decreto n. 4.073/42, desde que tenha havido retribuição pecuniária, admitindo-se como tal o recebimento de alimentação, vestuário, moradia, material escolar e parcela de renda auferida com a execução de encomendas para terceiros, à conta do orçamento da união, independente de descontos previdenciários.

Súmula n. 43 — A cassação ou suspensão de benefício previdenciário é ato administrativo único, de efeitos permanentes, razão pela qual, impetrado o mandado de segurança após o prazo de 120 dias, opera-se a decadência.

Súmula n. 44 — Para a propositura de ações de natureza previdenciária é desnecessário o exaurimento das vias administrativas.

Súmula n. 46 — A suspeita de fraude na concessão do benefício previdenciário não autoriza, de imediato, a sua suspensão ou cancelamento, sendo indispensável a apuração dos fatos mediante processo administrativo regular, assegurados o contraditório e a ampla defesa.

Súmula n. 49 — As disposições contidas nos §§ 5º e 6º do art. 201 da Constituição Federal, com redação dada pela Emenda Constitucional n. 20/98, são autoaplicáveis.

6. *SÚMULAS DO TRIBUNAL REGIONAL FEDERAL DA 3ª REGIÃO*

Súmula n. 5 — O preceito contido no art. 201, § 5º, da Constituição da República consubstancia norma de eficácia imediata, independendo sua aplicabilidade da edição de lei regulamentadora ou instituidora da fonte de custeio.

Súmula n. 6 — O reajuste dos proventos resultantes de benefícios previdenciários deve obedecer às prescrições legais, afastadas as normas administrativas que disponham de maneira diversa.

Súmula n. 7 — Para a apuração da renda mensal inicial dos benefícios previdenciários concedidos antes da Constituição Federal de 1988, a correção dos 24 (vinte e quatro) salários-de-contribuição, anteriores aos últimos 12 (doze), deve ser feita em conformidade com o que prevê o art. 1º da Lei 6.423/77.

Súmula n. 8 — Em se tratando de matéria previdenciária, incide a correção monetária a partir do vencimento de cada prestação do benefício, procedendo-se à atualização em consonância com os índices legalmente estabelecidos, tendo em vista o período compreendido entre o mês em que deveria ter sido pago, e o mês do referido pagamento.

Súmula n. 9 — Em matéria previdenciária, torna-se desnecessário o prévio exaurimento da via administrativa, como condição de ajuizamento da ação.

Súmula n. 10 — O art. 475, inciso II, do CPC (remessa oficial) foi recepcionado pela vigente Constituição Federal.

Súmula n. 13 — O art. 201, § 6º, da Constituição da República tem aplicabilidade imediata para efeito de pagamento de gratificação natalina dos anos de 1988 e 1989.

Súmula n. 14 — O salário mínimo de NCz$ 120,00 (cento e vinte cruzados novos) é aplicável ao cálculo dos benefícios previdenciários no mês de junho de 1989.

Súmula n. 18 — O critério do art. 58 do ADCT é aplicável a partir do sétimo mês de vigência da Constituição Federal, até a regulamentação da Lei de Benefícios pelo Decreto n. 357/91.

Súmula n. 19 — É aplicável a variação do Índice de Reajuste do Salário Mínimo, no percentual de 39,67%, na atualização dos salários-de-contribuição anteriores a março de 1994, a fim de apurar a renda mensal inicial do benefício previdenciário.

Súmula n. 20 — A regra do § 3º do art. 109 da Constituição Federal abrange não só os segurados e beneficiários da Previdência Social, como também aqueles que pretendem ver declarada tal condição.

Súmula n. 22 — É extensível aos beneficiários da Assistência Social (inciso V do art. 203 da CF) a regra de delegação de competência do § 3º do art. 109 da Constituição Federal, sendo exclusiva a legitimidade passiva do INSS.

Súmula n. 24 — É facultado aos segurados ou beneficiário da Previdência Social ajuizar ação na Justiça Estadual de seu domicílio, sempre que esse não for sede de Vara da Justiça Federal.

Súmula n. 26 — Não serão remetidas aos Juizados Especiais Federais as causas previdenciárias e assistenciais ajuizadas até sua instalação, em tramitação em Vara Federal ou Vara Estadual no exercício de jurisdição Federal delegada.

7. *SÚMULAS DO TRIBUNAL REGIONAL FEDERAL DA 4ª REGIÃO*

Súmula n. 2 — Para o cálculo da aposentadoria por idade ou por tempo de serviço, no regime precedente à Lei n. 8.213, de 24 de julho de 1991, corrigem-se os salários-de-contribuição, anteriores aos doze últimos meses, pela variação nominal da ORTN/OTN.

Súmula n. 3 — Os juros de mora, impostos a partir da citação, incidem também sobre a soma das prestações previdenciárias vencidas.

Súmula n. 8 — Subsiste no novo texto constitucional a opção do segurado para ajuizar ações contra a Previdência Social no foro estadual do seu domicílio ou no do Juízo Federal.

Súmula n. 9 — Incide correção monetária sobre os valores pagos com atraso, na via administrativa, a título de vencimento, remuneração, provento, soldo, pensão ou benefício previdenciário, face à sua natureza alimentar.

Súmula n. 15 — O reajuste dos benefícios de natureza previdenciária, na vigência do Decreto-lei n. 2.351, de 7 de agosto de 1987, vinculava-se ao salário mínimo de referência e não ao piso nacional de salários.

Súmula n. 24 — São autoaplicáveis os §§ 5º e 6º do art. 201 da Constituição Federal de 1988.

Súmula n. 36 — Inexiste direito adquirido a reajuste de benefícios previdenciários com base na variação do IPC — Índice de Preços ao Consumidor — de março e abril de 1990.

Súmula n. 40 — Por falta de previsão legal, é incabível a equivalência entre o salário-de-contribuição e o salário-de-benefício para o cálculo da renda mensal dos benefícios previdenciários.

Súmula n. 48 — O abono previsto no art. 9º, § 6º, letra "b", da Lei n. 8.178/91 está incluído no índice de 147,06%, referente ao reajuste dos benefícios previdenciários em 1º de setembro de 1991.

Súmula n. 49 — O critério de cálculo da aposentadoria proporcional estabelecido no art. 53 da Lei n. 8.213/91 não ofende o texto constitucional.

Súmula n. 50 — Não há direito adquirido à contribuição previdenciária sobre o teto máximo de 20 salários mínimos após a entrada em vigor da Lei n. 7.787/89.

Súmula n. 61 — A União e o INSS são litisconsortes passivos necessários nas ações em que seja postulado o benefício assistencial previsto no art. 20 da Lei n. 8.742/93, não sendo caso de delegação de jurisdição federal. DJ (Seção 2) de 6.7.04, p. 252. *Cancelada.*

Súmula n. 72 — É possível cumular aposentadoria urbana e pensão rural

Súmula n. 73 — Admitem-se como início de prova material do efetivo exercício de atividade rural, em regime de economia familiar, documentos de terceiros, membros do grupo parental.

Súmula n. 74 — Extingue-se o direito à pensão previdenciária por morte do dependente que atinge 21 anos, ainda que estudante de curso superior.

Súmula n. 75 — Os juros moratórios, nas ações previdenciárias, devem ser fixados em 12% ao ano, a contar da citação.

Súmula n. 76 — Os honorários advocatícios, nas ações previdenciárias, devem incidir somente sobre as parcelas vencidas até a data da sentença de procedência ou do acórdão que reforme a sentença de improcedência.

Súmula n. 77 — O cálculo da renda mensal inicial de benefício previdenciário concedido a partir de março de 1994 inclui a variação integral do IRSM de fevereiro de 1994 (39,67%).

8. SÚMULAS DO TRIBUNAL REGIONAL FEDERAL DA 5ª REGIÃO

Súmula n. 1 — Na execução de dívida alimentícia da Fazenda Pública, observa-se o rito do art. 730, CPC, expedindo-se precatório cujo pagamento tem preferência, em classe especial.

Súmula n. 5 — As prestações atrasadas, reconhecidas como devidas pela Administração Pública, devem ser pagas com correção monetária.

Súmula n. 8 — São autoaplicáveis as regras dos §§ 5º e 6º do art. 201 da Constituição Federal, ao estabelecerem o salário mínimo e a gratificação natalina para o benefício previdenciário.

Súmula n. 9 — É imediata a incidência da forma de cálculo prevista no art. 202 da Constituição Federal, mas não se aplica à aposentadoria implantada antes de outubro de 1988.

Súmula n. 11 — Aplica-se ao reajuste de benefício previdenciário, em setembro de 1991, o percentual de 147,06%.

Súmula n. 18 — Previdenciário. Tempo de Serviço. Monitor Universitário. Contagem Indevida. O tempo de treinamento do estudante como monitor universitário não é contado para fins previdenciários

9. ENUNCIADOS DA TURMA NACIONAL DE UNIFORMIZAÇÃO DAS DECISÕES DAS TURMAS RECURSAIS DOS JUIZADOS ESPECIAIS FEDERAIS

Súmula n. 1 — A conversão dos benefícios previdenciários em URV, em março/94, obedece às disposições do art. 20, incisos I e II da Lei n. 8.880/94 (MP n. 434/94).

Súmula n. 2 — Os benefícios previdenciários, em maio de 1996, deverão ser reajustados na forma da Medida Provisória n. 1.415, de 29 de abril de 1996, convertida na Lei n. 9.711, de 20 de novembro de 1998.

Súmula n. 4 — Não há direito adquirido, na condição de dependente, pessoa designada, quando o falecimento do segurado deu-se após o advento da Lei n. 9.032/95.

Súmula n. 5 — A prestação de serviço rural por menor de 12 a 14 anos, até o advento da Lei n. 8.213, de 24 de julho de 1991, devidamente comprovada, pode ser reconhecida para fins previdenciários.

Súmula n. 6 — A certidão de casamento ou outro documento idôneo que evidencie a condição de trabalhador rural do cônjuge constitui início razoável de prova material da atividade rurícula.

Súmula n. 9 — O uso de Equipamento de Proteção Individual (EPI), ainda que elimine a insalubridade, no caso de exposição a ruído, não descaracteriza o tempo de serviço especial prestado.

Súmula n. 10 — O tempo de serviço rural anterior à vigência da Lei n. 8.213/91 pode ser utilizado para fins de contagem recíproca, assim entendida aquela que soma tempo de atividade privada, rural ou urbana, ao de serviço público estatutário, desde que sejam recolhidas as respectivas contribuições previdenciárias.

Súmula n. 11 — A renda mensal, *per capita*, familiar, superior a ¼ (um quarto) do salário mínimo não impede a concessão do benefício assistencial previsto no art. 20, § 3º da Lei n. 8.742 de 1993, desde que comprovada, por outros meios, a miserabilidade do postulante.

Súmula n. 14 — Para a concessão de aposentadoria rural por idade, não se exige que o início de prova material, corresponda a todo o período equivalente à carência do benefício.

Súmula n. 15 — O valor mensal da pensão por morte concedida antes da Lei n. 9.032, de 28 de abril de 1995, deve ser revisado de acordo com a nova redação dada ao art. 75 da Lei n. 8.213, de 24 de julho de 1991.

Súmula n. 16 — A conversão em tempo de serviço comum, do período trabalhado em condições especiais, somente é possível relativamente à atividade exercida até 28 de maio de 1998 (art. 28 da Lei n. 9.711/98)

Súmula n. 18 — Provado que o aluno aprendiz de Escola Técnica Federal recebia remuneração, mesmo que indireta, à conta do orçamento da União, o respectivo tempo de serviço pode ser computado para fins de aposentadoria previdenciária.

Súmula n. 19 — Para o cálculo da renda mensal inicial do benefício previdenciário, deve ser considerada, na atualização dos salários de contribuição anteriores a março de 1994, a variação integral do IRSM de fevereiro de 1994, na ordem de 39,67% (art. 21, § 1º, da Lei n. 8.880/94).

Súmula n. 20 — A Lei n. 8.112, de 11 de dezembro de 1990, não modificou a situação do servidor celetista anteriormente aposentado pela Previdência Social Urbana.

Súmula n. 21 — Não há direito adquirido a reajuste de benefícios previdenciários com base na variação do IPC (Índice de Preço ao Consumidor), de janeiro de 1989 (42,72%) e abril de 1990 (44,80%).

Súmula n. 22 — Se a prova pericial realizada em juízo dá conta de que a incapacidade já existia na data do requerimento administrativo, esta é o termo inicial do benefício assistencial.

Súmula n. 23 — As substituições de cargos ou funções de direção ou chefia ou de cargo de natureza especial ocorridas a partir da vigência da Medida Provisória n. 1.522, de 11.10.96, e até o advento da Lei n. 9.527, de 10.12.97, quando iguais ou inferiores a trinta dias, não geram direito à remuneração correspondente ao cargo ou função substituída.

Súmula n. 24 — O tempo de serviço do segurado trabalhador rural anterior ao advento da Lei n. 8.213/91, sem o recolhimento de contribuições previdenciárias, pode ser considerado para a concessão de benefício previdenciário do Regime Geral de Previdência Social (RGPS), exceto para efeito de carência, conforme a regra do art. 55, § 2º, da Lei n. 8.213/91.

Súmula n. 25 — A revisão dos valores dos benefícios previdenciários, prevista no art. 58 do ADCT, deve ser feita com base no número de salários mínimos apurado na data da concessão, e não no mês de recolhimento da última contribuição.

Súmula n. 26 — A atividade de vigilante enquadra-se como especial, equiparando-se à de guarda, elencada no item 2.5.7 do Anexo III do Decreto n. 53.831/64.

Súmula n. 27 — A ausência de registro em órgão do Ministério do Trabalho não impede a comprovação do desemprego por outros meios admitidos em Direito.

Súmula n. 29 — Para os efeitos do art. 20, § 2º, da Lei n. 8.742, de 1993, incapacidade para a vida independente não é só aquela que impede as atividades mais elementares da pessoa, mas também a impossibilita de prover ao próprio sustento.

Súmula n. 30 — Tratando-se de demanda previdenciária, o fato de o imóvel ser superior ao módulo rural não afasta, por si só, a qualificação de seu proprietário como segurado especial, desde que comprovada, nos autos, a sua exploração em regime de economia familiar.

Súmula n. 31 — A anotação na CTPS decorrente de sentença trabalhista homologatória constitui início de prova material para fins previdenciários.

Súmula n. 32 — O tempo de trabalho laborado com exposição a ruído é considerado especial, para fins de conversão em comum, nos seguintes níveis: superior a 80 decibéis, na vigência do Decreto n. 53.831/64 (1.1.6); superior a 90 decibéis, a partir de 5 de março de 1997, na vigência do Decreto n. 2.172/97; superior a 85 decibéis, a partir da edição do Decreto n. 4.882, de 18 de novembro de 2003.

Súmula n. 33 — Quando o segurado houver preenchido os requisitos legais para concessão da aposentadoria por tempo de serviço na data do requerimento administrativo, esta data será o termo inicial da concessão do benefício.

Súmula n. 34 — Para fins de comprovação do tempo de labor rural, o início de prova material deve ser contemporâneo à época dos fatos a provar.

Súmula n. 35 — Não há vedação legal à cumulação da pensão por morte de trabalhador rural com o benefício da aposentadoria por invalidez, por prestarem pressupostos fáticos e fatos geradores distintos.

Súmula n. 37 — A pensão por morte, devida ao filho até os 21 anos de idade, não se prorroga pela pendência do curso universitário.

Súmula n. 38 — Aplica-se subsidiariamente a Tabela de Cálculos de Santa Catarina aos pedidos de revisão de RMI — OTN/ORTN, na atualização dos salários de contribuição.

10. ENUNCIADOS DAS TURMAS RECURSAIS DO JUIZADO ESPECIAL FEDERAL DO RIO DE JANEIRO E ESPÍRITO SANTO — TRF2

Enunciados das Turmas Recursais do Rio de Janeiro

Súmula n. 6 — Pode o Juiz determinar de ofício a complementação das provas indispensáveis à apreciação de pedido de tutela de urgência.

Súmula n. 13 — A sentença que julgar procedente pedido de concessão de benefício previdenciário ou estatutário fixará a data de início do benefício (DIB) e condenará o réu na obrigação de implantar o benefício, podendo a apuração e o pagamento dos atrasados ser feitos no âmbito administrativo.

Súmula n. 14 — Sendo possível a concessão de antecipação dos efeitos da tutela no âmbito do JEF, será vedado o ajuizamento de ação cautelar autônoma, ressalvada a possibilidade de pedido incidental cautelar (art. 4º, da Lei n. 10.259/01), desde que o Juizado seja competente para apreciar o pedido principal.

Súmula n. 24 — É devida a correção monetária de salários de contribuição, para fins de apuração de renda mensal inicial, com base no IRSM integral do mês de fevereiro de 1994, da ordem de 39,67%, conforme precedentes do Superior Tribunal de Justiça.

Súmula n. 31 — A taxa de juros moratórios de que trata o art. 406 da Lei n. 10.406/02 (Código Civil) é de 1% (um por cento) ao mês, nos termos do § 1º do art. 161 do Código Tributário Nacional.

Súmula n. 35 — Somente nas ações de natureza previdenciária e assistencial a competência é concorrente entre Juizado Especial Federal da Subseção Judiciária do interior e da capital (art. 109, § 3º da CF e Súmula n. 689 do STF). Nas demais causas a competência é absoluta, com base no critério funcional-territorial.

Súmula n. 37 — É devida a revisão de renda mensal inicial das aposentadorias por idade, por tempo de serviço e especial, concedidas entre a entrada em vigor da Lei n. 6.423, de 17 de junho de 1977, e a CRFB/88, bem como dos benefícios decorrentes, para corrigir os primeiros vinte e quatro salários-de-contribuição do período básico de cálculo pela variação da ORTN/OTN, sendo necessária a intimação das partes para apresentação da memória dos elementos integrantes do cálculo do salário-de-benefício e a verificação da existência de eventual crédito do demandante pelo Setor de Cálculos.

Enunciados das Turmas Recursais do Espírito Santo

Súmula n. 2 — Ação Revisional de Benefício Previdenciário. Imprescritibilidade do direito de revisão. Prescritibilidade das prestações pecuniárias vencidas há mais de cinco anos anteriores ao ajuizamento da ação.

11. ENUNCIADOS DAS TURMAS RECURSAIS DO JUIZADO ESPECIAL FEDERAL DE SÃO PAULO/SP

Súmula n. 1 — A homologação do pedido de desistência da ação independe da anuência do réu.

Súmula n. 2 — Na hipótese de direito adquirido ao pecúlio, o prazo prescricional começa a fluir do afastamento do trabalho.

Súmula n. 3 — Com a implantação do Plano de Benefício da Previdência Social (Lei n. 8.213/91), o benefício previdenciário de prestação continuada não está mais vinculado ao número de salários mínimos da sua concessão.

Súmula n. 4 — É devida a revisão da renda mensal inicial do benefício previdenciário cujo período básico de cálculo considerou o salário-de-contribuição de fevereiro de 1994, que deve ser corrigido pelo índice de 39,67%, relativo ao IRSM daquela competência.

Súmula n. 5 — A renda mensal *per capita* de ¼ (um quarto) do salário mínimo não constitui critério absoluto de aferição da miserabilidade para fins de benefício assistencial.

Súmula n. 6 — Nas ações envolvendo o benefício assistencial previsto no art. 20 da Lei n. 8.742/73 o INSS detém a legitimidade passiva exclusiva.

Súmula n. 7 — A comprovação de tempo de serviço rural ou urbano depende de início de prova material da prestação de serviço, nos termos do art. 55, § 3º, da Lei n. 8.213/91.

Súmula n. 9 — A correção dos 24 primeiros salários-de-contribuição pela ORTN/OTN nos termos da Súmula n. 7 do Egrégio Tribunal Regional Federal da 3ª Região não alcança os benefícios de auxílio-doença, aposentadoria por invalidez, pensão por morte e auxílio-reclusão (art. 21, I, da Consolidação das Leis da Previdência Social aprovada pelo Decreto n. 89.312/84).

Súmula n. 11 — A Justiça Federal é competente para apreciar pedido de concessão de auxílio-acidente decorrente de acidente não vinculado ao trabalho.

Súmula n. 12 — Nos benefícios concedidos a partir de 1º.3.94, na hipótese do salário-de-benefício exceder ao limite previsto no art. 29, § 2º, da Lei n. 8.213/91, aplica-se o disposto no art. 21, § 3º, da Lei n. 8.880/94.

Súmula n. 13 — O valor da causa, quando a demanda envolver parcelas vincendas, corresponderá à soma de doze parcelas vincendas controversas, nos termos do art. 3º, § 2º, da Lei n. 10.259/01.

Súmula n. 14 — Em caso de morte de filho segurado, os pais têm direito à pensão por morte, se provada a dependência econômica mesmo não exclusiva.

Súmula n. 15 — Para efeitos de cômputo da renda mensal *per capita* com vistas à concessão do benefício assistencial previsto no art. 20 da Lei n. 8.742/93, considera-se família o conjunto de dependentes do Regime Geral de Previdência Social que vivam sob o mesmo teto.

Súmula n. 16 — Para a concessão de aposentadoria por idade, desde que preenchidos os requisitos legais, é irrelevante o fato do requerente, ao atingir a idade mínima, não mais ostentar a qualidade de segurado.

Súmula n. 17 — Em matéria de comprovação de tempo de serviço especial, aplica-se a legislação vigente à época da prestação de serviço.

Súmula n. 18 — São devidos honorários advocatícios por parte do recorrente vencido em segundo grau (art. 55 da Lei n. 9.099/95), quando houver atuação de advogado constituído.

Súmula n. 20 — É possível a expedição de precatório no Juizado Especial Federal, nos termos do art. 17, § 4º, da Lei n. 10.259/01), quando o valor da condenação exceder 60 (sessenta) salários mínimos.

Súmula n. 22 — O reconhecimento de tempo de serviço rural anterior à Lei n. 8.213/91, como segurado empregado ou especial, só pressupõe o recolhimento das respectivas contribuições, quando destinado à contagem recíproca junto a regime próprio de previdência social de servidor público.

Súmula n. 23 — A qualidade de segurado, para fins de concessão de auxílio-doença e aposentadoria por invalidez, deve ser verificada quando do início da incapacidade.

Súmula n. 24 — O valor da causa, em ações de revisão da renda mensal de benefício previdenciário, é calculado pela diferença entre a renda devida e a efetivamente paga multiplicada por 12 (doze).

Súmula n. 27 — O incapaz pode ser parte autora nas ações perante o Juizado Especial Federal.

12. SÚMULAS DA TURMA REGIONAL DE UNIFORMIZAÇÃO DA 4ª REGIÃO

Súmula n. 2 — Para a concessão da aposentadoria por idade, não é necessário que os requisitos da idade e da carência sejam preenchidos simultaneamente.

Súmula n. 4 — A União é parte ilegítima para figurar no polo passivo nas ações em que seja postulado o benefício assistencial previsto no art. 20 da Lei n. 8.742/93.

Súmula n. 5 — Para fins de concessão do auxílio-reclusão, o conceito de renda bruta mensal se refere à renda auferida pelos dependentes e não a do segurado recluso.

Súmula n. 6 — O critério de verificação objetiva da miserabilidade correspondente a ¼ (um quarto) do salário mínimo, previsto no art. 20, § 3º, da Lei n. 8.742/93, restou modificado para ½ (meio) salário mínimo, a teor do disposto no art. 5º, I, da Lei n. 9.533/97, que autorizava o Poder Executivo a conceder apoio financeiro aos Municípios que instituíssem programas de garantia de renda mínima associados a ações socioeducativas, e art. 2º, § 2º, da Lei n. 10.689/03, que instituiu o Programa Nacional de Acesso à Alimentação — PNAA.

Súmula n. 7 — Computa-se para efeito de carência o período em que o segurado usufruiu benefício previdenciário por incapacidade.

Súmula n. 8 — A falta de prova material, por si só, não é óbice ao reconhecimento da dependência econômica, quando por outros elementos o juiz possa aferi-la.

Súmula n. 9 — Admitem-se como início de prova material, documentos em nome de integrantes do grupo envolvido no regime de economia familiar rural.

Súmula n. 10 — É indispensável o porte de arma de fogo à equiparação da atividade de vigilante à de guarda, elencada no item 2.5.7 do anexo III do Decreto n. 53.831/64.

13. *ENUNCIADOS DO FÓRUM NACIONAL DOS JUIZADOS ESPECIAIS FEDERAIS (FONAJEF)*

Enunciado n. 10 — O incapaz pode ser parte autora nos Juizados Especiais Federais, dando-se-lhe curador especial, se ele não tiver representante constituído.

Enunciado n. 12 — No Juizado Especial Federal, não é cabível o pedido contraposto formulado pela União Federal, autarquia, fundação ou empresa pública federal.

Enunciado n. 14 — Nos Juizados Especiais Federais, não são cabíveis a intervenção de terceiros ou a assistência.

Enunciado n. 15 — Na aferição do valor da causa, deve-se levar em conta o valor do salário mínimo em vigor na data da propositura da ação.

Enunciado n. 16 — Não há renúncia tácita nos Juizados Especiais Federais para fins de fixação de competência.

Enunciado n. 17 — Não cabe renúncia sobre parcelas vincendas para fins de fixação de competência nos Juizados Especiais Federais.

Enunciado n. 18 — No caso de litisconsorte ativo, o valor da causa, para fins de fixação de competência, deve ser calculado por autor.

Enunciado n. 20 — Não se admite, com base nos princípios da economia processual e do juiz natural, o desdobramento de ações para cobrança de parcelas vencidas e vincendas.

Enunciado n. 23 — Nas ações de natureza previdenciária e assistencial, a competência é concorrente entre o Juizado Especial Federal da Subseção Judiciária e o da sede da Seção Judiciária (art. 109, § 3º, da CF/88 e Súmula n. 689 do STF).

Enunciado n. 28 — É inadmissível a avocação, por Tribunal Regional Federal, de processos ou matéria de competência de Turma Recursal, por flagrante violação ao art. 98 da Constituição Federal.

Enunciado n. 29 — Cabe ao Relator, monocraticamente, atribuir efeito suspensivo a recurso, bem assim lhe negar seguimento ou dar provimento, nas hipóteses tratadas no art. 557, *caput* e § 1º-A, do CPC e quando a matéria estiver pacificada em súmula da Turma Nacional de Uniformização, enunciado de Turma Regional ou da própria Turma Recursal.

Enunciado n. 30 — A decisão monocrática referendada pela Turma Recursal, por se tratar de manifestação do colegiado, não é passível de impugnação por intermédio de agravo regimental.

Enunciado n. 31 — O recurso de agravo interposto contra decisão que nega seguimento a recurso extraordinário pode ser processado nos próprios autos principais, dispensando-se a formação de instrumento no âmbito das Turmas Recursais.

Enunciado n. 34 — O exame de admissibilidade do recurso poderá ser feito apenas pelo Relator, dispensado o prévio exame no primeiro grau.

Enunciado n. 35 — A execução provisória para pagar quantia certa é inviável em sede de Juizado, considerando outros meios jurídicos para assegurar o direito da parte.

Enunciado n. 40 — Havendo sucumbência recíproca, independentemente da proporção, não haverá condenação em honorários advocatícios.

Enunciado n. 46 — A litispendência deverá ser alegada e provada, nos termos do Código de Processo Civil (art. 301), pelo réu, sem prejuízo dos mecanismos de controle desenvolvidos pela Justiça Federal.

Enunciado n. 48 — Havendo prestação vencida, o conceito de valor da causa para fins de competência do Juizado Especial Federal é estabelecido pelo art. 260 do CPC.

Enunciado n. 49 — O controle do valor da causa, para fins de competência do Juizado Especial Federal, pode ser feito pelo juiz a qualquer tempo.

Enunciado n. 50 — Sem prejuízo de outros meios, a comprovação da condição socioeconômica do autor pode ser feita por laudo técnico confeccionado por assistente social, por auto de constatação lavrado por oficial de justiça ou através de oitiva de testemunha.

Enunciado n. 51 — O art. 20, § 1º, da Lei n. 8.742/93 não é exauriente para delimitar o conceito de unidade familiar.

Enunciado n. 52 — É obrigatória a expedição de RPV em desfavor do ente público para ressarcimento de despesas periciais quando este for vencido.

Enunciado n. 53 — Não há prazo em dobro para a Defensoria Pública no âmbito dos Juizados Especiais Federais.

Enunciado n. 57 — Nos Juizados Especiais Federais, somente o recorrente vencido arcará com honorários advocatícios.

Enunciado n. 59 — Não cabe recurso adesivo nos Juizados Especiais Federais.

Enunciado n. 60 — A matéria não apreciada na sentença, mas veiculada na inicial, pode ser conhecida no recurso inominado, mesmo não havendo a oposição de embargos de declaração.

Enunciado n. 61 — O recurso será recebido no duplo efeito, salvo em caso de antecipação de tutela ou medida cautelar de urgência.

Enunciado n. 63 — Cabe multa ao ente público pelo atraso ou não-cumprimento de decisões judiciais com base no art. 461 do CPC, acompanhada de determinação para a tomada de medidas administrativas para a apuração de responsabilidade funcional e/ou por dano ao erário. Havendo contumácia no descumprimento, caberá remessa de ofício ao Ministério Público Federal para análise de eventual improbidade administrativa.

Enunciado n. 65 — Não cabe a prévia limitação do valor da multa coercitiva (astreintes), que também não se sujeita ao limite de alçada dos Juizados Especiais Federais, ficando sempre assegurada a possibilidade de reavaliação do montante final a ser exigido na forma do § 6º do art. 461 do CPC.

Enunciado n. 69 — O levantamento de valores decorrentes de RPVs e Precatórios, no âmbito dos Juizados Especiais Federais, é condicionado à apresentação, pelo mandatário, de procuração específica com firma reconhecida, da qual conste, ao menos, o número de registro do Precatório ou RPV ou o número da conta do depósito, com o respectivo valor.

Enunciado n. 70 — É compatível com o rito dos Juizados Especiais Federais a aplicação do art. 112 da Lei n. 8.213/1991, para fins de habilitação processual e pagamento. (Precedente da 3ª Seção do STJ — ERESP 498864-PB, DJ de 2.3.05)

Enunciado n. 71 — A parte autora deverá ser instada, na fase da execução, a renunciar ao excedente à alçada do Juizado Especial Federal, para fins de pagamento por RPV, não se aproveitando, para tanto, a renúncia inicial, de definição de competência.

Enunciado n. 72 — As parcelas vencidas após a data do cálculo judicial podem ser pagas administrativamente, por meio de complemento positivo.

Enunciado n. 76 — A apresentação de proposta de conciliação pelo réu não induz a confissão.

Enunciado n. 77 — O ajuizamento da ação de concessão de benefício da seguridade social reclama prévio requerimento administrativo.

Enunciado n. 78 — O ajuizamento da ação revisional de benefício da seguridade social que não envolva matéria de fato dispensa o prévio requerimento administrativo.

Enunciado n. 79 — A comprovação de denúncia da negativa de protocolo de pedido de concessão de benefício, feita perante a ouvidoria da Previdência Social, supre a exigência de comprovação de prévio requerimento administrativo nas ações de benefícios da seguridade social.

Enunciado n. 80 — Em juizados itinerantes, pode ser flexibilizada a exigência de prévio requerimento administrativo, consideradas as peculiaridades da região atendida.

Enunciado n. 82 — O espólio pode ser parte autora nos Juizados Especiais Cíveis Federais.

Enunciado n. 86 — A tutela de urgência em sede de Turmas Recursais pode ser deferida de ofício.

Enunciado n. 88 — É admissível mandado de segurança para Turma Recursal de ato jurisdicional que cause gravame e não haja recurso.

Enunciado n. 89 — Não cabe processo cautelar autônomo, preventivo ou incidental, no âmbito do Juizado Especial Federal.